宇佐美 誠 編著

法学と経済学のあいだ

規範と制度を考える

Law and Economics:
Exploring the Foundations
and Frontiers

edited by Makoto Usami

keiso shobo

はしがき
——法と経済学を深めて広げる

宇佐美誠

　あるものを選びとることは，他のものを諦めることである．この本を手にとって読み始めた人は，他の本を同時に読み進めることはできない．こうした事実の認識が，機会費用という概念の背景にはある．選択と除外の表裏一体性は，個人の行為だけでなく学問分野の発展についても言えるだろう．

　わが国では近年，法と経済学が急速な多様化と進展を見せている．法と経済学とは，周知のように，ミクロ経済学の方法によって法制度・法現象を考察する分野であり，実証的研究と規範的研究を含む．法学でのなじみ深い二分法で言えば，ミクロ経済学的方法を用いた解釈論も立法論もこの分野に含まれる．2000年代以降の単行本にかぎっても，経済学者と法学者の共同研究が民法・労働法・競争法などで蓄積されており[1]，また単独研究も増加してきた[2]．さらに，多様な政策分野での公的規制が経済学的吟味の俎上に上されている[3]．法学教育に目を移すと，教科書が相次いで公刊されると同時に[4]，例えば法科大学院で開講される法と経済学の科目数は増加傾向を示している．もっとも，若干の有力な実定法学者がつとにこの分野に対する鋭角的批判を行った他[5]，いく人かの法学者はその意義を認めつつも留保を付し，さらには単なる無関心や反発も散見されて，法学界での受け止め方にはかなり幅がある．

　現在のわが国での法と経済学は，なお未開拓の領域や論点を数多く含み，いっそうの発展の大きな可能性をそなえた分野だと思われる．だが，ここではむし

1　細江・太田 2001; 大竹・大内・山川 2004; 林 2004; 福井・大竹 2006; 瀬下・山崎 2007; 矢野 2007; 岡田・林 2009.
2　太田 2000; 飯田 2004; 柳川 2006; 常木 2008.
3　八代 2003; 福井 2006.
4　柳川 2000; 林田 2002; 宍戸・常木 2004; 福井 2007.
5　代表例として，内田 1990: 74-106; 川濱 1993.

ろ，法と経済学の現時点までの発展の経路が，他のさまざまな形態における法学と経済学のインターフェイスの可能性を不可避的に退けてきたという事実に目を向けたい．いわば現下の法と経済学の機会費用に着目したいのである．例えば，私の専門分野である法哲学の視座からは，経済学の基本概念である効率性と最重要な法価値である正義との関係や，経済学的な法の見方と伝統的法学による法の見方との異同は，いずれも重要な論点だと考えられる．また，経済学との遭遇は法学の前提や基本性格を内省する好機であると同時に，法学方法論を自らの一領域としてきた法哲学の観点からは，法制度に適用される際に表れるだろう経済学的方法の射程にも自ずと関心が向く．さらに，社会保障や学校教育のように，市場と親和的でないとされてきた法領域についても，経済学的理論装置を活用した分析が可能であるように思われる．

これらの論点を探究する意義は，現在までの法と経済学の発展経路によって未開拓のままにされてきた諸問題に光を当てることにとどまらない．法学および経済学の方法論的内省は，法と経済学の学問的基礎を追究するという意味で，この分野を深めることになろう．また，法と経済学が従来は十分に関心を払ってこなかった法領域の経済学的探査は，研究対象の拡張を意味するから，この分野を広げることになる．ところが，これらのチャレンジングな論点の多くは従来，必ずしも広範な関心を向けられず，十分に探究されてこなかった．こうした既存研究の間隙を埋めるために，現在の法と経済学を深めて広げる新たな諸論点を，法哲学者と経済学者の学際的協働によって考察することが，本書の目的である．

本書は3部からなる．第1部においては，法と経済学ひいてはミクロ経済学の方法をめぐる原理的諸論点が考察される．宇佐美誠は，効率性と正義の衝突という人口に膾炙した観念を，効率性を利益概念に包摂することによって検討した上で，2つの概念の両立可能性を示唆する（第1章）．長谷川晃は，法と経済学が立脚する法の見方を，伝統的法学による見方と対比しながら，権利の扱い，価値の多元性，規範主義と道具主義などの観点から多角的に精査している（第2章）．嶋津格は，規範意識を組み込んだ人間モデルの重要性を進化論的視座から説き，規範意識の共有が取引費用を低減させると指摘しつつ，取引費用を考慮する意義を論じる（第3章）．

第2部では，法学と経済学の遭遇によって顕在化するそれぞれの分野の特質・限界・可能性が探究される．常木淳は，平井宜雄の法政策学および内田貴の法

学方法論の批判的検討を通じて法解釈学の射程を明るみに出し，厚生経済学にもとづく法政策分析による補完を唱道する（第4章）．他方，吉原直毅は，新厚生経済学の厚生主義的前提がもつ限界を明確にし，非厚生主義の導入を通じた規範理論の多元化や厚生主義的な社会状態評価の相対化を提案する（第5章）．

　第3部では，わが国の法と経済学で十分に考察されてこなかった法制度について，経済学的分析が行われる．後藤玲子は公的扶助について，実効性に焦点をあわせる新古典派経済学を批判的に検討した後，法学で重視される妥当性も考慮して，福祉的自由への権利の理論を提示する（第6章）．公教育を主題化する那須耕介は，何の平等かをめぐる近時の論争を概観し検討した上で，教育という財の特殊性が機会の平等の観念にいかなる含意をもつかを探査する（第7章）．山田八千子は民事訴訟について，アメリカの訴答手続と濫訴に関する近時の経済学的分析から示唆をえつつ，日本法の要件事実論を手続費用・過誤費用によって考察する（第8章）．

　第4部は，上記の各章に対する口頭コメントの記録である．法哲学者が執筆した章に対しては経済学者が，その逆に経済学者の章に対しては法哲学者が，コメントを行っている．須賀晃一は第1章・第2章に，橋本努は第3章・第7章・第8章に，瀧川裕英は第4章・第5章・第6章に論評を加える．

　本書は，科学研究費補助金基盤研究（B）「法と経済学の法哲学的総合研究」（平成19年度～平成21年度，課題番号19330005）の研究成果の一部である．われわれの研究会は，私が大会委員長を務めた日本法哲学会2008年度学術大会統一テーマ企画「法と経済：制度と思考法をめぐる対話」の準備開始をきっかけに構想・組織されたが，大会企画とは別個の研究プロジェクトとして独自に活動を重ねた．そして，2009年秋に最終成果発表シンポジウムを開催して，メンバー全員が研究報告を行うとともに，3名のコメンテータを研究会外部から招いた．そこでの報告論文とコメントに加除修正を行ったものが，この書を構成している．

　本書の上梓にいたるまでに数多くの方のお世話になった．須賀晃一・橋本努・瀧川裕英各氏からは，最終成果発表シンポジウムで洞察に富むコメントを頂戴した．また，お名前を逐一挙げることはできないが，多数の法学者・経済学者がシンポジウムに出席し，討議に参加して下さった．本書の公刊にあたっては，勁草書房の徳田慎一郎・宮本詳三両氏に大変お世話になった．コメントのテープ起こしでは石塚淳子氏から，索引の作成では吉田早織氏から助力を得た．

【文献】

飯田高, 2004, 『〈法と経済学〉の社会規範論』勁草書房.
内田貴, 1990, 『契約の再生』弘文堂.
太田勝造, 2000, 『法律』東京大学出版会.
大竹文雄・大内伸哉・山川隆一編, 2004, 『解雇法制を考える: 法学と経済学の視点』増補版, 勁草書房.
岡田羊祐・林秀弥編, 2009, 『独占禁止法の経済学: 審判決の事例分析』東京大学出版会.
川濱昇, 1993, 「『法と経済学』と法解釈の関係について: 批判的検討(一)−(四)」『民商法雑誌』108 (6): 820-849, 109 (1): 1-35, 109 (2): 207-234, 109 (3): 413-443.
宍戸善一・常木淳, 2004, 『法と経済学: 企業関連法のミクロ経済学的考察』有斐閣.
瀬下博之・山崎福寿編, 2007, 『権利対立の法と経済学: 所有権・賃借権・抵当権の効率性』東京大学出版会.
常木淳, 2008, 『法理学と経済学: 規範的「法と経済学」の再定位』勁草書房.
林紘一郎編, 2004, 『著作権の法と経済学』勁草書房.
林田清明, 2002, 『法と経済学: 新しい知的テリトリー』第2版, 信山社.
福井秀夫, 2006, 『司法政策の法と経済学』日本評論社.
———, 2007, 『ケースからはじめよう 法と経済学: 法の隠れた機能を知る』日本評論社.
福井秀夫・大竹文雄編, 2006, 『脱格差社会と雇用法制: 法と経済学で考える』日本評論社.
細江守紀・太田勝造編, 2001, 『法の経済分析: 契約, 企業, 政策』勁草書房.
八代尚宏, 2003, 『規制改革:「法と経済学」からの提言』有斐閣.
柳川範之, 2000, 『契約と組織の経済学』東洋経済新報社.
———, 2006, 『法と企業行動の経済分析』日本経済新聞社.
矢野誠編, 2007, 『法と経済学: 市場の質と日本経済』東京大学出版会.

法学と経済学のあいだ
規範と制度を考える

目次

はしがき ……………………………………………………宇佐美誠　i
　──法と経済学を深めて広げる

第1部　基本概念とモデルの再定位

第1章　効率性と正義 ……………………………………宇佐美誠　3
　　　──法と経済学の基礎理論のために
　1.1　なぜ重要か？　3
　1.2　効率性の情報的基盤　5
　1.3　利益としての効率性　7
　1.4　正義の定式　10
　1.5　価値間関係　12
　1.6　権利の本性　15
　1.7　新たな構図へ　17

第2章　法と経済学をめぐる法観念の相剋 ………長谷川晃　21
　2.1　はじめに：法と経済学の法概念論的再考のために　21
　2.2　法と経済学における法観念と法の規範性　23
　2.3　法と経済学をめぐる境界問題　26
　2.4　規範主義的法観念と道具主義的法観念　31
　2.5　プロセス的法観念とその意義　37
　2.6　結語　40

第3章　人間モデルにおける規範意識の位置 ………嶋津格　45
　　　──法学と経済学の間隙を埋める
　3.1　取引費用　45
　3.2　規範意識をもつ人間　47
　　3.2.1　ルールに従う動物　47
　　3.2.2　規範の進化論　48
　　3.2.3　ディレンマの解消？　50
　　3.2.4　ウェーバーによる宗教と経済　52
　3.3　取引費用再論　53
　　3.3.1　取引費用と規範意識　53

3.3.2　集合的カント主義　54
　　3.3.3　非難と賞賛のメカニズム　55
　3.4　R・コースのA・スミス論：人間類型論についての
　　　　補論　56

第2部　法解釈学と経済学の内省

第4章　法の規範理論に向かって……………………常木淳　65
　　　　──法政策分析 vs 法解釈学
　4.1　はじめに　65
　4.2　経済学による法政策分析プロセス　67
　4.3　「法政策学」について　69
　4.4　社会規範・私法秩序・法政策　72
　4.5　法解釈学と法政策分析　74
　4.6　平井宜雄における「目的＝手段思考様式」と「法＝
　　　　正義思考様式」との相克について：ヘアの倫理学説
　　　　を手がかりとして　76
　4.7　内田貴における社会規範と法解釈との関係について：
　　　　ハート法理学からの反照　80
　4.8　結語　82

第5章　政策基礎理論としての厚生経済学の限界と
　　　　今後の可能性 ………………………………吉原直毅　85
　5.1　標準的な新古典派経済学における「新厚生経済学」　85
　5.2　厚生主義的な評価基準：「機能と潜在能力」理論　93
　5.3　多元的・折衷主義的規範理論の必要性　102
　5.4　非厚生主義的福祉指標に基づく完全競争的市場経済
　　　　システムの評価　104

第3部　法制度の分析と構想

第6章　公的扶助制度に関する法と経済学 ……… 後藤玲子　111
——「福祉的自由への権利」の妥当性と実効性について

- 6.1 はじめに　111
- 6.2 現行の生活保護制度の基礎となる法と規範　113
- 6.3 生活保護給付システムの経済学的分析　116
- 6.4 「福祉的自由への権利」に関する試論　123
- 6.5 方法論的注記　128
- 6.6 就労インセンティブに関する試論　130
- 6.7 結びに代えて　132
- 生活保護費の算定方法に関する補論　134

第7章　公教育と機会の平等 …………………………… 那須耕介　141
——現代正義論に対する厚生経済学の影響の一側面

- 7.1 平等論への接近：センの洞察から　141
- 7.2 機会の平等と厚生の平等：運平等主義とリベラルな自己抑制　144
  - 7.2.1 機会の平等論と「リベラルな自己抑制」　144
  - 7.2.2 厚生主義批判と運の平等主義　147
  - 7.2.3 課題　150
- 7.3 公教育における機会の平等　152
  - 7.3.1 公教育制度の2つの機能とそのディレンマ　152
  - 7.3.2 教育という財の性質　153
  - 7.3.3 公教育における機会の平等　154
- 7.4 小括：規範理論と社会科学の役割　156

第8章　要件事実論に対する経済学的視点からの一分析 ………………………………… 山田八千子　161

- 8.1 本章の目的　161
- 8.2 アメリカ法における訴訟手続に関する経済学的検討　162
  - 8.2.1 強制過誤コストと手続コスト　162
  - 8.2.2 濫訴と期待価値　163

8.2.3　濫訴とノーティス・プリーディングの経済学的
　　　　　　関連性　167
　　　8.2.4　小括　172
　8.3　日本法における要件事実論に関する経済学的検討　172
　　　8.3.1　要件事実論の意義と役割　172
　　　8.3.2　要件事実論の手続コストと過誤コスト　177
　8.4　おわりに　179

第4部　コメント

法と経済の情報的基礎 ……………………………須賀晃一　185
規範理論の核心部へ迫れ …………………………橋本努　191
福祉の立法 ………………………………………瀧川裕英　197

人名索引／執筆者略歴

第 1 部
基本概念とモデルの再定位

第1章 効率性と正義
―― 法と経済学の基礎理論のために

宇佐美誠

1.1 なぜ重要か？

　わが国における法と経済学をめぐる状況は両義的である．一方では，すでに 30 年余前に合衆国から導入され，独自の分析も開始されたこの分野は，近年には刮目するべき発展をしている．経済学・法学の双方での単独研究はもとより，学際的共同研究も重ねられている他，いくつかの分野の公的規制が経済学的観点から吟味されている．他方では，一部の有力な実定法学者によって鋭角的批判が行われ，また少なからぬ法学者の間では無関心や冷淡な反応も見受けられる．

　法と経済学に対するおなじみの批判の1つは，次のようなものだろう．経済学における唯一の評価規準が効率性であるのに対して，法学は正義を至高の価値とするから，両分野は本性的に相容れない．このような正義と効率性の対立図式は，あらゆる法政策について公正の観点からの評価を退け，パレート効率性のみによる評価を唱えるルイス・キャプローとスティーヴン・シャヴェルの論争喚起的著作（Kaplow and Shavell 2002）によって裏づけられるかのように見える．にもかかわらず，この対立図式には誤解と誇張が含まれている．多くの経済学者が，正義を含む効率性以外の価値を――たとえ実作のなかで分析対象としていない場合にも――是認しているだけでなく，例えば衡平概念がいくつかの仕方で定義され，効率性と並ぶ価値として経済学的分析のなかで分析されてきた（e.g., 鈴村 2009: 143-229）．法学に目を転じると，正義が代表的な法価値であることに疑いの余地はないが，他のいかなる価値も法学で一切考慮されないというのは過度に強い主張であり，また効率性が法学的考慮事由から除外さ

れるべきだと断定するのは早計である．

　だが，問題はその先にある．効率性とりわけパレート効率性が経済学的分析において最も広範に用いられる概念であり，他方で正義が法学において重要な概念であることを否定する人はいないだろう．この2点を所与とすれば，パレート効率性と正義の関係をどのように理解するかは，法と経済学の存立可能性にとって試金石となる重要論点だと思われる．法学者の間でときに想定されているように，パレート効率性が正義と相容れないとすれば，効率性を広範に用いる経済学の方法を法学のなかに導入する際には，大きな理論的摩擦が生じざるをえないだろう．その反対に，パレート効率性が，法学的概念と親和性をもち，必ずしも正義と衝突しないことが示されるならば，経済学的方法の法学への導入にとって1つの原理的障害と考えられたものは回避されることになる．このような問題意識の下，法哲学的視座から，パレート効率性が法学の伝統的概念の一部として捉えなおせること，しかもこの概念は不可避的に正義と背反するのでなく，むしろ相互に補完しうることを示すのが，本章の目的である．

　主題の考察に入る前に，パレート効率性と法哲学・政治哲学等で探究されてきた正義とは相異なった種類の概念であることを確認しておこう．パレート効率性を含めてあらゆる経済学的概念は，定義的概念と呼びうるものに属する．定義的概念については，近現代的意味での定義すなわち術語の使用に関する規約が成立している．ある個人の効用を高めようとすれば他の個人の効用を低めざるをえない状態を，パレート効率的状態と呼ぶことが，一義的に約束されているわけである．他方，法哲学・政治哲学などでの一主題としての正義は，解釈的概念の典型例である．解釈的概念とは，その捉え方の優劣をめぐって両立不可能な諸概念観（conceptions）が競いあう概念（concept）を意味する．自由・平等・民主制・法などもこれに属する．正義が解釈的概念であることがもつ含意は，後に指摘したい[1]．

　以下では，予備的作業として，パレート効率性の概念がいかなる情報的基盤に立脚しているかを明確化した上で，その情報的基盤の利点と難点を確認する（1.2）．続いて，パレート効率性は法学上の重要概念である利益に包摂されうると論じる（1.3）．次に，正義に目を転じて，内容空虚だという人口に膾炙し

---

[1] あらゆる概念が定義的または解釈的であるわけではない．ロナルド・ドゥオーキン（Dworkin 2006: 9-12＝2009: 20-23）は，規準的・自然種的・解釈的という3種類の概念を区別しているが，私が言う定義的概念は，規準的概念の下位範疇として位置づけられる．

た論難を退けた上で，正義に関する歴史上の代表的定式を手がかりに，この概念を定式化することを試みたい (1.4)．その上で，諸価値は不可避的に衝突しあうという主張を批判的に検討した後，それへの代替案として諸価値の相互補完をめざす立場を提案する (1.5)．さらに，利益と正義が補完しあう一局面として，法理学上の主要論点である権利の本性を取り上げ，意思説の問題点を指摘した上で，利益説にとっての難問が正義の契機の導入によって解決されることを示す (1.6)．最後に，考察の結論を要約し若干の補足を行う (1.7)．

1.2 効率性の情報的基盤

　パレート効率性の前提や射程を正確に把握するためには，この概念が立脚する情報的基盤への着目が有益だと思われる．倫理学や政治哲学においては，目的論と義務論という伝統的二分法を背景として，帰結主義と義務論の対峙図式が用いられている．だが，個人の行為や政府の政策を評価する際に，これらから生じる結果状態のみに視野を限定する立場と，結果状態を他の考慮事由よりも重視する立場との双方が，しばしば帰結主義として一括されており，やや正確さを欠くと思われる．そこで，二分法に代えて三分法を採用するのが望ましいだろう（宇佐美 2009: 5-6）．行為や政策を評価する際に，これらがもたらす結果状態のみを参照する一群の見解を，帰結主義と呼ぶことにしたい．パレート効率性を含む効率性のあらゆる意味は，帰結主義を前提としている．その反対に，結果状態を考慮から排して行為・政策それ自体やこれらの目的だけに着目する立場を，反帰結主義と名づけよう．これは，義務論と呼ばれてきたものに等しい．そうすると，結果状態と行為・政策それ自体やその目的との双方を視野に収める見解群が当然ありうるが，これを非帰結主義と呼ぼう．結果状態を他の考慮事由よりも重視する上記の見解は，非帰結主義のなかで帰結主義に親和的な立場として位置づけられることになる．

　次に，帰結主義においては，あるいは非帰結主義でも結果状態を考慮に入れるかぎりでは，いかなる観点から結果状態を評価するかが問われる．この問いへの解答も，概念的には3つに区分できる．効用という個人の心理的状態のみに注目して結果状態を評価する見解群は，厚生主義と呼ばれている．その最も知られた形態は，（G・E・ムアの理想主義的功利主義を除く）功利主義である．パレート効率性もまた，この立場に属する．厚生主義とは対照的に，各人の保有財や

所得のように効用とは異なる要素だけを考慮する一群の立場は，反厚生主義と呼びうる．この立場をいち早く打ち出したのは，社会的基本財の分配という文脈で正義を論じたジョン・ロールズ（Rawls 1999[1971]: 54-55, 79＝1979: 49, 70-71）である．社会的基本財とは，いかなる合理的人生計画のためにも利用されるので，合理的個人がより多く保有したいと思う財のうち，社会制度によってもたらされるものを意味する．これは，諸自由・諸機会・所得・富などを含む．反厚生主義のもう1人の主唱者として，厚生平等主義を批判して資源平等主義を提唱したロナルド・ドゥオーキン（Dworkin 2000: 11-119＝2002: 19-167）がいる．厚生主義と反厚生主義という両端の間には，効用と財や所得との双方を考慮に入れる非厚生主義の見解群が位置する．

　さらに，厚生主義においては，また非厚生主義でも効用を考慮するかぎりで，効用をどのように理解するかが問われる．効用の理解は2つの次元で分かれる．第1は，単一の個人の効用が測定可能か否かという測定可能性の次元である．各選択肢からの効用に数値を帰する基数効用を前提する立場は，測定可能性を肯定しているが，選択肢間の好ましさの順序のみを示す序数効用を想定する立場は，これを否定する．第2の次元は，相異なった個人の効用が比較可能か否かという個人間比較可能性に関わる．両次元は論理的に相互に独立だから，効用は，①個人間比較可能な基数効用，②個人間比較不可能な基数効用，③個人間比較可能な序数効用，④個人間比較不可能な序数効用という4通りに解釈されうる．周知のように，かつての旧厚生経済学は①を前提していたために，科学的実証が困難だという批判にさらされ，その結果，④にもとづく新厚生経済学が新たに確立する．そして，この新厚生経済学において起点かつ基点の位置にすえられたのが，パレート効率性に他ならない．

　利用情報に関する諸見解の区分から分かるように，パレート効率性の情報的基盤は，個人間比較不可能な序数効用にもとづく厚生主義的帰結主義にある．この立場は，旧厚生経済学の瓦解と新厚生経済学の成立という学説史が示すように，科学的実証可能性という点では他の立場よりも堅固である．しかし，その代償は決して小さくない．まず結果状態とは異なる行為・政策の諸側面が捨象され，次に効用とは別の結果状態の諸側面が度外視され，さらに効用について概括的な数値の付与や部分的な個人間比較さえも認められず，各人にとっての選択肢間順序のみが考察対象のすべてとされる．つまり，パレート効率性において利用されている情報は厳しく制限されている．こうした利用情報の限定

性に対しては，アマルティア・セン（e.g., Sen 1982: 327-352＝1989: 168-224）や鈴村興太郎（e.g., 鈴村 2009: 306-371）らによって，問題の剔抉と処方箋の提示とが重ねられてきた．

　パレート効率性と正義の衝突と呼ばれている事態は，正義がどのような情報的基盤に立つものと解されているかによって，相異なった様相をもつ．正義が結果状態とは別個の角度から解釈される場合には，件の衝突は，行為・政策の結果状態とそれ以外の側面とのいずれを焦点化するかという対立である．他方，正義が結果状態に関わる理念と解される場合には，この衝突は，結果状態に関する効用情報と他種の情報との選択問題となる．さらに，「現状に対する少数派の大きな不満を顧みないのは，正義に反する」と言われるときのように，個人の選好強度の考慮や集団単位の満足の比較を求める根拠として正義への訴えかけが行われることもある．こうした場合には，問題化している衝突は，測定可能性や個人間比較可能性をめぐる対立である．

　なお，規範的な法と経済学の代表的研究者であるリチャード・ポズナー（Posner 1981: 48-115＝1991: 59-117）の富の最大化論は，非厚生主義に属すると解される．ポズナーが言う富とは，各人の支払意思額すなわち特定の財を入手するために支払ってよいと考える最大額と，各人の受入補償額すなわち特定の財を譲渡する場合には補償されたいと考える最小額との総計である．これは，一方では当該財の獲得または譲渡によって達せられるだろう仮想的厚生水準に依存するが，他方では当該個人の所得水準，ひいては労働生産性・相続資産などの非心理的条件にも規定される．そして，各財の価値は支払意思額・受入補償額という金銭的術語で表されるから，測定も個人間比較もきわめて容易である．しかしながら，この見解は，富が社会的価値だという前提的主張に対するドゥオーキン（Dworkin 1985: 237-266, 275-289）の根源的異議をはじめとして，今日にいたるまで多くの批判を招いてきた（e.g., 常木 2009: 3-20）．

1.3　利益としての効率性

　パレート効率性はしばしば，伝統的法学にはまったく無縁な概念として受け止められてきた．しかし，パレート効率性はじつは，近代法学の伝統に埋め込まれた利益概念の一側面に関わる概念として理解されうる．この主張を支える議論を提示することが，本節の目的である．

実定法学の諸分野において，利益概念はきわめて重要な位置を占めている．民法学における利益相反・履行利益・信頼利益・逸失利益から，商法学での利益配当・利益準備金，刑法学での法益，行政法学での反射的利益にいたるまで，利益に関連する実定法学上の定義的諸概念は枚挙にいとまがない．法学方法論上も，民法学者をはじめ私法学者の間で戦後の一時期に，利益衡（考）量論が広範に支持され活用されていた．とりわけ加藤一郎（1974: 23-37）が唱えた利益衡量論は――その方法論的評価は措くとして――利益概念を中核にすえたものだった．

　法理学・法哲学の理論史においても，利益やその関連概念を中心においた重要な学説・学派が散見される．まずイギリスでは，功利主義および法実証主義の父祖と称しうるジェレミー・ベンサムが，実質的には法曹階級の特殊利益に仕えていた当時の複雑で専門的なコモン・ロー中心の法体系を改革するため，「最大多数の最大幸福」という標語に要約される功利原理にもとづいた法典化の提案と，それに資する法的諸概念の分析とを精力的に行った．ベンサムが言う効用は心理的快苦を意味しており，強度と持続時間のみによって測定され，選択肢ごとに加算して比較しうると想定されている．これは，1.2で行った分類では，個人間比較可能な基数効用に属する．功利原理にもとづく立法提案は，心理的観点から一定の範囲で捕捉された利益を中核とする規範的法理論だと言える．

　ドーヴァー海峡を越えて大陸に目を移すと，法学方法論上きわめて重要な学的伝統が見出される．ルドルフ・フォン・イェーリングはパンデクテン法学者として出発したが，やがてこの主流派に疑問をいだき，ついにはこれを概念法学と呼んで辛辣に攻撃するにいたる．彼は，法の背後にある社会的現実に着目し，また法を目的達成の手段として捉えるいわゆる目的法学を提唱したのだが，この目的をなすのが利益に他ならない．しかし，イェーリングは，利益概念がいかなる法学方法論的含意をもつかを十分に探究するにはいたらなかった．

　利益概念を中核とする法学方法論上の体系的理論を提示したのは，後期イェーリングの位牌を継いで概念法学批判を推進しつつ，同じく後期イェーリングにより触発された自由法学と対抗した利益法学である．その定礎者フィリップ・ヘックは，経済的利益のみならず精神的利益も含む私的利益の相互衝突が，共同体的利益にとって無視できないとき，法的紛争が現れると考えた．そして，紛争解決にあたる裁判官が採用するべき方法の装置として，法律への忠誠，歴

史的解釈，欠缺補充の方法，反法律的訂正などを提案した．戦後，ヘックの利益観は，評価対象と評価規準の双方を含む過度に広いものとして批判され，利益概念から分離された評価規準への関心から，やがて評価法学が形成された．そして，利益法学は評価法学に取って代わられたという学説史図式が定着してきた．しかしながら，利益法学を再評価する立場もじつは少数説として連綿と存続し，近年のヘックの再評価につながっていると指摘されている（青井 2007: 310-317, 321-323, 326-327）．

これらの素描が例示するように，利益概念は，近現代法学において重要な位置を占めてきた．だが，解釈的概念である利益がもつ意味をめぐっては，国・時代・論者によって見解が多様であることが分かる．また，1.2 で見た規範的諸理論の情報的基盤の区分は——三分法はもちろん二分法さえも——多くの法学者には知られていない．そこで，その情報的基盤をすでに確認したパレート効率性が利益概念といかなる関係に立つかを正確に理解するためには，情報的基盤も視野に入れつつ2つの観点から利益を区分することが有益だと思われる．

第1に，利益をいかなる術語で把握するかをめぐって，いくつかの立場がありうる．まず，快苦や選好として利益を把握する一群の見解は，心理的利益観と総称できる．これは，前節で見た厚生主義と親和的である．心理的利益観は，快苦をもたらす原因や選好の要因を一切問わないという意味で，利用情報を自ら制約しているという点に，まず注意したい．しかも，心理的利益観のうち，序数効用を前提する立場は基数効用の立場よりも，また個人間比較不可能な効用を想定する見解は個人間比較可能な効用の見解よりも，いっそう少ない情報量しか利用できない．それゆえ，個人間比較不可能な序数効用にもとづくパレート効率性は，利用情報量が最小であるタイプの心理的利益観と結びついていると言える．

次に，各人が保有する物質的・社会的な資源として利益を理解する立場は，資源的利益観と呼ばれうる．資源的利益観に属する1つの見方は，食料・飲料水・衣服・住居などに視野を限定するいわば物質的利益観である．だが，物質的利益観は，個人の諸自由・職業機会・公共的処遇などの非物質的利益を捕捉できない．これらの社会制度上の利益に焦点をあわせる見解は，社会的利益観と呼びうる．さらに別の一群の利益観として，個人の所得，組織の資産，国内総生産（GDP）などを利益の内容と考える経済的利益観がある．ロールズの社会的基本財の観念は，経済的利益観と社会的利益観の双方を含むから，考慮対

象の範囲が広がるという長所をもつ半面，いかなる利益分配原理も相互に異質な諸利益を単一尺度によって評価しえないという指標問題（Gibbard 1979）に直面する．そして，3つの形態のいずれか，またはその組み合わせのどれかを問わず，資源の利益観は反厚生主義に接続し，パレート効率性とは関連しない．

　心理的利益観と資源的利益観のいずれかの形態とを融合しようとする混種的な立場も，当然に考えられる．これは非厚生主義に結びつく．こうした混種的利益観は，心理的利益観がかかえる利用情報の過少性を，いずれかの形態の資源的利益観では利用可能な情報によって緩和できる．だが，心理的利益観と資源的利益観のいずれかの形態との間で指標問題が発生するなど，難点の緩和のみならず複合も生じることに留意したい．

　第2に，利益の享受者の観点からは，特定の個人が享受する私益と，人々全体にとっての公益とを区別できる．ここで言う人々とは，多数かつ異質でたがいに疎遠な諸個人の集合がなお一体的に把握されたものである．法を考える際には，同一の統治機関の下に住まう諸個人，つまり一国の居住者全体を，人々の範型事例として理解できる．もっとも，より狭くは連邦制国家での州民も，より広くはヨーロッパ連合（EU）などの全加盟国の居住者も，文脈によって人々に含まれる．もちろん，私益と公益は理念型であって，現実の諸利益はこれらを両端とするグラデーション上に表象できるだろう．家族や友人のような少数かつ親密な諸個人が共有する利益は，私益の極の付近に位置しているのに対して，一国の全女性に共通の利益は，公益に近いことになる．パレート効率性は，選好をもって表現される心理的私益を所与として，考察対象となる諸個人の範囲次第で私益にも公益にも関わる．

　以上の考察から分かるように，パレート効率性は法学にとって決して異質なものではない．これはむしろ，利益概念の一側面に関わる概念として位置づけられる．そして，法哲学・法理学の歴史に，利益やその関連概念を自らの中核にすえる重要な学説・学派が見出されるのみならず，今日の実定法学の諸分野でも，利益やその隣接の諸概念は重要な法的概念として機能している．

1.4　正義の定式

　一義的な定義を与えられている定義的概念であるパレート効率性とは対照的に，正義の名においてじつに多種多様な主張が行われてきたし，また行われて

いる．こうした状況を前にして，ハンス・ケルゼンをはじめとする多くの論者は，正義を内容空虚なものとして論難してきた．しかしながら，解釈的概念である正義をめぐっては，複数の概念観が並立し競合してきたために，その状況が，内容空虚との外観を正義概念に与えてきたにすぎない．むしろ，ある概念をめぐる見解の対立が単なる意見のすれ違いでなく真正の論争であるならば，解釈対象は単一でなければならず，しかも概念観と自称するものが真にそうであるか否かを判定しうる範型事例がなければならない．正義をめぐる論争の執拗な存続は，正義が空虚であることを示さず，その反対に空虚でないことを示している．

では，多種多様な正義観から区別された正義概念は，どのように定式化されうるか．この問いに十全に答えようとすれば，少なくとも2400年におよぶ西欧正義思想史の蓄積を参照する必要があるだろうが，主要な諸思想をたどる作業さえここで行うことはできない．そこで，本節では，正義を表す古典的な定義や標語を取り上げて，それらを手がかりに正義概念の定式化を試みたい．

1つは，ウルピアヌスによって与えられた「正義（justitia）とは，各人に彼の権利（jus）を帰そうとする恒常的かつ不断の意思である」（*Digesta* 1. 1. 10.）という古典的定義である．この定義では，正義が，各人にふさわしい法的な利益・権能を与えることを要求するとされている．これはストア派を経由してアリストテレスにまで遡るものだ．注目したいもう1つは，「等しきものは等しく扱え」，あるいはH・L・A・ハート（Hart 1994[1961]: 159＝1976: 174）による補足を含めると，「等しきものは等しく，等しからざるものは等しくなく扱え」という標語である．これは，カイム・ペレルマン（Perelman 1963: 16）が形式的正義として定式化したように，ある個人（・集団）に特定の処遇をなす場合には，同一の範疇にある別の個人（・集団）にも等しい処遇をすることを求める．

これら2つの古典的定式を手がかりにすると，正義概念は権衡として理解できると思われる．権衡は2つの次元をもつ（Usami 2008: 298）．第1は，個人・集団が過去になした行為や現在の地位・属性等と，その個人・集団に与えられる利益・権能や課される負担・拘束とが，釣り合っているという対象内次元である．ウルピアヌスの定義はこの次元に関わる．無論，この釣り合いが特定の文脈で何を意味するかをめぐっては，しばしば意見の相違が生じるだろう．だが，例えば1本のパンを盗んだジャン・ヴァルジャンを19年間も投獄してお

くことは正義に反するという直感的判断に，今日のわが国では誰もが同意するだろう．あるいは，隣接する柵なしの牧場の牛により畑を荒らされた農家に対して損害賠償請求権を認めないことは正義に反すると，少なくとも伝統的法律家は感じるだろう．これらの例からうかがわれるように，同一の個人・集団に対する処遇とその根拠との権衡という観念は，いかなる判断も包摂しうる内容空虚なものではない．また，これらの例は，処遇－根拠間権衡という正義の対象内次元が刑事法や不法行為法でとくに重要であることも示唆している．

　第2の次元は，レリヴァントな観点から見て，諸個人・諸集団が同種の行為をなしたか，近似した属性をもつか，類似の状況にあるとき，その諸個人・諸集団に対する処遇が等しく，また諸個人・諸集団が類似の行為をなさなかったか，別種の属性をもつか，異質な状況にあるときには，その処遇も異なるという対象間次元である．平等処遇の標語はこの次元を表している．平等処遇が特定の文脈で何を意味するかは，またも論争的事項である．だが，ぶどう園で早朝から働き続けた者にも夕方から働き始めた者にも同額の賃金を与えることは，少なくとも朝からの労働者があらかじめ当該金額に同意していないかぎり，宗教的評価はともかく正義には反すると，多くの人は感じるだろう．この例が示すように，個人間・集団間権衡という観念もまた，内容空虚ではないのである．以上から，正義とは，処遇－根拠間および処遇対象間での権衡だと言える．

1.5　価値間関係

　前節までの考察は，パレート効率性が利益概念の一側面に関わる概念として位置づけられ，そして利益概念は正義概念と並ぶ主要な法価値であることを示している．では，法において利益と正義はいかなる関係にあるか．仮に利益が正義と不可避的に衝突するならば，利益の一側面の評価規準であるパレート効率性は正義と相容れないことになるだろう．これは，パレート効率性と正義の両立不可能性を理由とする法と経済学への批判にとっての大勝利を意味する．その反対に，利益と正義が必ずしも衝突しないならば，件の法と経済学への批判の説得力は大きく減殺されることになろう．こうした問題関心から，利益と正義の関係の如何を問うことが，本節の課題である．

　利益と正義がいかなる関係に立つかは，法価値がたがいにどのような関係に立つかという，より一般的な問いの一特殊形態である．さらに，後者の問いを

図とする地をなすのは,道徳的価値はたがいにどのような関係にあるかという,いっそう一般的な論点である.このきわめて一般的な論点について,価値一元論(道徳的一元論)と価値多元論(道徳的多元論)という二つの学説群が対峙してきた.価値一元論とは,すべての道徳的価値が単一の終局的価値に還元されうると考える一群の学説を意味する.これに属する最も著名な思想伝統は,功利主義である.それに対して,価値多元論は,単一の価値に還元不可能な相異なった道徳的価値が並存するという学説群である.

価値多元論者の多くは,合理的選択が不可能な価値衝突が生じうることを承認または主張する (e.g., Williams 1981: 71-82). だが,いく人かの論者は,一見すると衝突だと思われる多くの事態は解決可能であるか,または深刻でないと考えている (e.g., Stocker 1990). それとは異なって,価値衝突の遍在性を強調した代表的思想家が,アイザイア・バーリンである.彼は次のように述べる (Berlin 1990: 12-13=1992: 17-19). 相異なった文化間でも,同一文化内部の集団間でも,同一集団内部の個人間でも,そして同一個人内部でも,諸価値は両立不可能である.価値衝突こそが,価値とは何物であるか,人間とは何者であるかの本質である.すべての善きものが共存する完全な全体という観念は,達成不可能であるだけでなく概念的に首尾一貫しない.例えば,厳正な正義は慈悲や共感と両立しないとされる.もっとも,価値衝突の典型としてバーリンが考えていたのはむしろ,自由と平等の対立である (cf., Berlin 2002: 212-217=1971: 381-390).

バーリンのいわば不可避的価値衝突テーゼに対して,ドゥオーキン (Dworkin 2006: 105-116=2009: 135-150) は疑義を投げかけている.価値衝突の典型とされた自由と平等の対立について,ドゥオーキンは次のように論じる.バーリンは自由 (liberty) を,自らが望みうるどんなことを行う際にも他者から介入されない自由状態 (freedom) として理解している.しかしながら,これは,われわれが奉じている自由観でない.自由はむしろ,他者がもつ適切に理解された道徳的権利を尊重するかぎりで,自らが望むどんなことも行う自由状態を意味するかもしれない.このように解釈された自由は平等と衝突しない.では,2つの自由観のうちどちらがより優れているか.ある自由観によって,他の競合する価値の侵害を防止するために自由を侵害するものとして定義された行為が,実際には不正をなしていないならば,当該自由観は,自由の特別な重要性を示していないから不十分である.バーリンの自由観では,殺人の禁止さえも

自由の侵害だとされるが，この禁止は不正をなしていないから，彼の自由観は支持しがたい．確かに，バーリンの見解よりも微妙だが，自由と平等の衝突を保証するような自由観もありうる．しかし，自由と平等の衝突を確立することは，バーリンが想定したよりもはるかに困難である．

　上記の議論からも分かるように，ドゥオーキンはバーリン批判によって，価値多元論を拒否し価値一元論を擁護しようとしているのではない．そもそも，彼が自らの論敵と位置づけるのは価値多元論一般ではなく，その主張者の一部が唱える不可避的価値衝突テーゼだと解される．また，価値一元論の代表的な一形態は，下位の価値が上位の価値に資するかぎりで意義をもつという諸価値の位階制を想定するが，ドゥオーキン（Dworkin 2006: 160＝2009: 202-203）は位階制を退けている．これに代えて彼が示唆するのは，ある価値の概念観が別の価値の概念観に資すると同時に，その逆も成り立つ「測地的なドーム」というイメージである．

　バーリンの見解とそれに対するドゥオーキンの批判とから，諸価値の関係について3つのモデルを抽出できる．バーリンの見解は，中世日本や古代中国の戦国時代における諸侯のように，相異なった価値がたがいに戦闘状態にあるいわば争乱モデルである．正義・自由・平等などの価値が解釈的概念だとする本章の基本視角から見ると，争乱モデルでは，たがいに衝突しあうような各価値の概念観が採用されていると言える．争乱モデルとは対照的に，価値一元論者はしばしば，ある価値がより上位の価値に仕える位階制モデルをいだいている．位階制モデルは，垂直的な奉仕関係を説明しうるような各価値の概念観から構成されている．

　この2つの単純なモデルは諸価値の関係の可能的理念型を汲み尽くしているわけでなく，そのどちらとも異なるいっそう複雑な第3のモデルを措定できる．丸天井モデルである．ドゥオーキンによって示唆されたこのモデルでは，ある価値の一概念観が別の価値の一概念観と衝突する場合があることを承認した上で，衝突の調整を志向する．その目標状態は，ある価値の一概念観が別の価値の一概念観と整合しこれを補完するとともに，その逆も成立し，さらに両概念観と第3の価値の一概念観との間にも同様の関係が成立するという仕方で，各価値の概念観が多方向的に補完しあうような諸価値のネットワークである．例えば，ある自由観が特定の平等観と支えあい，さらに両者が一連帯観とも整合するような各価値の解釈を志向することになる．このように相異なった価値が

たがいに安定的な相互補完関係に立つような各価値の概念観を探究する方法を，価値均衡と呼ぶことができるだろう．2つの法価値である正義と利益についても，法的世界の丸天井モデルの下で価値均衡を追求するという途がありうる．これは争乱モデルよりも狭き門に通じる困難な途だが，しかし門がすでに閉ざされていると断定することはできない[2]．

1.6 権利の本性

前節では，パレート効率性を包摂する利益概念は，正義概念と整合し補完しあう関係に立つことができると論じた．この一般的主張を具体的論点にそくして例示することが，本節の課題となる．以下では，法理学上の一大論点である権利の本性を取り上げて，正義と利益の相互補完関係を描出することを試みる．

権利の本性をめぐって，2つの学説群が歴史的に対峙してきた．一方の意思説によれば，権利とは，それに対応する他者の義務を強行または免除しうる規範的支配力を意味する．意思説は，歴史的にはイマヌエル・カント，フリードリッヒ・カール・フォン・サヴィニー，ジョン・オースティンらによって支持されたが，今日ではその一形態である選択説がハート（Hart 1982: 162-193＝1987: 99-146）により提唱された他，いく人かの理論家によって擁護されている（e.g., Wellman 1985: 195-196; 森村 1989: 43-57; Steiner 1998）．だが，批判者たちが指摘してきたように，意思説は少なくとも2種類の困難に直面する．第1に，自らの意思を形成し表明する能力を欠く新生児，重度精神障害者，遷延性意識障害（いわゆる植物状態）の人などが，本人に代わって意思の形成・表明を行う代理人をたとえ欠いていてもなお権利主体であることを，意思説は容易に説明しえない．第2に，権利の本質が意思にあるとすれば，いかなる権利も自由に譲渡・放棄されうるはずだが，多くの法体系には不可譲権が存在する．例えば，財産権を除く憲法上の権利や，嘱託殺人罪が保護する生命権は，その代表例で

---

[2] 諸価値をどのように調整するかという論点については，価値多元論者たちによっていくつかの手法が提案されてきた．衝突を前提とした概念間の衡量・選択でなく，整合しうる適切な概念観の構成をめざす私自身の解釈的手法は，多元論者たちの手法のいずれとも異なる．解釈的手法については，法概念をめぐる解釈的論争の構造という文脈で私論を提示したが（宇佐美 1993: 18-29），正義概念・利益概念にそくした価値間調整法を含む方法論的考察については，他日を期する他はない．

ある.意思説にとって,不可譲権を説明するのは困難である.

　意思説に対峙してきた学説群は,利益説と呼ばれる.利益の関連概念を中心にすえる学説の回顧（1.3）からも推測されるように,ベンサムと後期イェーリングは利益説の古典的主唱者であった.今日の法理学では,ニール・マコーミック（McCormick 1977）やジョゼフ・ラズ（Raz 1986: 180-183）をはじめとする多数の理論家が,利益説を支持または擁護している（e.g., Lyons 1994: 23-46; Kramer 1998: 60-101）.利益説の素朴な形態は,法律・判決等による他者の義務づけを通じて意図的に保護された個人の利益として,法的権利を捉え,また他者の義務づけからの受益という事実こそが,ある権利を保有するための必要十分条件だと考える.

　素朴な利益説は,少なくとも2つの点で修正を要する.まず,権利主体は,特定の他者に対する義務づけからつねに利益を獲得するわけではない.私が情報不足や願望的思考のゆえに,将来性がない事業に投資しようとしている場合に,その投資を妨げない義務を友人たちがはたすことによって,私は現実に利益を得るわけではなく,かえって利益を失う.にもかかわらず,ラズが指摘するように,私が自分の財産に対してもつ所有権は,私に利益をもたらすという特徴をそなえている.

　本章の目的から見ていっそう重要なのは,イェーリングが提起したパラドックスである.ある国で,普通自動車の輸入が法律によって禁止されていると仮定しよう.この法律はじつは,国内で自動車を製造するA社の利益を保護するために制定された.素朴な利益説によれば,A社は輸入禁止への権利をもつ.そこで,議会が,普通自動車の高価格が消費者の利益を大きく損ねていると考え直し,あるいは保護貿易主義政策に対する外国からの報復措置を恐れて,輸入を自由化しようとする場合,A社は権利の名において自由化に反対できることになる.この帰結は明らかに奇妙である.

　イェーリングのパラドックスを解く鍵は,権利の普遍化可能性にある.ここで言う普遍化可能性とは,ある存在者を特定の仕方で扱うならば,レリヴァントな点で類似した他の存在者も同一の仕方で扱うべきだという要請である.この要請は,ある個人・集団に特定の権利を附与した以上,類似の個人・集団にも同一の権利を承認することを求める.権利は特権ではないのだ.前掲の例で,輸入禁止法が仮にA社に権利を与えたとすれば,普通自動車を製造する他のB社やC社はもちろん,中型自動車・大型自動車,さらには自動二輪車の製

造会社にも，同一の権利が与えられるべきである．さらに，輸入禁止請求権が認められるべき範囲は，自動車との扱いの相違が説得的に説明できないかぎり，国内で生産されている多種多様な財へと無限に広がってゆく．この推論が行き着く先は，物価全般の大幅な高騰であり，そこでは，議会がもともとその利益を保護しようとしたA社も，かえって損失を被る．この帰結は明らかに不合理だろう．これを避けるためには，法が意図的に保護する利益をすべて権利として認めるのでなく，普遍化した場合に不合理な帰結を招かないという条件を加えるべきである．法によって意図的に保護されるのに加えて，普遍化可能性もそなえた利益のみを権利として認める利益説の洗練された形態は，イェーリングのパラドックスを解決する．この普遍化可能性は，正義概念に含まれる対象間次元での権衡から導かれる．それゆえ，洗練された利益説では，利益と正義が連接し補強しあっている[3]．

1.7　新たな構図へ

前節までの考察は次のように要約できる．考察の出発点は，法学－正義と経済学－効率性という二元論的対立図式に対する懐疑だった．この図式を批判的に検討するための予備的作業として，効率性の代表的定義であるパレート効率性の情報的基盤を確認した．パレート効率性は，個人間比較不可能な序数効用を前提する厚生主義的帰結主義に立脚するから，実証可能性の点では堅固である反面，利用情報の点では不足を否定できない．この意味での効率性は，近現代法学史上も今日の実定法学上も重要な利益概念の1つの捉え方である心理的利益観に包摂されうる．他方，正義概念は権衡として定式化できる．この権衡の対象内次元では，個人や集団の行為・属性・状況と処遇との権衡が追求され，また対象間次元では，類似の諸個人・諸集団への平等処遇が要請される．そして，利益－正義間関係を含む価値間関係について，従来は争乱モデルと位階制

---

[3] 利益説に対しては，第三者のための契約における権利保有者と受益者の乖離を説明できないという批判も行われてきた．だが，ここで詳細に論じる余裕はないが，この批判への反論はさほど困難ではない．なお，近年，意思説と利益説の統合や第3の立場の提案が，相異なった観点から行われている．しかし，およそ理論的研究の目的が，多面的対象の最重要な側面を同定し描出することにあるとすれば，意思と利益という2つの異質な側面を安易に融合させることが，理論的研究の有望な方向性であるとは思われない．

モデルが対峙してきたが，むしろ丸天井モデルという第3の可能性がある．丸天井モデルにおいては，利益と正義は整合し補完しあうが，両者の相互補完の一例は，権利の本性に関する利益説の洗練された形態に見出される．

パレート効率性を含む利益概念と正義概念との相互補完は，権利の本性にとどまらず，法哲学上の他の主要論点にそくしても例証されるだろう．別稿では，法学上の重要概念の解釈としては自由について，また主要な法制度の根拠づけとしては刑罰および政治参加について，それぞれ利益と正義の相互補完関係を浮き彫りにした（Usami 2008: 302-309）．同様の作業は，所有権・契約・不法行為・課税などの根拠づけについても可能だと考えている．

たしかに，パレート効率性を含む利益と正義とは衝突しうる．より正確に言えば，衝突するような利益観と正義観を構成することは可能である．実際，こうした概念観をそれぞれ構成した上で，一方の犠牲において他方を選択すると宣言するほど，易しいことはないだろう．より困難だが挑戦する甲斐がある途は，たがいに整合し補完し強化しあう利益観と正義観を構成するよう努めることである．こうした努力の継続は，法と経済学の存立にとって1つの生命線となろう．そして，この努力が実行不可能であることはいまだ示されていない[4]．

【文献】

Berlin, Isaiah, 1990, *The Crooked Timber of Humanity: Chapters in the History of Ideas,* ed. Henry Hardy, London: John Murray.（＝1992，福田歓一他訳『バーリン選集4 理想の追求』岩波書店．）

――, 2002, *Liberty,* ed. Henry Hardy, Oxford: Oxford University Press.（＝1971，小川晃一他訳（部分訳）『自由論』みすず書房．）

Dworkin, Ronald, 1985, *A Matter of Principle,* Cambridge, Mass.: Harvard University Press.

――, 2000, *Sovereign Virtue: The Theory and Practice of Equality,* Cambridge, Mass.: Harvard University Press.（＝2002，小林公他訳『平等とは何か』木鐸社．）

――, 2006, *Justice in Robes,* Cambridge, Mass.: Harvard University Press.（＝2009，宇佐美誠訳『裁判の正義』木鐸社．）

Gibbard, Allan, 1979, "Disparate Goods and Rawls' Difference Principle: A Social

---

4 本章の主題に関連して，本書第2章・第4章・第5章も参照．なお，別所では，法と経済学に対する若干の素朴な批判に応答するとともに，その批判が論駁された後にもなお残る法的思考と経済学的思考のいくつかの相違点を指摘した（宇佐美 2009: 8-10）．

Choice Theoretic Treatment," *Theory and Decision* 11: 267-288.

Hart, H. L. A., 1982, *Essays on Bentham: Studies in Jurisprudence and Political Theory*, Oxford: Oxford University Press.（＝1987，小林公・森村進訳（部分訳）『権利・功利・自由』木鐸社.）

――, 1994 [1961], *The Concept of Law*, 2nd ed., ed. Penelope A. Bulloch and Joseph Raz, Oxford: Oxford University Press.（＝1976，矢崎光圀監訳『法の概念』みすず書房.）

Kaplow, Louis and Steven Shavell, 2002, *Fairness versus Welfare*, Cambridge, Mass.: Harvard University Press.

Kramer, Matthew H., 1998, "Rights Without Trimmings," in Matthew H. Kramer, N. E. Simmonds, and Hillel Steiner, *A Debate over Rights: Philosophical Enquiries*, Oxford: Oxford University Press, 7-111.

Lyons, David, 1994, *Rights, Welfare, and Mill's Moral Theory*, New York: Oxford University Press.

MacCormick, D. N., 1977, "Rights in Legislation," in P. M. S. Hacker and J. Raz (eds.), *Law, Morality, and Society: Essays in Honour of H. L. A. Hart*, Oxford: Oxford University Press, 189-209.

Perelman, Ch., 1963, *The Idea of Justice and the Problem of Argument*, trans. John Petrie, London: Routledge & Kegan Paul.

Posner, Richard A., 1981, *The Economics of Justice*, Cambridge, Mass.: Harvard University Press.（＝1991，馬場孝一・国武輝久監訳『正義の経済学：規範的法律学への挑戦』木鐸社.）

Rawls, John, 1999 [1971], *A Theory of Justice*, rev. ed., Cambridge, Mass.: Harvard University Press.（＝1979，矢島鈞次監訳『正義論』紀伊國屋書店.）

Raz, Joseph, 1986, *The Morality of Freedom*, Oxford: Oxford University Press.

Sen, Amartya, 1982, *Choice, Welfare and Measurement*, Oxford: Basil Blackwell.（＝1989，大庭健・川本隆史訳（部分訳）『合理的な愚か者：経済学＝倫理学探究』勁草書房.）

Steiner, Hillel, 1998, "Working Rights," in Matthew H. Kramer, N. E. Simmonds, and Hillel Steiner, *A Debate over Rights: Philosophical Enquiries*, Oxford: Oxford University Press, 233-301.

Stocker, Michael, 1990, *Plural and Conflicting Values*, Oxford: Oxford University Press.

Usami, Makoto, 2008, "Law as Public Policy: Combining Justice with Interest," in Tadeusz Biernat and Marek Zirk-Sadowski (eds.), *Politics of Law and Legal Policy: Between Modern and Post-Modern Jurisprudence*, Warsaw: Wolters Kluwer Polska, 292-315.

Wellman, Carl, 1985, *A Theory of Rights: Persons under Laws, Institutions, and Morals*, Totowa, N.J.: Rowman & Allanheld.

Williams, Bernard, 1981, *Moral Luck: Philosophical Papers 1973-1980,* Cambridge: Cambridge Universuty Press.
青井秀夫, 2007,『法理学概説』有斐閣.
宇佐美誠, 1993,『公共的決定としての法：法実践の解釈の試み』木鐸社.
―――, 2009,「法と経済：提題と展望」『法哲学年報 2008』1-15.
加藤一郎, 1974,『民法における論理と利益衡量』有斐閣.
鈴木興太郎, 2009,『厚生経済学の基礎：合理的選択と社会的評価』岩波書店.
常木淳, 2008,『法理学と経済学：規範的「法と経済学」の再定位』勁草書房.
森村進, 1989,『権利と人格：超個人主義の規範理論』創文社.

第2章 法と経済学をめぐる法観念の相剋

長谷川晃

2.1 はじめに:法と経済学の法概念論的再考のために

　現代社会において法と経済は複雑に絡み合っており,それに応じて法学と経済学も密接に関連しつつある.我々は,これらの領域や方法が異質で別個であるという素朴な見解から脱却し,その関連性を意識し,把握しなければならない(宇佐美 2009; 常木 2008).その一つの方法は,法における外的視点を介した関係づけである(宇佐美 2009: 8; 常木 2008: はじめに).その意義は,法実践の社会的結果や効率性の見地からの考慮によって法の実効性を測り,またそこから翻って法的判断の適切性を評価することにある.このことは,法実践の社会的実態を把握し,そこから法実践の再定位を図るうえで確かに重要である.典型的な例としては,借地借家規制や労働基本権保護などとそれらの社会経済的帰結との乖離の問題や,種々の行政手続的な制約とそこから生ずる制度的非効率の問題などがある.この意味では,法と経済あるいは法学と経済学との間には,前者の社会経済的帰結を軸とする外的関連性が看取できる.

　しかし,このような外的関係づけには一定の限界もある.まず,法の実効性については,経済学的分析以前にも,法の機能に係る法社会学的分析が意義を持って来た.この点で,外的視点からの分析は法にとって目新しいことではない.加えて,法と経済,法学と経済学との間には,法の外的視点のみならず,実は法の内的視点においても重要な関係がある.法実践の外的逆機能は,効率性の見地に立った社会秩序上の動態分析を背景として摘示されるのであるが,そのことは法実践の内的意義についての価値的批判とも関わっている.そこでは,効率性の考慮を法実践における一つの価値基準として位置づけ,それによっ

て法実践を統御するという規範的志向も存在しており，法実践の外的態様の分析のみならず，法実践そのものの在り方をどのように評価し方向づけるかということが問題である．そして，前者を法と経済学の（規範的に）弱い形態とするならば，後者はその強い形態であり，法と経済学の最も野心的な形態はこれにあると言えよう（宇佐美 2009: 9; 常木 2008: 3章特に同3節）．それ故，法実践に内在する視点において法と経済学の有しうる意義をどう評価するかが，より重要な理論的問題であると考えられる．そして，このときには，法と経済学は，他の伝統的法理論（自然法論，法実証主義，法現実主義）や現今展開されつつある「純一性としての法」論や「法的議論」論，そのほかポストモダン法理論などと同様に，法実践の在り方に関わる一つの解釈的法理論（interpretive theory of law）として位置づけられる[1]．

このように法実践内在的な形で法と経済学の意義を考える場合には，二つの問題がある．第一は，法と経済学が一つの解釈的法理論であり，それは法のありうべき内容について論争的な主張を展開していること（「法の内容は効率性の考慮に即して——もしくは中心にして——定められる必要がある」）をどう実質的に評価するかということ，換言すれば，法における効率性の考慮の位置や意義をいかに規定するかということである．第二は，法と経済学は一つの解釈的法理論として，法のありうべき姿について論争的な主張を展開していること（「法とは効率性の考慮を唯一の軸——もしくは中軸——とする規範体系である」）をどう概念論的に評価するかということ，換言すれば，法実践はどこまでそしていかなる独自性を有しているかを再検討することである．第一の問題は既に様々な形で論じられて来ており，ここでは多言を要しまい（常木 2008: 1部）．私自身も，この点に関連して，法と経済学の基本的な考え方を一定の限度内で評価しながらそれを批判する論考を幾つか著した（長谷川 2001, 2003, 2005）．しかし，本章での関心はこのような議論とは別の前記第二の局面にある．というのも，前記の規範的関心に立った法と経済学からの挑戦には，そのメタ・レヴェルにおいて或る法概念論的主張が相伴っているのであり，それ自体がまた法と経済学の重要な理論的特徴を形づくっていると考えられるからである．それ故，以下での議論は，

---

[1] 解釈的法理論の一般的意義は，法は最終的に一定の政治道徳的価値基準との関わりで規定される規範的論証実践であると捉えるところにある．この理論の見地においては，様々な法概念論的な立場は，種々の法の概念解釈もしくは法観念を論争的な形で提起していることになる（Dworkin 1986: Ch.1＝1995: 1章; Stavropoulos 2003）．

法と経済学が依って立つと考えられる法の概念解釈（conception）もしくは法観念について，その内容を吟味することに向けられる[2]．

　勿論，前記の二つの問題を区別することの理論的意義も議論の的となりうる．このような区別や法概念論の独立性の意義を否定する見方もあるだろう．しかし，例えばロナルド・ドゥオーキンが法実践を原理基底的なものとして捉え，特に平等の考慮をその基軸に据えながら，法実証主義や法的プラグマティズム，あるいは法的懐疑主義などから区別される「純一性としての法」の観念を提示したことに鑑みるならば，法実践の在り方を実質的に規定する理論的作業とそれに伴って成立しうる法観念を彫琢する理論的作業とは，それぞれに関連しつつも独自の意義を有していると言えるし，そうであれば法と経済学にも同様の問題次元が区別されることになるであろう．

2.2　法と経済学における法観念と法の規範性

　そこで，議論の取りかかりとして，法と経済学をめぐる法観念や法の規範性の特徴を明らかにしてゆくために，法観念の一般的性質についても簡単に考えておきたい．これは，後の 2.4 における議論の前提ともなることである．

　私の考えでは，法観念の基本的要素は規範であり，それは客観的命法を主たる構成要素とする価値的言明である．そして，その形態としては原理・準則・政策などが，その様相としては倫理／道徳・慣習・法律などが，さらにその実質としては様々な価値的内容，例えば自由・平等・効率性などが区別される（Dworkin 1977: Ch. 4＝2004: 3 章; Hart 1961: Ch. V＝1976: 5 章; 五十嵐 2005: 1 章）．

---

[2]　法と経済学をめぐる重要な理論的問題としては以下のようなものが区分されよう．第一は法における量化可能性，すなわち法的判断の基準設定について数量的明確性を与えることの可能性の問題であり，特に損害賠償の算定という点で重要である．第二は法における損益分析，すなわち法的判断の基準に損益計算を用いることの可能性の問題であり，特に法的判断の価値的方向性を帰結主義的に規定するという点で重要である．第三は法の意図せざる帰結，すなわち法が現実社会に働く過程でその規範的内容が予想しない社会状態が惹起されてしまう可能性の問題であり，特に法の経済的帰結という点で重要である．第四は法的価値としての効率性基準の意義，すなわち効率性基準が法的に重要な価値たりうることの可能性の問題であり，特に法の理念との関係という点で重要である．そして第五は効率性の観点に基づく法観念と法の規範性に関する意義の問題であり，これが本章の課題である．

確かに，法規範に係る伝統的な機能的分類としては，行為規範（確認・命令・禁止・許可）・裁判規範・組織規範といった名宛人によるものや，任意規範・強行規範といった規制機能によるもの，公法・私法といった規制領域によるものや，責務賦課的規範・権能付与的規範といった規制内容によるもの，独立規範・非独立規範といったサンクションの性格によるものなどもある（五十嵐 2005: 31-41）．しかし，理論的により重要なのは，様々な規範の法的性格づけの条件それ自体の問題である．種々の規範が法的なものとして認められるには，例えば一定の価値的論証実践の遂行，規範の有する言語性，規範のテキスト的権威性，強制的権力の存在，規範の拘束力，規範の一定の実効性などの複合的条件を前提としながら，いかなる規範が当該社会において通用すべきものであるかを規定する〈法のモデル〉（model of law）が必要である（Greenberg 2006: 245ff.; Dworkin 1986: 87-90＝1995: 150-154）．そうであるならば，法の概念は法的様相を有する規範の集合体として，その統合条件をまとめる〈法のモデル〉を通じて解釈的に規定されるということになる．もちろん，このモデルには様々なものがあり得，モデルに応じて法観念が争われる．

　〈法のモデル〉には様々なエレメントが含まれよう．例えばそこには，法の情況と呼べる，法の社会的必要性を規定する要素もありうる（Rawls 1971: §36）．また，いかなる種類の規範が或る特定の法として纏め上げられるかを示す法の構造化の基本条件も含まれるであろう（長谷川 2003: 27）．前者の環境については，例えば，強制と処罰を行う指令定立の必要性という権威主義的な見方，公知性・適正救済性・裁定性を有する規範定立の必要性というロック的な見方，変更性・裁定性・認定性を有する準則定立の必要性というハート的な見方，権力的強制に対する論証的制約の規範実践の必要性というドゥオーキン的な見方などが考えられる．後者の構造化の条件については，その形式的要素として，主権者あるいは法的機関が中心となる法命令説的な法の基本了解，裁判や法実務が中心となる基準論的な法の基本了解，自生的秩序，生ける法，慣習法が中心となる慣行的な法の基本了解などがあるだろうし，さらに加えて，六法，あるいは社会法・経済法，あるいは環境法といった法の領域区分の原則もあるだろう．また，これとは別に，構造化における実質的要素としては様々な政治道徳的価値との関わりも考えられる．

　ともあれ，以上のことはあくまで後の議論に必要な限りでの素描にすぎず，ここで法概念論上の問題について詳細な検討を進める余裕はない[3]．しかし，

試みにこれを利用して法と経済学における法観念の特徴を考えてみるならば，次のように言えるであろう．すなわち，法と経済学が同時に抱え込んでいる法観念は，以下のような要素を基本とする〈法のモデル〉を通じて規定されている．そこでは，社会における効率的資源配分の達成に向けられた規範実践の必要性が法を成立させる環境であり，法定立は効率性の考慮の達成手段として規定されることが構造化の条件となっていて，立法と裁判の双方を含み，しかもその実質的な価値の構えとしては，効率性の考慮のみを軸とする強い形態か，種々の価値の内で特に効率性を重んずる弱い形態かのいずれかが考えられる（常木 2008: 2 章; Kaplow and Shavell 2002: ⅡB-C; シャベル 2010: 27 章）．ここで特に，法定立が効率性の考慮の達成手段となるという構造化の条件は，いわゆる法道具主義の一つの典型を示していることに注意しておきたい[4]．

なお，関連して，法の規範性（normativity）の問題にも触れておこう．一般に，規範の有する規範性とは規範が現実世界に対して有する関係の性質である．規範と現実世界との間の関係とは，規範独自の内容とその適用条件の存在（規範の妥当）や現実世界における規範の充足度の問題（規範の実効性）などとは区別される次元の問題であり，端的には，規範の抗事実性とその有り様に関わる問題として表現できるものである[5]．それ故，法の規範性とは，一定の性格を有する規範群としての法が現実世界に対して有する抗事実的関係の性質であり，それは法規範独自の内容とその適用条件の存在（法の妥当）や現実世界における法規範の充足度の問題（法の実効性）とは区別される．そして，法の規範性は，当然に法の在り方に応じて定まるものであるが，前述のように，法が一定の〈法のモデル〉において同定され関係づけられる種々の規範群として把握されるのであれば，それに応じて法の規範性の有り様も定まることになる．例えば，法命令説の場合には法の規範性は権力の指令として，法が価値的論証実践として捉えられるならばその規範性は基準論的理由という状態において，法が慣習

3　法概念論の諸問題に関しては，とりあえず，Bix（2006: Part A）を参照．
4　勿論，そこでは，法道具主義が立法主導型のものか，裁判主導型のものか，あるいは実務主導型のものかといったさらなる区別も考えられるが，以下の議論では，必要のない限りそれには触れない．
5　規範性は，最近のメタ倫理学における重要問題の一つであり，そこでは特に道徳的原則がどこまで定言的な拘束力を持ちうるか（あるいは仮言的拘束力に止まるか）が中心的イシューとなっている（Dancy 2000）．

的なものとして捉えられる際にはその規範性は慣行的牽制として示されよう（MacCormick 2002）．そして，もはや言うまでもなく，法と経済学の法観念にもそれに即応した規範性が看取されるのであり，それはおそらく，効率性の達成手段という位置づけに伴う，いわば目標限定的嚮導であろう．

2.3　法と経済学をめぐる境界問題

　さて，法と経済学に係る法観念の法概念論的な意義について考えようとする場合には，法と経済学をめぐる境界問題からの探索が重要である．というのも，例外的な問題状況においては，法と経済学が抱懐する法観念に対してそれとは異なる法観念が対峙し，そこから相剋が現れるからである．

　第一の問題は，権利の取り扱いである．例えばアーサー・オーカンが論じているように，人々には根元的に自由や人格の尊厳があり，加えて多様な価値観が許容されるべきである．そして，それを可能にするのが権利の擁護であるとすれば，経済的利益とその配分の効率性のみを軸とした判断は，人々の間の利益分配に関する適切な基準とは言えない．また，経済的取引の枠組みそのものは，人々の基本的権利から構成されている．所有権や債務履行請求権は言うまでもなく，損害賠償請求権もまた経済的取引における基本的権利の保全のために重要な意義を有している．それ故，経済的利益の追求や確保はこれらの基本的権利の枠組の内で行われることであり，前者が後者を規定することはない．さらに，経済的取引に供されうる財には一定の限界があり，例えば自己の生命や身体は交換禁止財であって，その表現形態が一定の権利である（オーカン 1976: 1章，4章）．このように，権利がそれ自体として独自の意義を持ち，経済的交換や取引とは異なる次元に位置するということは，別の角度から見れば，分配の効率性の考慮に際してカウントできる選好や便益・費用をいかに同定するかについては，その境界を定める適切な基準を立てる必要があるということでもある．

　権利の取り扱いに関わる同様の問題は，ドゥオーキンによっても提起されている．強い意味での権利観念（典型的には自由権）が有する独自の意義や効力，あるいは功利主義的な選好計算における二重算入の問題の指摘などは周知のとおりであるが，それ以外にも，特に法と経済学との関連では，権利理解が表層的なものに止まること，法と経済学的な発想に基づく裁判官の判断様式の問題

性などについて，ドゥオーキンは批判する（Dworkin 1986: Ch. 5＝1995: 5 章）．前者の点については，帰結主義的思考様式をとる場合に権利保護はその社会的結果に依存することになるが，このことは権利が有する道徳的基底性を毀損することを意味している．そこでは権利観念はフィクションのように扱われることになり，その道徳的実質を欠くのである．後者の点については，法と経済学が抱懐する帰結重視の観点は，裁判官が法的判断において将来の最善の共同体を作るよう要請されていることを含意しているが，裁判官の役割はそのようなものではない．裁判においては，過去・現在・未来に関わる，法の継時的および共時的統合の要求が存在しており，それはまた「同様のケースは同様に判断する」という法的正義の要請とも関連しているのである．そして，さらにこのことは，広く立憲的体制に求められている「政治的純一性」の要請でもあって，法と経済学の見方はこの政治道徳的条件に反する可能性がある[6]．

　勿論，権利保護はその社会的効果として逆説的な事態を惹起することがある．例えば，借地借家における権利の保護は，それによって貸主の側の住宅供給を減退させ，かえって人々の借入機会が奪われてしまうことがありうるし，また同様に，労働基本権の保護は，それによって企業の人件費や政府の保障措置の費用を高騰させ，かえって人々の雇用や昇進の機会が奪われてしまうことがありうる．それ故，法と経済学では，しばしば，権利保護を絶対視することなく，様々な社会的結果との相関において権利の意義や射程を定めるべきであるという見方がとられる（常木 2008: 4 章; 八代 2009; シャベル 2010: 26 章 5, 27 章 3）．しかしながら，このような帰結相関的な権利の見方が通用しうる場合とそうでない場合とがあり，かつ法の実質はむしろ権利保護を焦点とするというのが，前記のオーカンやドゥオーキンの批判の主旨であることは言うまでもない．強い意味での権利は一定の排他性・不可譲性を有しているのであり，帰結相関的な権利の見方はその特質を殺いでしまうのである．半面で，帰結相関的な権利の見方が通用する場合は，その権利が弱い意味でのものであり，社会的事情に応じて意義や射程が左右されることに異論が生じない場合に限られる．ドゥオーキンが挙げる例は，道路のいずれかの側を通行する権利のような単純な場合であるが，それだけに止まらず，合理的な経済的取引の文脈内での民事的諸権利

---

[6] ここでのドゥオーキンの議論は法的プラグマティズムへの批判であるが，帰結主義的な法の捉え方についてなされる批判は，相当程度まで法と経済学にも当てはまる．

などにも当てはまるであろう（Dworkin 1977: Ch. 7＝2004: 6章）．ここで重要なことは，権利の取り扱いにおいて，カテゴリカルにその保護が要請されるものとプラグマティックにその保護範囲を規定できるものとは区別されることである[7]．

　第二の問題は，法と経済学の見地から立法や司法，あるいは行政といった政府の活動を通じて規制を行う場合に現れる，いわゆる「〈政府部門〉功利主義」への評価である（Williams 1973: 123-124, 135ff.）．社会の基本枠組みを決定する際に功利主義や効率性の考慮がより重要であると考えるならば，一般市民が無知で諸規則に従順な方がかえって政府活動の効率性が高まるのであるから，場合によっては市民を無知・盲目の状態にするような規制に意義があることになる．そして，この考えに即するならば，法はそのような市民を従属させる政府活動の道具として有益だとされる可能性がある．しかし，そうであれば，市民の権利保護は政府の恣意によって左右されるが，そもそも法の独自の意義，とりわけ法の支配に即した市民の自由や権利保護は，政府活動における効率性の追求に対して異を唱えるところにあるはずであろう．ここでも，法と経済学の見地から社会における利益を注視し，法を政府機関によるその促進方策として位置づけることに対して，法はむしろそのような政府活動とは異なった次元から規範的制約を課するものであるという見方が対抗している（Tamanaha 2004: Ch. 6, 2006: Part 2）．

　第三の問題は，前記二点に既に含まれる，より一般的な価値の在り方に関わっている．すなわち，法と経済学が重視する効率性の考慮は一般に規範的考慮においてどれほどの重みを持つかという問題である．換言すれば，それは諸価値の分裂もしくは多元性の問題をどのように考えるかということでもある．この問題には幾つかの局面がある．

　まず，価値一元論と価値多元論の対抗という問題局面がある．この点では，効率性の考慮を重視する見方は，他の自由や平等などを中心とする見方と同様，一元論に傾きがちである．勿論，効率性の考慮を一つの軸とする弱い見方を採るならば，それは多元論につながる．この面では，アイザイア・バーリンやトーマス・ネーゲルが指摘するように，諸価値は基本的に分裂を孕んでおり，一定

---

[7] 法と経済学においても，このこと自体は一般的に認められてきているが（常木 2008: 6章; シャベル 2010: 26章3, 4），重要なのは法そのものの核心においてこの区別が意義を有することである．

の多元性を有していると考えなければならない（バーリン 1972: 295-390; Nagel 1979: Ch. 9 = 1989: 9章）．この多元性の在り方をどこまで強く理解するかということは，それ自体が哲学的論争の的であり，ここでは立ち入れない．ただ，私の考えでは，価値の多元性を極めて強く理解してそこに諸価値の通約不可能性を見て取るとすれば，価値の考量は不可能となり，それは我々の規範的判断の経験にそぐわないと思われる（Mason 2006: §3; Chang 2004; 長谷川 2001: II部1章）[8]．というのも，ネーゲルは功利・平等・自由・連帯・権利・特別の責務などの公共的価値が相互に衝突することを指摘しているが，これに即して考えるならば，効率性を基礎にして他の価値を説明・正当化することができるかという問題が浮かび上がってくる．その一方，この多元性を認めたうえで一定の通約可能な諸価値の統合を考えるとき，諸価値の衝突を適切に解決する賢明な判断力が重要となるのであるが，そのときこの判断力の態様が効率性の考慮だけで説明し尽くされるのかという問題もある（Nagel 1979: 134ff.）．確かに，いずれの場合でも，それぞれの価値の実現がもたらす社会的結果に応じてその意義や重みを比較し，諸価値の間の優先性を規定するという，いわば価値功利主義は不可能ではないように見える．しかしながら，この見方は，価値の意義についても重みについても，各価値に固有の特質を十分に捉えるものとは言えない．例えば，既に述べたように，効率性の考慮の見地から権利概念を制限的に理解するときには，権利の独自の意義が削がれることがある．

　この点以外にも，このような価値的な在り方に関しては，行為者相対性（権利など）と行為者中立性（集合的目標など）との相異や，帰結的観点と非-帰結的観点との相異といった問題局面もある（Nagel 1986: 152ff.; Dworkin 1977: 90ff.＝2004: 110以下; Scheffler 1992）．前者の相異は価値の機能平面の特徴に係るものであるが，先に述べた権利保護と集合的目標の一例としての効率性の考慮とは評価対象が全く異なっていて，権利保護では行為者の抱える主体的利益の評価が，効率性の考慮では様々な行為者の総体において現れる社会的利益の評価が重要である．その一方で，後者の相異においては価値の評価焦点の特徴が問題となっている．効率性の考慮は行為や活動全体の結果として生ずる事態が焦点であり，そこから翻って行為や活動の在り方が判断されるのに対して，権

---

[8] 勿論，ハンス・ケルゼンが規範衝突について述べたように，異なる価値観の間にはただ相互の交替しかないと考えることも不可能ではないが，果たしてそうであろうか（長谷川 2006b）．

利の保護は行為のいわば基点において確保されるべき主体的利益が焦点であって，当の行為やそれに続く活動の結果が問われることはない．これらの相違もまた，効率性の考慮と他の価値との質的相異を示しており，そのことは法と経済学の見地の限界を示している．

　今一つこの問題に関連して付け加えるべきは，マイケル・ウォルツァーによる価値の領域相対性の見方である（Walzer 1983: Ch. 1＝1999: 1章）．ウォルツァーは，人間の社会的活動の領域に応じて中心となる価値は多様であるとする．例えば，社会保障の領域においては福祉と連帯が，市場活動の領域においては効率性が，政治の領域においては自由や参加が，労働の領域においては功績が，また教育の領域においては友愛が，それぞれに重要な価値の軸となっている．ここで注意しなければならないのは，或る領域において働くべき価値が他の領域にスピル・オーバーし，それによって後者の社会的活動領域において価値干渉が発生してしまうことである．その典型例が，市場の領域における価値が社会保障の領域を侵犯し，後者における価値の働きが阻害されるといったことであり，既に触れたオーカンの言う交換禁止財がなし崩し的に取引されるような場合が含まれる．ウォルツァーは，このような領域侵犯の可能性を問題視し，それを防ぐための社会的分配の原理として，社会的活動領域に即して独自の原則が働くという「複合的平等」の重要性を説く．勿論，価値が社会的活動領域に相対的にのみ機能するというテーゼそのものについては，なお議論の余地がある．例えば，教育の領域においても一定の条件下では功績が重要だと言えるし，社会保障の領域においても或る場面では効率性が重要であるから，重要なのは，活動領域上の価値の相対性よりも人間の活動における問題場面ごとの価値の働きの按分であろう（長谷川 2001: Ⅱ部3章）．しかし，ここでは「複合的平等」の原理の当否よりも，価値の領域相対性の考えが先に触れた価値の多元性と共通する点を有しており，そこでは効率性は一定の社会的条件の下では通用しても，条件が変化すれば通用性を欠くものとして限界づけられることに注目しておきたい．

　なお，言うまでもなく，これらの価値の多元性に関わる問題は，法の様々な領域に係る価値の多元性も含んでいる．そうであれば，法を価値的に一元的なものとして捉えることは不可能であり，また，或る特定の価値を基軸とする弱い多元性の下で法の多様な在り方を捉えることも必ずしも容易ではない．

　以上に述べてきた法と経済学をめぐる境界問題は，勿論，一面で権利保護や

政治的判断の在り方，そして価値の在り方に関する実質的評価を含んでいる．そこでは，効率性の考慮をどれくらい優先できるか，あるいは権利保護の独自性がどれくらい貫かれるかといった問題について，実践的に判断することも重要である．しかし，これまでに述べているとおり，本章で重要なのは，これらの境界問題に伏在している，法の在り方に関わる概念的問題である．ここまで見て来たように，法と経済学の見方に対して種々の異論が唱えられ，効率性の考慮では律しきれない価値的局面が多々指摘されることは，まさに法の名において，法と経済学の見方では尽くされない法の在り方が対置されていることが示され，法と経済学に特徴的な法観念に対する批判が提起されてもいるのである．

これらの境界問題における効率性と他の価値との対抗という事態が必ずしも真正の衝突となるわけではない，という見方もありうる．つまり，既に触れたように，効率性の考慮は必ずしも他の価値的考慮を排斥するとは限らず，それらをも含めてなお総体としての考慮を支えているという包括的な理解もあり得，その場合には，境界問題として前述したものは，効率性の見地による包括的考慮が十分に展開されていないか，あるいはこの包括的考慮でも及び得ないような例外的な問題場面であるかのいずれかであって，少なくとも，そこには考察に値する法観念の争いは看取されないことになる（Kaplow and Shavell 2002: II D; シャベル 2010: 27 章 3）．この点は，究極において，解決困難なことであるかもしれない．しかし，前述の境界問題がある限り，効率性基準による包括的考慮は不可能であり，法観念の対抗も必然であるだろう．

2.4　規範主義的法観念と道具主義的法観念

法と経済学をめぐる法観念の相剋の有り様を考えるにあたって重要なのは，この問題にレレヴァントな法観念としていかなるものが可能であるかを明確にすることである．その際には，哲学，とりわけメタ倫理学に係る関連する区別として，義務論的なるもの（the deontological）と目的論的なるもの（the teleological）との対置が重要である．それはカント的なものとヒューム的なものとの対置であると言ってもよい（Scheffler 1992: Ch. 1 & 2; Miller 2003: Ch. 10）．このような対置は現代に至るまで続く基本的な哲学的対置であり，道徳や法の領域にも当てはまる．そして，特に法との関わりで見るならば，これは規範主

義的法観念と道具主義的法観念との対置として考えることができる（クルクセン 1998; カッシーラー 1960: 2部; MacCormick 2002）．

　ここで規範主義的法観念と呼ぶものは，法哲学の基本伝統である正法への問いに発し，一定の正しい法的価値を前提とし，そこから内在的に展開される諸規範が法を成すとする観念である．それは，法思想の歴史を辿るならば，ポリスのピュシスたる不文の法に最も基本的な法の在り方を求めたアリストテレスから，神の世界計画として理性的被造物に与えられた自然法こそが法の根拠となるとするアクィナス，人間本性を介して与えられる自然権の保全こそがすべての政府と法の目的であると考えるロック的自然法／自然権論，そしてこれらの見方を引き継ぎながら事物の本性や人間の尊厳を軸に展開している現代自然法論，さらには一定の政治道徳に依拠する原理を基軸として法全体が統合されると考えるドゥオーキンの「純一性としての法」の理論（Dworkin 1986: Ch. 7＝1995: 7章），あるいは現代日本において主張される田中成明の「自立型法」（田中 2000: I部）や井上達夫の「正義への企てとしての法」（井上 2003: I部）の見方に至るまで共通して看取される，法哲学の王道に位置づけられる法観念でもある．そこでは，法はその上位にあって根本目的を与えている価値が規範的に表現されたものであり，それ故また法の有する規範性は，そのような規範表出性に存する．最近では，この性格はしばしば表出主義（expressivism）と総称されることがあり，その点では，この見方を規範的表出主義と言うこともできよう[9]．

　このような法観念と法の規範性の実質的特徴は，以下のようなものである．まず，法はその価値を与えている正法の具体化であり，そこでは当該の価値に連なる理性，原理，あるいは権利といった基準が法を特徴づける要素であって，この点は，主権者の命令や人為的に定められた準則が法を特徴づけるといった見方とは異なる特質を示している．次に，法が人間や集団の行為や活動にとって一定の基準となるということは，法が基本的には人間活動の制約条件として機能することを意味している．このことは，当の活動を展開する人間の側から

---

[9] ただし，表出主義には多様な形態があり，その多くはここで言う規範的なものとは異なることにも注意する必要がある．多くの場合，表出主義は，メタ倫理学的な価値情緒説や規範が一定の人間的もしくは社会的な欲求の現れであることを示す立場とされる．しかし，ここで述べている一定の価値が法において表現されているという見方は，これとは全く対照的な意味合いがある（Edwards 2009）．

見れば，法が各自の活動にとって真正な理由ないしは原因を提示していることを意味する．その端的な例は，殺人の禁止であり，それは人がいかなる行為をなすにせよ，他人に対して決して犯してはならない所作を示していて，人々はこの禁止を内化してその要求に即するように行為することを求められているのである．このような特徴は真因規整と呼ぶことができよう．さらに，この真因規整は，それに従う人間の側に正法とその表現である法への適理的な (reasonable) コミットメントを求めている．これはちょうど，カントが人間の善なる意志が従っている道徳法則に対して払われる尊敬 (Achtung) について指摘したのと類比的に考えられるような，法に対する各自の適正な参与の表現である (カント 2004: 46)．さらに付け加えるならば，このような法観念には，基本的に法の要求に従って行為しうる人間が予想されているし（「善人の視点」），またそれらの活動が相俟って，社会においては，市民の適正な利益実現に直接につながるような共同の善き秩序が成立するという期待も含まれている．

もっとも，規範主義的法観念とその規範性に関しては，以上に述べたような積極的特徴のみならず，一定の否定的特徴にも注意する必要がある．それは，この観念の下での法的視界が相対的に狭いことである．すなわち，この観念の下での法は，正法の貫徹を徳としており，そこでは社会秩序に対する一定の価値賦課が重要であって，その際には特に個々人や集団の権利や利益の保全が重要となっている．このような法的視界の下では，社会全体の中で法が照明を当てて規整するのは個々人や集団間の関係など局所的である傾向があり，社会全体から見ればその一部分，ないしはせいぜいのところで社会に散在している諸関係だけを規整することになる．勿論，このことは法的な規整が社会秩序の総体に対して無力であることを意味するわけではない．ここでの法の規整は社会秩序の中でも根本的重要性を有する関係や利益の保全にあるから，その意義ないしは深さは決して小さくはない．ただ，それにも拘わらず，法的規整の幅ないしは広がりという点で言えば，規範主義的法観念は相対的な視界の狭さを免れない面がある[10]．

さて，このような規範主義的法観念には道具主義的法観念が対置される．ここで道具主義的法観念と呼ぶものは，法哲学の基本伝統に批判的な立場に胚胎

---

[10] ここで述べている法的視界の広狭は，別の角度から見れば，逆にもなりうる．すなわち，人権保障は普遍的たりうる一方で，集合的目標の追求は局所的であるとも言える．この点は会澤恒氏の指摘による．

する.それは,法において正しい法的価値が常に前提となることへの懐疑に発し,むしろ法の主体的担い手となる人間がその意図や利害に即しつつ定立し展開しようとする諸規範が法を成すとする観念である.それは,法思想の歴史を辿るならば,ポリスにおけるノモスの重要性を主張したソフィストたちから,神などの普遍的実体を否定してその唯名性を指摘し,実体的自然法の批判にも向かったオッカム,相争う人間どうしの戦争状態こそが自然権が働く世界であり,政府と法は一時の安定状態を作り出す手段に止まることを喝破したホッブスの法理論,そしてこれらの動向を現代において引き継いでいる功利主義的な法実証主義,アメリカのプラグマティズムを背景として現れる法現実主義,さらには一定の政策的価値や集合的目標の実現を指針として法全体が設計され構築されると考えるフィリップ・ノネ＝フィリップ・セルズニックの「応答的法」の理論(ノネ＝セルズニック 1981: 4章),そして現代における法的プラグマティズムや法と経済学の法観念などの見方に至るまで,共通して看取される法観念でもある.そこでは,法はその実現が狙いとする社会的目標を達成するための方略であり,それ故また法の有する規範性は,そのような目標に導くための拘束性に存する.

このような法観念と法の規範性の実質的特徴は,以下のようなものである.まず,法は何らかの社会的目標の達成のための手段であり,そこでは当該目標を規定している政策的価値や社会的期待あるいは利益を実現するための人為的命令や準則が法を特徴づける要素であって,この点は,法を人間活動の制約基準とする見方とは異なる特質を示している.次に,法が人間や集団の行為や活動にとって目標達成のための命令や準則として関わるということは,法が基本的には人間活動の促進条件として機能することを意味している.このことは,当の活動を展開する人間の側から見れば,法が各自の活動を水路づけしていることを意味する.先にも触れた殺人の禁止について言えば,それは,人々にこの禁止を内化しそれに即するよう行為することを求めているのではなく,人々にとって何らかの行為や活動をする際に考慮すべき環境的与件を示している.このような特徴は,先の規範主義的法観念における真因規整に対して,しばしば法と経済学において呼び慣わされている誘因規整(incentive control)である(Kaplow 1999: §3).さらに,このような誘因規整は,それに従う人間の側に,目標実現の指針としての法を斟酌して行為し活動する,合理的な(rational)コミットメントを求めている.これは,カント的な法則への尊敬とは異なって,

目標指針としての法を自己の行為のルール・オブ・サムとして便宜的に位置づけることでもあり，法は自己の行為にとっての方略的補助条件となるのである．そして，この点との関連で付け加えるならば，このような法観念には，基本的に自己の利益や期待に発して法の要求をそれに従わせて行為する人間が予想されているし（「悪人の視点」），またそれらの活動が相俟って，社会においては，特に個々人の間の経済的利益を促進しその蓄積を通じて社会全体の利益や目標の実現が進められる，動的な秩序が成立するという期待が含まれているとも言えよう[11]．

加えて，道具主義的法観念とその規範性に関しては，以上に述べたような積極的特徴の他に，規範主義的法観念に見られた法的視界の狭さとは異なる面も看取される．すなわち，前者の観念の下での法は，一定の命令や準則，あるいは指針が社会秩序全体に波及して効果をもたらすことを勘案しようとしており，そこでは，個々人や集団の局所的・分散的な権利や利益の保全よりも，むしろ法が有する社会的機能の正負両面や，法の作用の結果が翻って法そのものに跳ね返る反作用を勘案するのである．このようなより広い法的視界の下では，法が照明を当てて規整するのは社会の全体であり，法の射程は広がって，それだけ社会秩序の形成に資する可能性が大きくなる．ただし，このことは，法的規整の幅あるいは広がりという点では意義のある一方で，社会のすべての問題を適切に処理できることを意味するわけではない．前節で見た法と経済学をめぐる境界問題に典型的に現れるように，社会秩序の中でも根本的重要性を有する個々人や集団の関係や利益を保全するという規整の深さの点では，この道具主義的法観念は必ずしも十分とは言えない面もある．

法と経済学における法観念が基本的に道具主義的な見地に立つということは，ここまでに述べて来たような特徴を有するということである[12]．そして，さら

---

[11] ただし，一口に法道具主義と言ってもそこには様々な種類があり，その中では，個々人の権利や利益を擁護するための道具主義も不可能ではないことには注意する必要がある（Vermeule 2007）．この問題についてはまた別途に考究したい．

[12] この点，経済学の見地から法にアプローチするときには，しばしば法概念に関する誤解が見られる．まず，既に本文で触れているように，法概念は解釈的にのみ理解されるものである．加えて，経済学の見地から法が眺められる場合には，概念法学的法実証主義に相当する見方で法を理解することへの傾斜が看取されるし，さらに法における教義学的議論は極めて硬直的なものにすぎないといった誤解がある．しかし，それらは適切ではない．例えば，本文で論じているように法観念は解釈的に多様でありうるし，また実際の法的判

に付け加えられる特徴としては，まず言うまでもなく，効率性の考慮の援用があるだろう．例えばポズナーの言う「市場の模倣」やグィド・カラブレイジに由来する「カラブレイジのガイドライン」などは（Mercuro and Medema 2006: Ch. 2），種々の法的問題の考量や解決において，富の最大化や費用の最小化を求める効率性基準が大きな役割を果たすことを示している[13]．勿論，既に触れたように，効率性基準の援用には幾つかの形態がありうる．そこでは，強い形態の単一道具性（効率性基準のみを援用する法の在り方に係る）と弱い形態の複合道具性（効率性基準以外にも重要な基準，例えば権利の擁護が考慮されるが，最終的にはそれらは効率性基準の下に統合されうるような法の在り方に係る）とが一応区別される．確かに，効率性の考慮の程度においては両者の見方は異なるが，このような法の道具主義的な見方は規範的主義の法観念とは対立する．前者は社会秩序を価値的に統御する法の独自の意義を十分に反映するものではない一方，後者は不要な形而上学想定や価値的硬直性を含むのである．かくして，法と経済学をめぐる価値的評価の問題とは別に，我々はここで，これら二つの法観念とそれが伴う規範性の観念は法と経済学をめぐって相剋しているという，根本的な法概念論的問題の存在を改めて確認する必要がある．

　もっとも，ここでこのような法観念の相剋が真の問題として存在しているのかという点について触れなければならない．というのも，前述の規範的表出主義は道具主義に還元されないのかという疑問がありうるからである．この疑問は，前にも触れた効率性の観点の包括性という問題とも関連している．或る意味では，規範的表出主義も，一見，道具主義的な立場に立っているように見える．例えば，思想史的な例をとってみても，アクィナスの自然法や人定法の体系は神を実質的な焦点とする共通善への参与という方向性を有しているし，ロックにおける自然権保護の要請は政府が樹立され法が定立されるための最終目的でもあり，さらに一定の政治道徳的理念や正義であれ法はまたその実現や達成を目的としていることなども一種の道具主義的な関係に見えるからである．また，クリスティン・コールスガードが指摘するように，一般に賢慮（prudence）と合理的方略（rational strategy）とは区別されうるものであり，賢慮は或る正

断においては様々な角度からの利益衡量も行われていることなどを適切に勘案しなければならない．

[13] 例えば，効率的契約違反の肯定，不法行為の自発的取引の見地からの処理，労働権保護の経済的帰結の重視など，周知の問題場面がある．

当な目的が与えられたときの達成方途の問題である一方で，合理的方略はそれによって自己利益が最大化される方法の問題であるとすれば，賢慮という点では，前記のような理念の実現と効率的資源配分の達成のための方途の選択とは質的にほとんど変わりがないようにも見える（Korsgaard 2008）．

　これら二つの法の立場が本当に道具主義の優位の下で包括的に理解されうるかという問題はにわかには決し難いものであり，別途いっそうの考究を必要とする．しかし，本章の考察の限りでも，規範主義と道具主義とは異なると言えるように思われる．

　まず，理念や原理の実現はあくまで規範的要求の問題であり，その関係は規範の具体化と抽象化という論理的なものであるのに対して，効率的資源配分の達成の問題は，或る手段とその結果との間の因果的関係の問題である点で相異がある．また，規範の本有的な（intrinsic）性質は規範的妥当連関における規範の性質に存しており，それは，規範の発生過程における規範の道具性によっては十分に説明され得ない．これは，いわゆる妥当の文脈と発生の文脈との一般的区別の一例である．さらに，ドゥオーキンが指摘しているように，法を規定するモデル的価値としての精確性（accuracy）や純一性と効率性との相異という問題がある（Dworkin 2006: 168-183＝2009: 213-231）．これらの価値は法の在り方，特にリーガリティを規定する根底的価値としてそれぞれに独自の意義を有しているものであるが，精確性は現在重視のものでありまた純一性は現在において過去と未来とを橋渡しするものであるという点で共通の現在性を有しているのに対して，効率性の見地は時間軸において未来重視の方向性を有しており，この点で前二者と後者の価値，そしてまたそれぞれに裏打ちされる法の在り方は性格を異にする．かくして，二つの法観念の相剋は道具主義的法観念の下で解消されるものであるとは言えず，それ自体が独自の問題性を示していると言える．

2.5　プロセス的法観念とその意義

　以上に述べて来たような，規範主義的および道具主義的という二つの法観念の相剋において法と経済学をめぐる法観念の問題を考えるということは，さらに第三の立場としてプロセス的法観念を考慮に入れることで，より複雑な様相を呈する．ここで言うプロセス的法観念とは，カテゴリー的には実体的法観念

に対抗するものであり，その一般的意義は，法を実体的内容においてではなくむしろその形成過程において，特に人間による法形成活動を軸として動的に捉える見方である．

プロセス的法観念は，正しい法的価値が前提となることへの懐疑や法形成の主体的担い手となる人間活動の重視において道具主義的法観念に近づくが，人間の意図や利害の促進に係る明示的目標を軸に法が成り立つと見ることは退け，法は人間の種々の社会的コミュニケーションを介し，それに依拠して様々な方向に展開しうることを含む観念である．それは特に，ロン・フラーの進化論的な法形成論（Summers 1984: Ch. 6）やユルゲン・ハーバーマスがかつて説いたような討議論的な法形成論（ハーバーマス 2005: 3部），あるいは田中成明が説くような，一定の対話的合理性に基づく「多元的調整フォーラム」の産物としての法形成（田中 2000: 1部）などの現代的な法の捉え方に看取されるものである．そこでは，法は社会的関係性の内にある人間のコミュニケーションの積み重ねによって形成・変容する過程であり，またその規範性は，人間のコミュニケーションによって漸進的に形づくられてゆく動的拘束性に存する．その他にもこの法観念の特徴が考えられるが，まず，法はそれ自体が人間の社会的コミュニケーションの一局面であり，そこでは話し合いによる人々の合意に基づいた原理や命令，あるいは準則が法を特徴づけるのであって，この点で実体的な法の見方とは全く異なっている．次に，法が社会的コミュニケーションの一環であるということは，法が基本的には人間の社会的活動過程の条件となることを意味しているが，その機能は制約条件でもありうるし，促進条件でもありうるという可変性を有する．このことは，当の活動を展開する人間の側から見れば，法が各自の活動にとっての真因規整でも誘因規整でもありうるということであって，法は人々の合意に応じて個々人に時に適理的な時に合理的なコミットメントを求めるものであり，また時に尊敬を求め時に便宜的位置づけを許すものである．そしてまた，法の下での人間は善人でも悪人でもありうる[14]．

このような特徴を有するプロセス的法観念においては，プロセスの二つの意味が区別されうる．第一は，プロセスという観念が法における実体的決定に先立つ手続的な原理・準則群を重視している場合であり，第二は，その観念が法

---

[14] プロセス的法観念がこのようなヴァリエーションを含むのは，基本的に，法に係るすべての事柄が人々の合意の有り様に依存して決まるからである．

的な決定活動あるいは過程の全体を囲繞している社会的な法形成過程，特にその進化論的動態を重視している場合である．これらいずれの意味によるにせよ，前述の規範主義や道具主義による法観念はいずれも実体的なものと捉えられ，その不十分さが批判されるが，ここで問題となるのは，法と経済学が含む法観念をプロセス的なものとして理解する可能性である．もしこれが可能で有意義であるとすれば，前節までに述べてきたような法観念の相剋はあまり意義を持たないことになる[15]．

　法と経済学の法観念をプロセスの第一の意味に理解する可能性は，基軸となっている効率性の考慮を法的決定手続の一環として捉えることであろう．そうであれば，効率性の考慮は，法的な手続を進めたり討論を行ったりする際のアジェンダの一つとなる．しかし，このことは効率性の考慮に関していかに関係者が合意できるかということを意味しており，そこでは効率性基準が持ちうる価値的意義は人々の合意の有無に依存することになって，その独自性が削がれてしまう．そして，このような決定手続の下では，効率性基準以外にも様々な価値的条件がアジェンダとして設定可能であるから，効率性の考慮の比重はいっそう軽微なものとなってしまうであろう．その一方で，法と経済学の法観念をプロセスの第二の意味に理解する可能性は，例えばフリードリヒ・ハイエクが示した「発見的プロセス」としての市場秩序／法秩序という見方に看取することができる．その場合には，効率性の考慮は社会秩序のマクロな変動全体に関わるものとなり，システム全体の効率性ということが問題として浮かび上がって来る（Gray 1984: Ch. 2＝1985: 2章; 嶋津 2005: 58ff.）．実際，進化論の一つの理解からすれば，当該社会の構成員の子孫が最大限に繁栄する可能性こそが効率的な秩序の目指す方向であるということになるかもしれない（内藤 2007: 5章）．しかし，この場合には効率性の考慮が，社会的資源配分におけるパレート最適の実現とはかけ離れた，あまりに茫漠としたものとなってしまう．あるいは，このプロセスはまさに試行錯誤の過程であり，社会に一定の変化を与える法的決定はその結果が判明した後に初めて効率的な意義を持っているかどうかが判定されるのかもしれない．しかし，そうであるときには，このプロセスの進行

---

[15] 法実践の基礎が人間の社会的コミュニケーションにあるという積極的な見方を採るとするならば，社会の状況や思想的背景に応じて規範主義的法観念が重視されたり道具主義的法観念が重視されたりすることが本来の法の在り方であるかもしれない．この点は瀬川信久氏の指摘による．

過程そのものにおいては効率性の考慮は何らの意義も持たないことになろう．

いずれにしても，法と経済学の法観念をプロセス的な形で理解するときには，他にも可能な価値的考慮を勘案して最終的に法的決定に至るための実質的基準はいかなるものか，あるいは進化論的な法形成過程における一定の決定場面でいかなる価値的決定基準をとるべきかといった問題が解明されずに残されてしまう．特に後者の進化論的見地からの理解に関しては，一方で発見的な不断の法形成過程を注視することは確かに重要であるとしても，他方でその過程では一定の規範の蓄積が進みそれが次の時点での法の制約条件になるという〈法の堆積〉の問題や（長谷川 2006），その際には一定の暫時的な価値基準の援用も必要となるという正当化可能性の問題を無視することはできない[16]．法は一定の価値基準をその中核として含むはずであり，その際には一定の理念や目的を把握することが不可欠となる．そして，そうであれば，ここでまた我々は，前述の二つの法観念の相剋の問題に立ち戻らざるを得ないのである．

2.6 結語

本章で論じて来た法と経済学をめぐる法観念の相剋が意味するものは，法に係る我々の思考には常に法概念論上の分水嶺が伏在しており，それは法と経済学に係る種々の議論をめぐっても現れているということである．しかし，このような相剋が，一般的にまた個別的に，法と経済学に関わっていかに解決されうるかはなお残された課題である．そこではそれぞれのレヴェルで，何らかの統合的な法観念の可能性が考えられる必要がある．そしてその際には，幾つかの重要な問題として，例えば，高次の政治道徳理論とその法概念論的意義，非-帰結的観点と帰結志向的観点の複眼性の在り方，そして，法と経済学を修正すべき一つの価値的論点としてのロールズの正義原理の再考などの問題が予想される（セン＝後藤 2008: 2 章，4 章）．しかし，これらの問題の考究はもはや別稿に譲らなければならない．

ただ，何らかの統合的な法観念の在り方について，一点だけ推測するとすれば，そこではいわば〈法の分業〉が重要な条件となるであろう[17]．ここで言う

---

16 例えば，この状況は，法における解釈学的循環の問題，ドゥオーキンの言うチェイン・ノヴェルの有り様，あるいはロールズの言う社会の基本構造の持続的安定性の問題などに看取される．

〈法の分業〉には，〈法規範の分業〉と〈法過程の分業〉とが区別されるが，前者は種々の法規範がそれぞれにレレヴァントな規整領域に応じて多様な内容を示すことであり，後者は種々の法過程がそれぞれにレレヴァントな規整領域に応じて多様な様相を示すことである．もっとも，〈法規範の分業〉は，現代法においては既に高度に進んでいる．従来の六法のみならず，経済法や社会保障法，あるいは環境法などの多くの領域において，法規範はそれぞれの領域に独自の形で展開されまた相互に関連もしつつあって，複雑な法的判断の統合について，例えば「法的協働」といった形も考えられるようになっている（北大法学研究科科研費基盤研究 A, 2007・2009）．それ故，ここでより重要なのは〈法過程の分業〉の在り方であろう．それは，一般的には，立法や裁判，あるいは行政，さらには市民活動や法学界などの法的アクターが様々に機能的に連携しながら複雑な法実践を動的に統合してゆく可能性であり，その場合には，法観念や法的決定様式も問題の文脈に応じて可変的であることが考えられるのである．しかし，そのような動的な統合の適切な在り方を探求することも，もはや別稿での課題である（田村 2009; 長谷川 2010）．

【文献】

Bix, Brian, 2006, *Jurisprudence,* 4th ed., Durham: Carolina Academic Press.
Chang, Ruth, 2004, "Putting Together Morality and Well-being," in Peter Baumann and Monika Betzler (eds.), *Practical Conflicts,* Cambridge: Cambridge University Press.
Dancy, Jonathan (ed.), 2000, *Normativity,* London: Blackwell.
Dworkin, Ronald, 1977, *Taking Rights Seriously,* Cambridge, Mass.: Harvard University Press.（＝2004, 木下毅・小林公・野坂泰司訳『権利論』増補版, 木鐸社.）
――, 1986, *Law's Empire,* Cambridge, Mass.: Harvard University Press.（＝1995, 小林公訳『法の帝国』未来社.）
――, 2007 [2006], *Justice in Robes,* Oxford: Oxford University Press.（＝2009, 宇佐美誠訳『裁判の正義』木鐸社.）
Edwards, Matthew, 2009, "Legal Expressivism," at SSRN: http//ssrn.com/abstract=1361101
Gray, John, 1984, *Hayek on Liberty,* London: Basil Blackwell.（＝1985, 照屋佳男・古賀勝次郎訳『ハイエクの自由論』行人社.）

---

17 この推測は須賀晃一氏の指摘に触発された．

Greenberg, Mark, 2006, "How Facts Make Law," in Scott Hershovitz (ed.), *Exploring Law's Empire,* Oxford: Oxford University Press.

Hart, H. L. A., 1961, *The Concept of Law,* Oxford: Oxford University Press. (＝1976, 矢崎光圀監訳『法の概念』みすず書房.)

Kaplow, Louis, 1999, "General Characteristics of Rules," at Encyclopedia of Law & Economics: http://encyclo.findlaw.com/9000book.pdf

Kaplow, Louis and Shavell, Steven, 2002, *Fairness versus Welfare,* Cambridge, Mass.: Harvard University Press.

Korsgaard, Christine, 2008, "The Normativity of Instrumental Reason," in Christine Korsgaard, *The Constitution of Agency,* Oxford: Oxford University Press, Ch. 1.

MacCormick, Neil, 2002, "Law," in *Routledge Encyclopedia of Philosophy,* Shorter edition.

Mason, Elinor, 2006, "Value Pluralism," at Stanford Encyclopedia of Philosophy: http://stanford.library.usyd.edu.au/entries/value-pluralism/

Mercuro, Nicholas, and Medema, Steven, 2006, *Economics and the Law,* 2nd ed., Princeton: Princeton University Press.

Miller, Alexander, 2003, *An Introduction to Contemporary Metaethics,* Cambridge: Polity Press.

Nagel, Thomas, 1979, *Mortal Questions,* Cambridge: Cambridge University Press. (＝1989, 永井均訳『コウモリであるとはどのようなことか』勁草書房.)

——, 1986, *The View from Nowhere,* Oxford: Oxford University Press.

Rawls, John, 1971, *A Theory of Justice,* Cambridge, Mass.: Harvard University Press.

Scheffler, Samuel, 1992, *Human Morality,* Oxford: Oxford University Press.

Stavropoulos, Nicos, 2003, "Interpretivist Theory of Law," in Stanford Encyclopedia of Philosophy: http://stanford.library.usyd.edu.au/entries/law-interpretivist/

Summers, Robert, 1984, *Lon L. Fuller,* London: Edward Arnold.

Tamanaha, Brian, 2004, *On the Rule of Law,* Cambridge: Cambridge University Press.

——, *Law as a Means to an End,* Cambridge: Cambridge University Press.

Vermeule, Adrian, 2007, "Instrumentalisms," *Harvard Law Review* 120: 2113-2132.

Walzer, Michael, 1983, *Spheres of Justice,* New York: Basic Books. (＝1999, 山口晃訳『正義の領分』而立書房.)

Williams, Bernard, 1973, "A Critique of Utilitarianism," in J. J. C. Smart and Bernard Williams, *Utilitarianism For and Against,* Cambridge: Cambridge University Press: 75-150.

五十嵐清, 2005,『法学入門（第3版）』悠々社.

井上達夫, 2003,『法という企て』東京大学出版会.

宇佐美誠, 2009,「法と経済：提題と展望」日本法哲学会編『法哲学年報2008：法と経済』有斐閣, 1-15.

オーカン，アーサー（新開陽一訳），1976，『平等か効率か』日本経済新聞社.
カッシーラー，エルンスト（宮田光雄訳），1960，『国家の神話』創文社（原著 1946）.
カント，イマヌエル（宇都宮芳明訳），2004，『道徳形而上学の基礎づけ』以文社（原著 1785）.
クルクセン，ヴォルフガング，1998，「中世の倫理学における『自然』：Lex naturae」小山 宙丸編『ヨーロッパ中世の自然観』創文社: 35-58.
セン，アマルティア＝後藤玲子，2008，『福祉と正義』東京大学出版会.
嶋津格，2005，「リバタリアニズムとイデオロギーの正しさ」日本法哲学会編『法哲学年報 2004：リバタリアニズムと法理論』有斐閣: 56-63.
シャベル，スティーブン（田中亘・飯田高訳），2010，『法と経済学』日本経済新聞社.
田中成明，2000，『転換期の日本法』岩波書店.
田村善之，2009，「知的財産法政策学の成果と課題」『新世代法政策学研究』1: 1-28.
常木淳，2008，『法理学と経済学』勁草書房.
内藤淳，2007，『自然主義の人権論』勁草書房.
ノネ，フィリップ＝フィリップ・セルズニック（六本佳平訳），1981，『法と社会の変動理論』 岩波書店（原著 1978）.
長谷川晃，1991，『権利・価値・共同体』弘文堂.
——，2001，『公正の法哲学』信山社.
——，2003，「市場における法的正義とは何か」『法律時報』75（1）: 25-29.
——，2005，「法と市場の間」厚谷襄児先生退官記念論集『競争法の現代的諸相（上）』信山 社: 57-81.
——，2006a，「〈法の支配〉という規範伝統」日本法哲学会編『法哲学年報 2005：現代日本 社会における法の支配』有斐閣: 18-28.
——，2006b，「規範衝突の解釈学」『法学』69（6）: 979-1010.
——，2010，「〈リーガル・ガバニング〉の観念」『新世代法政策学研究』6: 255-284.
ハーバーマス，ユルゲン（清水多吉・朝倉輝一訳），2005，『討議倫理』法政大学出版局（原 著 1991）.
バーリン，アイザイア（小川晃一他訳），1972，『自由論』みすず書房（原著 1969）.
北大法学研究科科研費基盤研究 A，2007・2009，「消費者法における公私の協働（一）・（二・ 完）」『北大法学論集』57（5）: 155 以下, 57（6）: 87 以下;「都市環境法における公私協 働」『北大法学論集』59（6）: 169 以下.
八代尚宏，2009，「雇用保障の法と経済学」日本法哲学会編『法哲学年報 2008：法と経済』 有斐閣: 37 49.

第3章 人間モデルにおける規範意識の位置
―― 法学と経済学の間隙を埋める

嶋津 格

3.1 取引費用

　取引費用（transaction costs）の概念は，R・コースによる．この用語自体はG・スティグラーによって現在の形に洗練されたもので，コースはそれがない状態を「円滑に機能する価格メカニズム」などと表現していた（嶋津 1997 参照）．標準的経済学教科書に登場する「完全競争」のモデルは，後知恵としては取引費用を捨象するところに成立している．ただし，取引費用の概念に何を含めるかについては，専門家の間でも必ずしも深めた議論はされていないようであり，論者によって様々なものが考えられている（クーター 1997: 68ff）[1]．以下の論考では，可能なかぎりこの概念を拡張して，考え得るすべての取引に関する費用を含むものとして使いたい．もちろん，取引費用ゼロの仮定は，それらすべてがない状態ということになる．

　取引費用は，動力学における摩擦に似ている．それを捨象すると，運動を記述する数学的に扱いやすい美しい体系が成立するが，その体系が描く像は，天体の運動を記述するような場合を除いて，現実世界の在り方とは大きくずれている．二つの世界の差は「誤差」という範囲にはとどまらない．たとえば，飛行機が空を飛ぶためには流体力学上の粘度，つまりある種の摩擦が必要である．それを考慮しないと，飛行機というものの存在が物理学で説明できなくなり，「飛行機（または空を飛ぶ鳥）などというものは理論上ありえない」と言わねばならなくなるのである．動物は平坦な面を歩くことができず，坂を上ることもで

---

[1] ただし邦訳では transaction cost は「交渉費用」と訳されている．

きない．摩擦のない世界像と現実の世界の間には，それだけ根本的差異がある．そして，前者の世界は，後者の世界で容易に実現できているあれこれのことを，「理論的にはできないはずだ」と推論する世界なのである[2]．もちろん逆も成立して，摩擦のない世界で起こることは現実の世界では通常起きないが，実験で近似的に実現することはでき，それは理科実験で人々を驚かせたりする．

現実の経済社会には，あらゆる種類の取引費用が存在する．このコストを削減することは，コストという語の定義上効率化となる．たとえば私的所有権の制度は，社会的決定のコストを削減するためにある，と考えることが可能である（嶋津 1992 参照）．所有権とは「その対象について所有者が個人の資格で下す決定を，そのまま社会的決定として是認する社会制度」と考えることができる（嶋津 2007 参照）．このような制度がないと社会は，すべての財の処分について集合的な決定を行わねばならなくなるが，そのコストは社会が大きくなるほど飛躍的に増大する．私的決定を許容するとともにその結果を競争にさらすことで，社会的決定はずっと少ないコストで，それも多数の人が気づいていない選択肢を個人の資格によって各自が試すことができるものとして，高い効率をもって運営される．イノベーション後の模倣過程を考えるなら，このシステムのもつ効率性はさらに大きくなる．社会主義の体制に対する資本主義の優位を説明するために知識の社会的利用に着目するハイエクの議論（「発見過程としての競争」論）は，このように要約することも可能だろう．この場合，所有物に関する処分その他その人の権限行使として行われる個人の決定は，それを他に対して正当化しなくてよいこと，がこの観点からは重要である．問題になった場合には，権限の存在は論証する必要があるが，その行使内容を正当化する必要はない（「私のものだから私が決めました」）．所有権とはそのような制度なのであり，この場合の権限行使の内容的正当化ももちろん，もしそれが要求されるなら，大きなコストを伴う取引費用の一部に加えるべきものと考えられる．もし取引費用

---

[2] ここでの記述が普通と逆になっている点にも注意されたい．摩擦では普通，摩擦がなければ達成される，たとえば永久運動などが想定され，摩擦があるからそれが実現しない…，と語られる．法と経済学の文脈でも同じで，取引費用がなければ権利関係如何にかかわりなく効率的な資源配分が実現するはずなのに…，と語られる．しかしここでは，摩擦がなければできないことは何かを問い，類似の文脈で，取引費用があるからこそ意味をもつことになる規範（と規範意識）の意義を問題にしているのである．参照，亀本（2009）および亀本報告を含む報告者にたいする私のコメント（嶋津 2009）．

ゼロなら，社会的合意も瞬時に成立するから，あるいは私的所有権も必要ないことになるかもしれない．社会的にもっとも正しい（効率的な）[3] 利用法を社会的に発見・決定して，その用途に各財を利用すればよいだけだからである．

取引費用については後に再度論じるが，以下の論考では常に議論に伏在しているものとお考えいただきたい．

3.2 規範意識をもつ人間

3.2.1 ルールに従う動物

ハイエクのモデルでは，「ルールに従う動物 (rule-following animal)」という人間像が，ある種公理的に最初に与えられている．ルール遵守は，認知にも行動にも適用される．前者では，この世界の複雑性が，人間の限られた認知能力で処理できる限度の法則性の内に，少なくとも当面収まっていること（人間に理解可能な限度での「自然の斉一性」公準）を，ある種偶然の幸運であるかのように，彼は描いている（参照 Hayek 1952）．これは，人間が必要とする限度で人間の枠組みの中で法則的認識が成立しているにすぎない，ともいえるし，このように解釈した場合のハイエクは，真理論においてプラグマティズムに接近する（参照 Hayek 1978）．しかし，世界の方がこれを可能にするようになっているのでなければその種のプラグマティズムすら成立しないから，その意味で人間による世界の認識可能性は，論理的というより偶然または奇蹟に属するといってもいいだろう．

ここでは後者，つまり行動の方が論考の主な対象となる．ハイエクによる規範のモデルは基本的にタブー・モデルである．何故従うべきかの理由は行為者には与えられないが従うべきだという結論は彼にとって自明であるようなルー

3　これの定義をめぐってはもちろん錯綜した論争がありうる．社会選択論などが扱っているのは，その種の問題であるかと思う．ただ，取引費用ゼロを明示的・非明示的な前提にしながら論じられることが多い正義の定義論は，取引費用の低減化が主要な課題である現実の世界に対しては，大きな意味をもたないという可能性がある．嶋津（2009）参照．この方向をもっと突き詰めた場合，われわれが問題にする正義はむしろ，この取引費用の多加をめぐって成立する社会的エンティティーであるのかもしれない．このような文脈では，「各人に彼のものを」という法諺の意義も異なったものに見えるかもしれない．

ル，それも様々に異なる内容のルールに人々が従うことができるという点に，生物としてのヒトがもつ圧倒的な実践的利点がある，というのである．「非合理主義（irrationalism）」というヒュームを連想させる用語（オークショットなどは自分をそう呼ぶが）は，後期には捨てられるが，あるところまでハイエクによって好意的に採用されていた．その理由の一つは，このようなところにある．この人間像からなる社会を以下に素描してみよう．

外界に即しているとは限らず（「○○の動物は自分たちの守り神だから殺したり食べたりしてはならない…」），かつ自分たちの利益になる保障もない（「敵を愛せよ」）ような様々な規範を守るべきものと考え，実際それに従うことが，この種の人間にはできる（これは公準であるから，なぜできるかという問いは一応的外れである）．そして普通，一つの社会をなして共同生活をしている集団内では，同じタブーが信じられ，守られている，とする．そうするとここから，異なるタブーの間の進化論が展開可能になるのである[4]．

3.2.2 規範の進化論

進化の過程は，当の動物に理解されていなくとも進行するから，未開のヒトが従う規範は，ヒトの理解と独立に進化論的に優れたものへと変化してゆく．つまり，それに従う集団の存続と繁栄を可能にする規範が，常により豊かになりながら残ってゆくのである．これは文化上の進化（cultural evolution）であるから，遺伝上の変化よりずっと時間的なスピードは速いのだが，構造は似ている．そのために必要な条件は生物進化の場合，盲目的変異にあたる部分と，自然淘汰の部分，そして生き残ったものの保持の部分である．そしてこの過程が繰り返されることで累積的に進化が展開する．

規範について，異なる規範の間の淘汰と保持を考えるのは容易である．優れ

---

[4] 本章にたいする橋本努のコメント（他の可能性を不可視化する閉鎖的なタブーの機能について）に関連していえば，規範の中にも様々な種類がある．ハイエクの分類では，大きな社会（Great Society）を可能にするタイプの規範と部族社会以前の社会関係に対応するもの，との間の区別が重要である．私の理解をつけ加えれば，たとえば，clementia（寛容）などは，ローマ以来西欧で重視された徳である．この種の徳は，一定の環境では大きな社会を可能にして結果的に人々を繁栄へと導くだろう．これと逆の集団の凝集に資するタイプの徳が重要な環境と，大きな社会を可能にするタイプの徳が肯定的帰結を伴う環境とは相互に変遷するだろうから，これらの徳の間にも，複雑な進化論的関係が想定される．このような態度が本章で採用しているものである．

たルールに従う集団が生き残り，他がそれを模倣し…ということだからである（ただ，模倣と保持の段階では，それを可能にするある種の知性が前提となる[5]）．しかし，生物の進化論でも盲目的変異の部分はランダム性を仮定されているだけだから，理論的にはここが公準的な扱いになっているのも事実である（表現型から遺伝子型に向かう方向の因果連鎖がないことは，遺伝子生物学の「セントラル・ドグマ」と言われる）．その変化が存続にとって有利なものである保障（または見通し）はまったくないまま様々な変化が起こる（試みられる），ということ自体が，決定的に重要な点である．この文脈では，「迷信深いこと」はその意味で，人類がもっている最大の資産といえることになる．もちろん迷信は，それの真理性または成功を保証しない．これは迷信の定義である（もちろん，方法ではなく内容が反科学的であることは，ここでは迷信の定義とはならない．ただ，生成時点において成功を保証されていないというだけである）．しかしそれは，これまでなかった新たな可能性を開き，それの成功と失敗を試みるための条件を，人間に提供するのである．進化論モデルでは，世界に適合するという意味の合理性は，淘汰の過程によって与えられるものだから，変異・生成の段階には必要ないのである．必要なのは変異そのものであり，規範的進化の文脈でいえばそれは，何らかの（それも多様なヴァージョンを含む）規範を（明示化された根拠なく）信じそれに従うこと，である．

ヒトは，明確な見通しや根拠もないのに，ある種偶然またはランダムネスの結果，一定の規範，それも集団によってそれぞれ内容の異なる様々な規範に従うようになる．この点さえクリアできれば，進化論的な展開が先に開けている．モデル論的には，このような「迷信」的能力をもつグループとそうでないグループのどちらが進化論的場面で有利か，を考えるのもよいかもしれない．結論は多分，これをもつ者たちの集団の方が有利だ，ということになるだろう．誤っ

---

[5] 橋本努のコメントから触発されて述べれば，模倣と保持だけでなく，他の集団で行われている多くの例の収集・比較とその効果の検討，などという機能も理性が果たすべき機能といえる．これを広範に行うなら「哲学」や「科学」の名にも値する知的活動となるだろう．その点，理性には「後発優位」を実現する力があるといえるし，明治期以降の日本の近代化も，この文脈で捉えることもできるだろう．それにもかかわらず，「なぜその規範に従わねばならないか」を，それに従う個人の利益の観点から説明してみせることができるとはかぎらない，という点では，その規範は結局「合理的」ではないであろう．この論点は思想史上，功利主義の様々なヴァージョンの間で論争されてきた問題群に関連する．功利主義の分析については，たとえば，安藤 (2007) 参照.

た迷信をもつグループは滅亡したり，他のグループに併合されたりするだろうが，偶然ではあるが「正しい迷信」(形容矛盾に見えるが，ここではこの概念が必要なのであえて使用する)をもつことになったグループは，一切迷信を持たないグループより高い効率を実現し後者を駆逐するのではないだろうか．迷信の能力さえあれば，その内容はより優れたものへと進化する．この点がポイントである．そして迷信を信じる能力は，保持 (retention) と学習の段階でも必要となる．内容 (「ウソをつくと閻魔に舌をぬかれる」) が叙述として非科学的であってもなんらかの教義 (ドグマ) は，それが外的に「正しい」行動の保持と学習と一体となっているかぎり，この文脈ではプラスに機能することになるだろう．逆に，その時点で自分たちがその規範のよき効果を理解できるような規範だけに従うような「理性的」グループは，その理性のレベルに規定されて，前者が享受するようなこれを超える進化を止めてしまうことになるだろう．人間がもつ実際の理性はそのようなものではなく，このような進化の過程がずっと進んだ後になって，それら蓄積された多くの (一部は理解の外にある) 規範の上に成立し，そしてそれら規範の間の微調整を，一部意図的に行うことができるようになるのだ，ということであろう．「理性」が成立した後でも (換言すれば「経済人」にとっても)，タブー的規範遵守の能力は機能すべきか，これが実践的には中心的争点の一つである．そして本章の立場は，理性人は依然としてタブーを必要としている，というものである．

3.2.3 ディレンマの解消？

カントは経済人モデルとは逆の極端であって，規範遵守が利益の動機に還元されない場合にはじめて人間は自由なのだ，と主張する．みずからが義務と認めることを，それが義務であることを根拠にして履行するのが，理性的存在たる人間の自由の本質であり，それが利益になるということを根拠または動機にして行為する人間は利益の論理から逃れられない奴隷にすぎない，というのである．カントの名で語られることが多い義務論 (deontology) という立場は，倫理の基礎づけ論とか義務の存在論というより，人間行動のモデルとして考えた場合に，ずっとリアルなものになるだろう，と私は考えてきた．

カント的人間は，いわゆる囚人のディレンマには陥らない．自分の利益と無関係に，何らかの規範に，それが規範であるという理由で従う者は，「利益の (タームによる判断力しか与えられない人間が陥る) ディレンマ」に捕らわれる必然性

第3章 人間モデルにおける規範意識の位置

がないからである．たとえば，「仲間を裏切ってはならない」という規範に従う人は，囚人のディレンマに煩わされない．もしくはカント的に，裏切り行為は普遍化可能性がないので，理性的存在である自分は行わないのだ，と言ってもよいだろう．むしろ，そのようなカント的人間，もしくは仲間の信頼を重視する普通の人間，をモデルから排除するためにこそ「囚人の」という形容詞が，このゲームの条件づけとして必要だったのである．つまり囚人は，規範意識と社会のしがらみから自由に自分の利益を純粋に追求する，という点で「合理人＝経済人」のモデルにもっとも近い存在なのである．

囚人でない普通の人は相対的に，経済人または囚人よりはカント的な人に近いので，囚人のディレンマの少なくとも一部からは逃れることができる．経済人より経済的パフォーマンスがその限度で高いのである．カントの実践理性は一見不自然な倫理的怪獣を生み出すように見えるが，この機能が「理性」による，つまりこの倫理判断が自覚的に行われねばならない，という彼の想定を捨ててしまえば（もちろん伝統的カント論からは外れるが），カント的人間は規範的進化のモデルとも整合する．つまりカントの要請は，本章が「公準」として述べた，自分の行動を何らかの規範に従わせようとする人間の基本的な能力（特定の言語の基底にある一般的言語獲得能力に似た）の事実を極端化した形で，要請または規範（定言命法）として，述べているにすぎない，とも考えられるからである．

もちろん，自分が従っている規範について，「何故それに従うのか」と問われた場合の答えは，カントの場合と進化論モデルの場合では異なる．カントの答えは「私は理性的で自由な存在だから」であり，この進化論モデルでは「なぜかわからないが自分の規範意識（または「良心」）がそれを要求しているから」またはより単純に，「それが規範だから」，「なぜそんな自明なことを尋ねるのか」…といった形になるだろう．後者のポイントは，規範意識は生物であるヒトが生来的にもっている能力にかかわる現実の問題であり，規範はそれが指向するイデア的世界の問題だ，という点にある．まずは前者（能力と意識）がリアルなのであり，だからイデア的世界と現実世界の間の相関に関する表見上のアポリアは，実は存在しない．言語上の依存関係と逆に，規範があるから規範意識があるのではなく，規範意識があるから規範がリアルな問題になるのだからである．

3.2.4 ウェーバーによる宗教と経済

　人が主観的にもつ信念の体系と，それが主体の理解と独立に人にもたらす経済的効果との間の間隙を劇的な形で論証してみせたのは，M・ウェーバーの宗教社会学である．「プロ倫」(Weber 1972a) では，来世的な関心による宗教的動機が，それがなければ不可能な程度のいわゆる世俗内禁欲を可能にし，完璧な商人を作り上げる経緯を，行為者の主観的世界の「理解」を通して解析して見せる．いわゆる「理解社会学」の優れた適用例である．

　「プロ倫」と類似の表題をもつ彼のもう一つの著書 (Weber 1972b) では，米国内の新教諸派 (Sekte) が，遠隔地を旅して回る見知らぬ他人間の主に商業的な信頼関係の形成に果たす役割を論じている．あるパッセージでは，「あなたは神を信じない人をどうやって信じることができるのか…」(Weber 1972b: 209) とある商人が問いかける．特に短期的な人間関係において，この問いの含意は深刻である．「神を信じる」とはこの文脈では，自分の短期的利害のみによって行動する誘惑を阻止する力をもった規範的行動への動機付けが，その人にはある，ということである[6]．他の社会でも，暖簾や先祖への忠誠心，社会関係への長期的コミットメント，ギルドなど，機能的には多くのものがこの役割を果たすが，建国以来今に至る米国社会の特徴は，宗教的信仰を媒介にしてこの種の信頼関係が，半匿名的関係においても瞬時に成立する点にあるように思われる．その意味で，少なくともウェーバーが論じた時代の米国は宗教を基礎とした超効率社会であって，信仰はペイするのである．

　個人の信仰内容とその行動がもつ客観的・経済的効果の関係を論じるウェーバーには，本来の経済学はない．それら個人の行動が，市場その他の関係の中で，特に希少財の利用・配分・生産をめぐって，また所得の分配をめぐって，どのような社会的帰結をもつことになるのか，を論じるのが経済学の本体だとすれば，ウェーバーの議論は個人の内面的信仰と外的行動の間の間隙をともなう関係のモデルを提示するに留まっており，その後の社会経済関係を論じることが少ないからである．それでも，経済人モデルの再検討を主なテーマとする本章との関係では，その洞察から得るものは多い．

---

[6] 「繰り返しゲーム」などゲーム自体の構造上の差にかかわる問題とそのゲームをする人間のモデルの違いという問題とが，どの程度截然と区別できるのか，は興味深いが，一応ここでは両者は区別可能だという前提で議論を進めることにする．

3.3 取引費用再論

3.3.1 取引費用と規範意識

　もちろん，上記の規範意識を媒介とする規範の進化によって蓄積される規範のシステムは，取引費用の軽減に資する．相手がウソをつかない倫理的存在であることが信用できるなら，モニタリングコストをある場合には全面的に節約できる．その他，人間のプライドと倫理意識に期待ができるなら，公共選択論が描く個人的（組織的）利得にしか関心のない公務員モデルを，状況に応じて捨てることも可能になるだろう．そして裁判官を含む法曹について，規範にコミットする人物像を議論とモデルの前提にすることもできるようになる．このような，公益に主たる関心をもつ公務員とか，正義を自己の目的として司法を運用する法律家は，若干の理想化を含んでいるとはいえ，ごく常識的な人間像である．こちらが現実であって経済人モデルの方が架空なのだ，というのはある意味当然のことだが，この関係は当初に述べた，摩擦のある現実世界と動力学の描く理想的物理空間の間の関係と対応している．そもそも経済学では，市場で活動するはずの経済人のモデルと経済政策（より大きくは政治と行政の全体）を実行するはずの主体のモデル（多分経済学者自身がこちらに含まれるのだが）とが乖離している点が，学問的に大きな欠陥であると私は考えてきた．つまり理論が，学問的営為を行う自己自身に適用可能ではない（つまり，経済政策の理論家は個人利得を主要な動機として理論活動を行っている——と理論上想定されている——わけではない），という点である．この点も，規範的人間モデルによって一部改善できるように思われる．つまりこの種の規範性は，分析の対象にも主体にも等しく共有されているのである．

　規範というものが，利益（少なくとも当人に自覚されている利益）に還元されない形で人間の行動の動機を形成することができる，という人間モデルを採用した場合，経済学はどのように変化するだろうか．この点を詳細に語る能力は私にはまだないが，十分展開されれば，経済学・法学・倫理学を統合する方向での理論展開に，大いに期待がもてそうに思われるのである．

3.3.2 集合的カント主義

C・サンスティンの議論（Sunstein 1997＝2002）を私は勝手に「集合的カント主義」と呼んできた．代表的凡人ジョン・ジョーンズ氏は，ゴミの分別収集に賛成しているが，分別を実行してはいない．この場合，顕示選好論からすれば，分別をしないことがかれの選好である．しかし分別に賛成だ，という彼が表明する意見もウソではない．むしろ賛成論の方が彼の規範的判断を正直に表明しており，結果的にそれが実行されないのは，ソクラテスの倫理学が無視したアクラシア（弱き意志）問題の結果である．そこでサンスティンは，地域の自治的会議体で様々に議論をした後，分別収集を議決するとともに，違反者への罰金制度などを導入するなら，むしろジョーンズ氏の規範意識は満足させられやすくなる，というのである．社会正義を口にする人とそれを無視する人という二人のジョーンズ氏がいるのだが，どちらも本物である[7]．サンスティンの理解では，一般に選好は「諸規範の関数（function of norms）」であると理解されているから，規範を変えれば選好も変化することになる．だから，よりまっとうな行動が実現するように規範的環境を改善することを，民主主義的な立法を通して行おう．だいたいこのように彼は主張しているように思われる．

純化したモデルでは，この決定によって強制されるのは他者というより弱き自己であり，集合的決定はある種の集合的自律と考えることが可能である．集合的カント主義という呼称はこれに由来するが，呼称が妥当かどうかは読者に委ねる．しかしいずれにせよ，集合的決定には膨大な取引費用がかかることは前述した．会社などでは，個々人が常に新たに契約をし直すのではなく，決まった組織に組み入れられて，見知った同じ相手と同じ業務を毎日継続して協力的に遂行する方が，取引費用が小さくなる．これがコースの組織論である．もし取引費用がゼロなら，会社は不要であり，もっとも相応しい人々を結合した契約的関係がいつも新たに組み直されて成立することになるはずなのである．

では民主主義はどうだろう．会社は経営者と上下の役割分担組織に人を組み入れ，意志決定のメカニズムから発生するコストを最小化する制度を備えている．しかし民主主義（当面直接民主主義を考えている）は，参加者の間の意見表明と説得，反論と再反論，党派の形成と諸党派間の離合集散，と気が遠くなるよ

---

[7] 嶋津（1996）で述べた「意志の弱さへの予防」論参照．

うなコストがかかる（要するにこれが，独裁制を合理的とさせる条件である）．それでも，規範定立（立法）は民主主義の制度を通して行われるのが現代社会の原則だから，選好を変化させるために「規範的環境」を意図的に変更するというなら，このルートを通らねばならない．

　その場合に，手続の費用のみでなく認識の費用が決定的に増大することを考えねばならないと思う．もし個人がそれぞれ，自分が考えるとおりに行動し，それが成功したり失敗したりしながらその結果が他に知られて他の人々の行動にフィードバックする，という個人的自由の体系であるなら，このコストは小さい．失敗する人は確かにそのコストを担うのだが，そのコスト負担は個々人にとって人生の意味そのものを形成するのだから，無意味ではないように私には感じられる[8]．一方集合的意志決定においては，弁論上の説得力と表見上の倫理性が力を持つから，提案されている規範を現実に適用した場合に発生する成功や失敗（それはごく不正確にしか予見しえない）を決定に反映するのに，ずっと時間と手間がかかり，そして言語によって定着された規範は，集合的に訂正しないかぎり変化しないのである．個人倫理の問題を集合的決定に委ねる，というサンスティンの発想には，依然として反個人主義に伴う危険性が感じられるといわねばならない．カントの自律＝自由論において，個人主義を本質的要素と見るなら，「集合的カント主義」はオクシモロン（形容矛盾）となる[9]．

3.3.3　非難と賞賛のメカニズム

　それよりも，個人に対する非難と賞賛のメカニズムによって維持され変化してゆくのが，伝統的個人倫理の機序である（Shimazu 2005 参照）．規範的存在としての人間には，その系または条件として，非難と賞賛に反応する，という能力が付随している（Robinson 2002 参照）．物質的利得を伴わなくとも，賞賛はそれ自体で利得または満足の源であり，非難は場合によって大きな損失または痛みとなる．子供の自殺報道などには，子供社会の中での非難その他の心理的攻撃がもつ力が子供に与える打撃の大きさを感じさせるものが多い．逆に，

---

[8] 人生における大胆な冒険と大規模な失敗は，個人が行うものとしてはむしろ賞賛に値するが，集団的な営為としては愚挙となる，と論じる，オークショット（1988）参照．
[9] ちなみにサンスティンはオクシモロンが好きなようで，最近の著書（Thaler and Sunstein 2008）では，「libertarian paternalism（自由尊重論的温情主義）」がオクシモロンに見えることを認めながらそれを肯定的に論じている．

他者からの非難と賞賛に反応する能力を欠いた子供は，その種の攻撃に鈍感だろうが，何らかの病理的タームで語られ，その後の社会化について巨大な困難を抱えることになるだろう．

いずれにせよ，社会は均一ではないが規範のプールであって，その一部が法として司法制度の中で運用されているが，大半の規範は倫理規範として人間の行動に現実の影響を与えている．自由な個人は一定の範囲でこれに対抗したり，これに変革を加えようと努力したり，他者の行動に感動したり，他者（や自分）を非難したりして暮らしている．ある場合には倫理改善運動（名称はジェンダー，多文化主義その他多様だが）が起こり，社会の規範のプールに大きな変化をもたらす．これに対して，個人のレベルによる倫理の変革に期待する私の立場からは，規範のプールに対して集合的決定による操作を大規模に加えるべきだ，という主張にはまだ留保をしておくべきかと考える．ちなみにこれは，法哲学の分野で「法と道徳」などという題目でこれまで延々と論じ続けられてきているテーマそのものなのだが．

3.4 R・コースのA・スミス論: 人間類型論についての補論

人間がどれほど博愛的かまたは自己中心的かはもちろん，個人と文化と環境とによって様々である．たとえば有名なものとして，中国での大地震にヨーロッパ人がどう反応するかを描くアダム・スミスのユーモラスなパッセージがある．ロナルド・コースがこれらを引用してスミスの人間モデルを論じているエッセー (Coase 1994)[10] があって興味を引かれたので，少し言及しながら，補論として考えてみたい．

論点は，『道徳感情論』と『国富論』の議論，特に両書で前提されている人間像，が整合しているのか，というアダム・スミス論で繰り返される主要問題にも関連する．この論争の中では多分少数派かと思われるが，結論としてコースは，両者は矛盾せず補完関係にあると考える．ではそれはどのような人間像であるのか．もちろんこれはスミスが，そしてそれに肯定的に言及するコースが，市場はいかなる人間によって運営されると考えているのか，という問題に

---

[10] コースは主にスミスの『道徳感情論』，場合により『国富論』，からかなり長文を引用しながら議論している．ここでは簡便のため，スミスからの引用部分は当該論文からの孫引きによることとする．

フィードバックする[11].

　スミスは，もっともよく言及される『道徳感情論』のこのパッセージで，遠い中国の大帝国が地震に飲み込まれ無数の人々が被害を受けた時に，ヨーロッパの人道家（man of humanity）がどう反応するかを述べる．人道家は，無数の人々の悲劇に同情し，人生の儚さに思いをはせ，ヨーロッパと世界経済への影響を憂慮するだろう．ただ，その種の人道主義的感情がみごとに表現された後，彼はあたかもその悲劇が起こらなかったのと同じように，心乱されることなく仕事や安眠を続けるだろう．ところが「明日自分が小指を失うことになっているとしたら，彼は今夜眠れないだろう」というのである．

　ここで人道家が何をどのようにみごとに表現するかについては，文化の差があるだろうし，そこにはキリスト教の隣人愛の教えも影響しているだろう．しかし，地球の裏側の何千万もの人々の命よりも自分の小指の運命の方が気になるのは，人間本性なのかもしれない．これは人間行動を決定するについて利己心または自己愛の影響力がいかに強いかを示している．

　しかしコースは，この文章がむしろスミスが人間の良心を論じる章に出てくることに注意を促しながら，スミスの人間観の微妙さを強調する．そして，では仮に，自分の小指を犠牲にしたらその何千万もの人々の命が救えるとした場合に，人道家はその犠牲を払おうとしないだろうか，と問うのである．これはコースが提示している問だから，スミスが直接それに答えているわけではないが，中国の地震を述べる同じパッセージに続くスミスの文章からスミスの答えを推測することはできる．その部分を自由に抜粋させてもらえば，以下のようになる．

　「われわれの受動的感覚は上記のようにあさましく利己的なのに，積極的行動原理はしばしば非常に気前がよかったり高貴であったりする．この差はどこから来るのか．」「自己愛からくる最強の影響力と対抗することができるものは，人道の弱い力ではない．…そのような場面で普通生起するのは，もっと強い愛，より強力な情動である．つまりそれは，名誉と高貴さへの愛，自己の性格の華麗と威厳と卓越への愛，なのである．」

　つまりコースの解釈では，もちろん場合によってではあるが，人道家はやは

11　以下の議論は，橋本コメントにある，ウェーバーが想定したプロテスタンティズムに駆られるような人間が消失した後の資本主義がどうなるのか，に関する問いにも一定の回答を与えそうに思われる．

り小指を犠牲にするのである.『道徳感情論』におけるスミスの人間モデルは基本的に,他者からの評価に反応する存在としての人間である.この他者が内在化・観念化され,例の「中立の第三者」になる,という話はスミスが正義または道徳とマナーを論じる時のポイントだが,そのもっと基礎には,他者のプラスまたはマイナスの評価を自己の幸福と不幸の源泉とする存在,として人間を捉える視点がある[12].

これは私の考えだが,他人(それを内在化した自己を含む)の評価に反応しそれを幸福と不幸の源泉とすることは多分,人間本性であろう[13]. そしてこれは自己愛の中に取り込まれることで,一定の範囲ではあるが,狭い意味の利己心と対抗する力をもつのである.『道徳感情論』の中にはこの種の卓越した洞察が頻出する.たとえば彼は,虚栄を論じる箇所で,「富裕な人がかれの財産について誇るのは,その財産が自然に世間の注目をかれにむけさせること…をかれが感じているからである.…そしてかれは,かれの富を,それがかれにもたらす他のすべての利点によってよりも,この理由で愛好するのである」(スミス 2003: 130) という.

スミスは,プライドと虚栄の人は本人が思っているほどではないが,世間で軽蔑されるよりは価値があり,プライドと虚栄にはしばしば尊敬に値する多くの徳が伴っている,という.プライドは,真実,道徳的一貫性,名誉心,友人思い,決断力などを伴い,虚栄は,人道性,丁寧さ,小さなことでいつも恩恵を与えたがること,そして時に大きなことで真に気前のよいこと,などを伴う,という.いずれにせよ『道徳感情論』は,人間の相互評価というルートを通して,結果として道徳的な行動を取ることができる存在としての人間を語っている.

一方『国富論』は,他者の慈悲 (benevolence) に頼るのではなく他者の自己利益に訴えることで日々の必要性を満たすことができるメカニズム,として市場を論じる.この点で『道徳感情論』との不整合を指摘されることが多いが,コースは市場が,見知らぬ人々の間で経済活動,つまり相互扶助,を組織する

---

[12] 日本語訳から引用するなら,「もし,人間の幸福の主要部分が,私がそうだと信じるとおりに,愛されているという意識からくるとすれば…」(スミス 2003: 106).

[13] 約束について論じているヒュームの論理(結論として,約束を守るのは人間本性に含まれないとする)に従うなら,このような本性 (nature) をもたない人間はいるかもしれないが,そのような人間は定義上,病理現象またはなんらかの疾患とみなされるのである.

唯一の方法だ，としながら，市場中心の社会の中にも家族その他の愛と献身を前提とする制度が必要であることを述べ，スミスの文章を引用する．そして法と経済学の中心であるコスト論に軽く言及しながら次のようにいう（Coase 1994: 115）．

　道徳諸規範の遵守は，他者とビジネスをする場合のコストを大幅に引き下げ，それゆえ，市場での取引に資するに違いない．スミスがいうように「社会は，いつも他者を傷つけ害しようと用意しているような人々の間で存続することはできない」のである．

コースの論文の最後のパラグラフは次のようである（Coase 1994: 116）．

　ふつうそう考えられているように，アダム・スミスが，ひたすら合理的に自己利益を追求する「経済人」という抽象物を自分の人間像としていた，と考えるのは誤りである．人間を功利の合理的マクシマイザーと扱うことが分別あるとは，スミスは考えなかったはずである．彼は人間をありのままに考えていた．実際に自己愛に支配されているが，他者への関心もないわけではない．理性使用もできるが，いつも正解にいたるわけではない．自分の行動の帰結を見通しはするのだが，それは自己欺瞞のヴェールを通してのことである．…［スミスの人間像に，真理の全部ではなくとも大部分が含まれていると認めるなら，］彼の思想が，ふつう想定されているよりもずっと広い基礎をもつことを理解することで，彼の経済的自由の擁護論はより強力になり，彼の多くの結論はより説得的になるだろう．

　この補論の目的は二つある．一つは，コースが見ている市場像は，近代経済学的な像を再度アダム・スミスの描いた像に近いものに戻そうとする側面をもつ，ということである．ここでは詳しく述べられていないが，コースが開いた（もしくは取り戻した）取引費用込みの市場像は，そのコストを低減させるための多くのメカニズムを伴うことになるが，その中心的部分として，人間による道徳その他規範遵守が含まれる，ということである．
　これはあくまで暫定的な議論だが，下手をすると，最低賃金制，利息制限法，借地借家法，各種強制加入保険，医師会や弁護士会を含む排他的特権ギルド，

その他「社会主義的」として標準的な経済学者によって批判される，社会に現存するほぼあらゆる制度は，取引費用を持ち込むことで，正当化の可能性が出てくるように思われる．もちろん，これらの制度がない場合のコストと，制度によって低減させられるコスト，そして制度が新たに持ち込むコストの値によって，それらは全体としてプラスやマイナスの帰結をもたらす．これに，それらが分配について及ぼす効果を加えるなら，議論が錯綜してくることは避けられそうもない．しかし，単純な摩擦なき世界ではなくその種の錯綜した議論が必要そうな世界にわれわれが直面しているのだ，という理解そのものが，分別ある議論につながるのだと私は考えている．

　二つ目は，上記のような他者の評価に反応する人間モデルは，反応の能力そのものはヒトに生得的なものかと思うが，それが結果として生み出すものは多様でありうる，という点である．『道徳感情論』は，ヨーロッパ人を人間モデルとしているきらいがあり，あちこちで，18世紀のキリスト教徒にしかいえないことを人間に共通であるかのごとく語っているように思う．しかし，同じプライドや虚栄，自尊心などが発揮されても，その環境においてどのような道徳が促進されるかは異なってくるだろう．ヨーロッパ史に限っても，多神教ローマからキリスト教のローマに転換する時，騎士などを中心にする中世から商業中心の近代に転換する時，などに大きな道徳的転換が見られた．つまり，スミスの人間モデルは，本章で素描した規範進化論的な人間モデルともかなりよく整合するものと思われる．マルクスの上部構造論は，下部構造の発展が決定論的になっている点で魅力に乏しいが，規範や倫理と社会経済が相関することは当然であろう．ミクロ経済学の中に，そのような歴史的に発展する社会の構成を可能にするような人間モデルを組み込みたい，という希望は，まったく的外れなのだろうか．しかしそうでなければ，法学と経済学のもう一段進んだ統合という野望は，画餅に終わりそうに思われるのである．

【文献】

Coase, Ronald, 1994, 'Adam Smith's View of Man', in *Essays on Economics and Economists,* Chicago: University of Chicago Press.

Hayek, F. A., 1952, *The Sensory Order,* Chicago: University of Chicago Press.

——, 1978, 'Primacy of the Abstract', in F. A. Hayek, *New Studies in Philosophy,*

Politics, Economics and the History of Ideas, London: Routledge and Kegan Paul. (=2010, 丸祐一訳「抽象的なるものの先行性」嶋津格監訳『哲学論集』春秋社.)

Robinson, Daniel N., 2002, *Praise and Blame: Moral Realism and Its Applications,* Princeton: Princeton University Press.

Shimazu, Itaru, 2005, 'The Individual and Collective Decisions: Concept of Law and Social Change', in *Law and Justice in a Global Society, IVR 2005, Granada,* anales de la catedra francisco suarez.

Sunstein, Cass R., 1997, *Free Markets and Social Justice,* Oxford: Oxford University Press.（＝2002, 有松晃他訳『自由市場と社会正義』食料・農業政策研究センター国際部会.）

Thaler, Richard and Cass R. Sunstein, 2008, *Nudge : Improving Decisions About Health, Wealth, and Happiness,* New Haven: Yale University Press.

Weber, Max, 1972a, "Die protestantische Ethik und der Geist des Kapitalismus," in Max Weber, *Gesammelte Aufsätze zur Religionssoziologie I,* J. C. B. Mohr.

――, 1972b, "Die protestantische Sekten und der Geist des Kapitalismus" in Max Weber, *Gesammelte Aufsätze zur Religionssoziologie I,* J. C. B. Mohr.

安藤馨, 2007,『統治と功利: 功利主義リベラリズムの擁護』勁草書房.

オークショット, マイケル（森村進訳）, 1988,「バベルの塔」嶋津格・森村進他訳『政治における合理主義』勁草書房.

亀本洋, 2009,「法, 法学と経済学: コースの理論を手がかりにして」『法哲学年報2008』: 79-95.

クーター, R.（太田勝造訳）, 1997,『法と経済学の考え方』木鐸社.

嶋津格, 1992,「所有権は何のためか」『法哲学年報1991』: 58-76.

――, 1996,「『運命』代替としての倫理: 生殖技術利用の自由と枠づけ」『産婦人科の世界』48（7）.

――, 1997,「経済学の洞察と法学:「法と経済学」を論ず」『岩波講座現代の法15 現代法学の思想と方法』岩波書店.

――, 2007,「私と公をめぐって: 私の生成を中心に」『学術の動向』12（8）: 8-13.

――, 2009,「法と経済: 総括コメントの試み」『法哲学年報2008』: 104-111.

スミス, アダム（水田洋訳）, 2003,『道徳感情論 上』岩波文庫.

第 2 部
法解釈学と経済学の内省

第4章 法の規範理論に向かって
—— 法政策分析 vs 法解釈学[1]

常木 淳

4.1 はじめに

　筆者が，最初に「法政策分析」(legal policy analysis) の用語に接したのは，キャプローとシャヴェルによる明晰かつ刺激的な著作 *Fairness versus Welfare* (Kaplow and Shavell 2002) においてである．同書の中で，彼らは法政策分析について，厚生経済学の方法に基づいて，社会厚生を促進するという目的の観点から，様々な立法，司法上の基準に関する批判的評価を行う学問及び政策分野を指すものとしている．かつて，ジェレミー・ベンサムは，コモン・ロー批判を足掛かりとして，自らの学問体系を「立法の科学」と位置付けて法制度の合理化を志したが，法政策分析は，このベンサムの学問的課題を継承するものとして，ひとつの科学の領域にとらわれることなく，法学を中心とする社会制度の学と，広く社会科学一般を視野に入れつつ，法政策のための科学的方法を総合的に探究することを課題とするものと考えられる．

　法政策分析は，法に関する学問である以上，まず，はじめに，法学の一分野として位置づけられる必要がある．事実，法政策分析は，法学の研究分野とし

---

[1] 本章の執筆にあたって，東京工業大学社会理工学研究科における宇佐美誠教授の研究セミナーとシンポジウムにおいて発表を行い，宇佐美教授，嶋津格教授をはじめとする参加者各位から貴重なコメントを得ることができたことに謝意を表する．シンポジウムにおいて，コメンテーターの労をお取りいただいた瀧川裕英教授にも，心より感謝申し上げたい．特にシンポジウムにおいて発表した著者の初稿は，ヘアの二層テーゼに全面的に依拠する形で議論を進めたが，この点について本稿では，瀧川教授のコメントに基づいて加筆修正を行ったことを申し添える．本稿に関して有りうべき誤りについては，全て筆者の責に帰するものであり，読者諸賢より厳しくご叱正を賜れば幸甚である．

て，長く「立法論」と呼ばれてきたものと近い関係にある．しかしながら，立法論が，法学の分野として，それにふさわしい真剣な取扱いを受けてきたかには，たぶんに疑問がある．これまで，実定法学の学問的努力のほとんどすべては法解釈学に投入されてきたし，基礎法学の分野としても，立法論に対応する本格的研究はほとんどなかったと言ってよい．

この状況に対しては，すでに戦後早々に，多くの一流の法学者によって，解釈学と並行して立法論を確立することの重要性が指摘され，その後も繰り返し同様な警鐘が鳴らされるとともに，立法論に向けてのいくつかの試論的な研究が提示されてきた．平井宜雄が提唱した「法政策学」と阿部泰隆が提唱した「政策法学」とは，このような問題意識に立った最も画期的な研究であった．しかし，これらの試論は，少なくとも法政策分析としては，重要な方向性を示唆しつつも未完成の状態に留まっている[2]．その結果，今日に至るまで法政策分析が法学において，正しくその処を得ることはなかったのである．

他方，法学の外部の研究分野として見ても，政治学，行政学，経済学，社会学などの周辺領域において，立法論，あるいは，法政策学が断片的に論じられることはあったが，やはり，それらが体系的な「学」としてのまともな形状をなすことは，今日までついになかったと言ってよい．言うまでもなく，法政策は国家の一大事業である．およそ，社会現象に関心を寄せる研究者が，その課題に関心を持たないなどということは想像しがたいことである．また，かつてはともかく，最近では，学会のみならず，政界，官界，実業界など実務の分野からも，この分野への期待が急速に高まりつつある．にもかかわらず，この課題が，これまでことごとく失敗に帰してきたように見えるのは，いかなる理由によるのであろうか．

ひとつの大きな理由は，法政策分析が，多岐にわたる社会に関する学問の交差領域に位置づけられることにある．最も中心的には，法（学），経済（学），政治（学）の三者は，これと密接に関係し，これに，倫理学，歴史学，行政学，社会学，社会心理学，文化人類学などのさらなる関連領域を視野に入れるとなると，この学問の全体像を把握することは，きわめてむずかしいこととなる．その結果，個別分野において，法政策分析に対応する研究がそれなりに行われ

---

[2] 阿部泰隆の政策法学の意義と問題点とについては，常木（2010）で論じたので，ここでは繰り返さない．平井宜雄の法政策学については，本章において詳しく検討する．

てきたとしても，これを総体として見るとき，その全体像は真に不明瞭となる．これらの錯綜とした研究群の間に良好な見通しをつけることが，筆者が提唱する法政策分析を正常に確立・機能させる上での大前提となる．

本章の課題は，この学問的基盤整備のためのひとつの準備作業にある．すなわち，本章は，法（学）と経済（学）との関連に焦点を絞って，法政策分析をめぐる両者の考え方の衝突や不整合を，相互の学問の特性に遡って検討してゆく．この際，法システムの事実的過程を研究する法過程論を捨象し，あるべき法を研究する規範の学としての，厚生経済学を理論的基礎とする法政策分析と，同じく「規範の学」を標榜する法解釈学がどのような関係にある（べき）か，を考察する[3]．特にそれらの過程で，平井宜雄が提起した「法＝正義思考様式」と「目的＝手段思考様式」との規範的相克について，また，内田貴による社会規範論に基づく法規範の倫理的正当化論について，筆者の立場との異同を詳しく検討することとしたい．

4.2 経済学による法政策分析プロセス

本節の課題は，経済学を用いた法政策分析の基本的手続を示すことである．選択される基本的な手法は，ミクロ経済学の規範的側面としての厚生経済学，ならびに，その公共セクター行動への応用としての，公共経済学の基本的な適用に尽きる．詳細については，別稿（常木 2010）に詳しく展開してあるため，ここでは，その概略を示すにとどめる[4]．序論で確認したように，法政策分析の構想は，純粋に学問的な思考実験としてのみならず，具体的な法実践において優れて有用性を持つことを目標としている．

経済学を用いた法政策分析においては，政策目的は社会的厚生の最大化に縮約される．より具体的には，厚生主義的，パレート包摂的な社会的厚生関数の最大化である[5]．もちろん，上記条件を充足する社会的厚生関数は無数に存在

---

[3] 立法過程，ならびに，政治（学）を視野に入れた考察については，別稿に委ねたい。

[4] 常木（2010）は，筆者の構想と関係が深い，阿部泰隆による政策法学（阿部 1998），中里実による公共経済法（中里 1993）との関連も詳しく説明しているので，関心のある読者は，合わせて参照を乞う．

[5] なお，筆者が依拠する厚生経済学の立場は，きわめて標準的，教科書的なものであるが，全ての経済学者が，この考え方を肯定しているわけではない．アマルティア・センをはじ

するため,その中のいずれを採択するかは,基本的に立法裁量に委ねられるものとされる.目的の設定に続いて,法的な規制,給付,サーヴィス供給を必要とする社会的事実の同定が必要となる.ここでは,問題とされた現象が,現実の市場経済において外部性,不完全競争などの「市場の失敗」を発生させているか,もしくは,富の不公平な分配の原因となっているかどうかを同定する.

次の問題は,これらの課題に対して,政府がいかなる方法を以って介入するかにある.介入の根拠に応じて,政府による政策介入は,1) 所得分配是正政策,2) 経済効率改善政策の二つに分類される.このうち,第一の明示的な所得分配是正のための政策手段としては,大企業への出店規制に見られるような行政的規制も存在するが,より大規模な所得不平等是正の役割を担う支柱は税と所得移転の体系であると考えられる.望ましい税体系や所得移転,あるいは,再分配的な公共支出・行政規制に関する政策評価にあたっては,そこで前提とされている社会的厚生関数が明示される必要がある.

他方,効率性改善のための法政策評価基準として現実的妥当性があるのは,仮設的補償原理(hypothetical compensation principle, 以下HCPと略記),すなわち,「ある政策を行なった結果として,その政策と同時に適当な所得再分配が行なわれればパレート改善が実現する場合,実際にはそのような所得再分配が行なわれなくとも,その政策は効率性の観点から正当化できる」とする考え方である.例えば,多くの規制緩和政策は,これに伴う衰退産業の労働者への所得補助が厳密に行われなければパレート改善をもたらさないので,HCPによってのみ正当化可能である.また,ある法政策がHCPによって是認されることと,適当な費用便益基準を充足する事,すなわち,富=社会的余剰を増大させることとの間に合理的な対応関係があるため,HCPを具体的な政策判断に適用した場合,具体的なデータに基づいた,判断の是非に関する議論が可能になる[6].

め,有力な経済学者の多くが,厚生主義を批判するとともに,権利基底的規範の重要性を主張している.これらの議論については,本書第5章と,そこで触れられている参考文献にあたっていただくのが便宜である.なお,**4.6**で改めて論ずるように,たとえ,厚生主義に対して批判的な立場に立つ理論家にとっても,一定の価値の多元性を承認するだけの倫理的寛容の持ち主であれば,筆者が提唱する法政策分析は十分に有意義なものであると,筆者は信ずる.

6 HCPと富最大化基準,費用便益分析の間の相互関係に関する詳細については,常木(2000: 第2, 4章),及び,常木(2002: 第1, 5章)を参照のこと.

4.3 「法政策学」について

　前節で略述したような新古典派厚生経済学に立脚する法政策論に対しては，伝統的な法解釈学の側から，これを厳しく批判する議論が繰り返し行われてきた．それらの多くは，単なる無理解に基づく皮相なものであったが，いくつかの批判は，極めて重大な論点を提起してきた．その中でも，平井宜雄が提示した独自の法政策論である「法政策学」(平井 1995) の構想は，彼の民法解釈上の優れた研究を踏まえて，しかも，一定の制約のもとにおいて，法解釈学における政策的思考の重要性を摘出しつつ，その限界をも同時に探究する周到な考察に裏打ちされた研究成果として，法律家の間に強力な影響力を及ぼしてきた．本節では，経済学の方法論に基づく法政策分析の確立を志向する筆者の立場から，平井による「法政策学」の提言について検討したい．

　平井の研究を何よりも先駆的独創的なものとしているのは，彼の理論が経済学など他分野の研究を無批判に導入するのではなく，自身による不法行為法に関する研究成果を踏まえて，その改革指針を示すという，すぐれて内発的な動機付けから出発しているところにある．平井 (1980) は，1970年代における不法行為訴訟の特質が，これまでの訴訟に対して異なる性質を有することに着目し，その変化を，二当事者間の事後的な紛争処理を目的とするのではなく，当事者を含む多数のひとびとからなる集団的利害にかかわる事前的な利害配分を課題としているという意味で，「紛争志向型」訴訟から「政策志向型」訴訟への移行として把握する．このような裁判に対する社会的要請の変貌の結果として，もはや裁判官は，古典的な訴訟類型におけるような受動的な不偏的判定者たるに留まらず，自らのイニシアティヴに基づいて訴訟を媒介としつつ社会を特定方向へと導こうとする政策決定者たることを求められるにいたったとする．そして，不法行為訴訟に代表される現代の裁判の特質の変化は，他の全ての裁判領域においても多かれ少なかれ共有される以上，裁判官，弁護士をはじめとする現代の法律家は，いずれもある程度まで政策形成者として政策的思考に習熟し，これを司法の実践に生かしてゆく必要があるとされる．

　このような動機付けに基づいて，平井は特にカラブレイジ (Guido Calabresi) の事故法に関する「法と経済学」的研究を参考にしながら，経済学的な政策分析の観点を踏まえた法政策学の構想を展開する[7]．しかし，平井 (1980, 1995)

は，法政策学が，たとえ，政策科学の影響を受けざるを得ないとしても，それが何らかの意味において「法的」要素を扱わざるを得ない以上，社会科学的決定モデルに全て置き換えられるものではなく，そこに法的思考の要素が併存すべきことを主張している．この帰結として，平井の「法政策学」の特性は，社会に関する価値判断を「目的＝手段思考様式」と「法＝正義思考様式」の二つに分解し，両者の間に対立関係を想定するところにある．このうちの前者は，社会的価値を特定の目的の実現に置き，その実現手段として社会科学的な因果法則を利用するという意味で，一般的，事前的な性格を有するとされる．これに対して，「法＝正義思考様式」に基づく社会的価値判断は，規範に依拠した，当事者間への事後的な正義の実現を意味しており，「目的＝手段思考様式」とは相容れないものとされるのである．

このうち，前者の目的＝手段思考様式については，その定式化は明晰であり，取り立てて異議をさしはさむ余地はないように見える．われわれが提案する法政策分析は，目的＝手段思考様式に基づく法政論の確立を目指すものと解して構わないであろう．これに対して，後者の「法＝正義思考様式」は，その定義が真にあいまいであり，何を意味しているかも，なにゆえに，いかなる意味において「目的＝手段思考様式」と対立しているのかも，ほとんど明らかではないのであるが，筆者が（自己流に）理解する範囲で言えば，効用，厚生といった一元的な価値ではなく，プロセスと結果の双方に渡って，問題の様々な側面を総合的に検討することから抽出される価値が正義性ということの本質であり，その点で，結果志向的かつ価値一元論的な「目的＝手段思考様式」とは対立すると主張しているように思われる．以上の理解に大過ないとすれば，「法＝正義思考様式」が，司法制度の前提において作動する司法判断のための思考を原型として抽象された概念であることは明らかである[8]．

このような当事者間の様々な諸事情を総合的に勘案した事後的正義の実現を

---

7 特に，平井（1980）は，カラブレイジの研究に多く依拠している．参照されたカラブレイジの研究については，同書86-87頁に，詳細なリストが付せられている．

8 平井は，1980年代初頭における不法行為法に関する画期的な研究を経て，1987年に『法政策学』の初版を公刊したのち，法解釈の方法論についての自らの立場をかなりの程度転換し，政策的な問題意識を前面に出すのではなく，法律家の間で行われる議論の方法を訓練することに一義的重要性を置くようになった（平井 1989, 1991 参照）．ここで展開された「議論」の理論と「法＝正義思考様式」との間に，緊密な関連があるものと思われる．

目指す価値判断の様式が，司法判断に関して必要となることには，筆者としても異論はない．「法政策学」の問題点は，かかる「法＝正義思考様式」と社会科学的な「目的＝手段思考様式」との間の相互関係を闡明にしないままに，両者の並列的な対立関係を極めて平板な形で前提した上で，「法＝正義思考様式」の影響力を，司法判断における政策形成の側面と，更には立法判断の局面にまでも押しひろげようとしたところにある．この結果として，裁判官をはじめとする法律家はもちろんのこと，立法者の場合であっても，「目的＝手段思考様式」のみならず，これに対立するとされる「法＝正義思考様式」から制約を受け，この二つの思考様式が絶えず拮抗しつつ，「いわば引き裂かれつつ決定する」(平井 1995: 47) 必要があるとされる．

このような総合判断的思考を，折衷的に，事前的一般的規則の定立の局面へと拡張適用することが，現実の法政策にいかなる影響を及ぼし，その社会的帰結にどのような効果を持つことになるであろうか．そもそも，「法政策学」が，少なくとも，その半身を依拠する「法＝正義思考様式」とは，その「意味が状況に応じて変化する複雑な」(平井 1995: 117)，要するに法律家以外には理解不可能な価値観である[9]．法政策に関する価値判断において，このような外部の人間には理解不可能な価値判断を混入すれば，法政策の透明性，説明責任の明確性に対して壊滅的な打撃となることは疑問の余地ない．「法政策学」は，「目的＝手段的思考」に対しても十分な考慮を払うものであるとの反論があるかもしれないが，いずれ「総合的に判断」するとなれば，両規範の混合比率もまた自由自在に調整可能であろう．

立法における法務官僚，あるいは，司法政策における裁判官その他の法律家を考えてみても，社会全体の利益からかけ離れた法政策を行う可能性は極めて高い．まず，立法においては，政治利権や省益に基づく立法政策の実現の危険は明らかである．次に，司法の場合を考えてみても，立法府と司法部の意思の間に，現実問題として，どの程度の独立性を想定できるかは確かではない．日

---

[9] 筆者は法学の部外者として，平井の言う「法＝正義思考様式」と，その基礎になっていると思われる「議論」の理論についての理解を完全に断念することにしたのだが，実のところ，これらの平井の理論は，法律家であれば誰でも違和感なく理解できるというものでもないように思われる．この点で，得津晶による近年の論考は (得津 2009)，平井の「議論」の理論の内容と意義を，その背景となっている法解釈方法論に関する長きにわたる論争史にまで遡って明快かつ的確に検討しており，筆者には学ぶところが多かった．

本の司法のように，伝統的に司法部の独立性が制約されている場合は，特にその危惧は大きい．両者の間に強い相関関係が認められるならば，上に述べた立法に関する危惧は，司法政策についても当然に妥当する．また，法律家が本来依拠する思考様式は，まさに平井の言う「法＝正義思考様式」であるがゆえに，仮に政治的圧力が作動しない状況を仮定しても，司法部の判断は当事者間に状況づけられた事後的正義の観点を根拠として，社会全体の利益から乖離する見通しが大きい[10]．司法政策においても，制度的制約の結果として弱められ局所化されるとしても，「法＝正義思考様式」は，社会全体の利益から逸脱した政策判断を誘導する効果があると言えるであろう．

以上，立法，司法いずれについても，社会全体の利益から乖離した法政策を正当化する上で，「法＝正義思考様式」は真に便利である．どんな政策であれ誰かのためにはなるであろうから，「総合的に判断すれば」たいていの政策は「正義」に叶う．後は，官僚や法律家に都合の良い判断を後付で正当化したり，あれこれ弁解するのに，これほど使い勝手の良い「思考様式」はまたとないだろう．

4.4 社会規範・私法秩序・法政策

「法＝正義思考様式」が法政策に関連すべきでないと言う前節の結論は，法律家から見れば，著しく直観に反するものと思われる．それは，法律家にとって（特に，民法を専門とする場合にこの傾向が顕著であるが），法政策は，立法論に至るまで，基本的に解釈論に規定され，その延長上に存在するものと思念されているからである．すなわち，法律家の基本的な法に対する見方として，解釈を通じて「あるべき法」が逐次的に発見され，それが十分に成熟した段階で立法化されるという信念がある[11]．平井による「法政策学」の構想の原型となった政策志向型訴訟の場合でも，これらの訴訟類型は，単なる個別事案の解決のみ

---

10 この点については，Kaplow and Shavell（2002），及び，常木（2008）を参照されたい．
11 そうではなくて，解釈論によって対処できない問題が明らかになった段階で，法改正に関する立法論が生ずるのだという反論があるかもしれないが，この二つの見方は，実は表裏一体である．法解釈が成熟するにつれて，法の解釈と法規との間の乖離が決定的になった時に，解釈の側に合わせて新たな法規を設定するというのが，この議論の趣旨であるから，まさしく，解釈論の成熟が立法論へと接続しているのである．

ならず,その判断を介しての新しい法的権利の認定と立法化への志向に動機づけられており,事実,1970年代以降に生じた環境問題をめぐる訴訟は,新たな環境法制の制定や行政的規制の拡充のための重要な契機となってきた.

我々は,次節以下において,この問題,すなわち,法解釈学と法政策分析との相互関係という本章の中心的問題に,本格的に向き合うこととする.そのための準備として,本節では,法解釈学における,もう一つの重要な環である社会規範の問題を提起することとしたい.幸い,この論点については,近年,内田貴が,長期継続契約保護法理に関連する一連の研究(内田 1990, 2000, 2004)を通して,極めて重要な問題提起を行っており,我々の一般的な考察のための検討課題として学ぶべきところが多い.以下,本節では,内田による,これら一連の研究について検討を行うこととしたい.

平井の提唱する「法=正義思考様式」においては,法律家に典型的な規範的思考が抽象化されているが,その背景としての社会規範の存在は,それほど重視されているように思われない.これに対して,内田によれば,法解釈の目的は,要件・効果の明白なルールを予測可能性の観点から適用・実現することに限定されるのではなく,司法が対象とするコミュニティが形成する「内在的規範」を解釈的に抽出しつつ法的に正当化することによって,社会集団の期待を保護することにあるとされる.

内田が,この議論を導出するまでに主として扱った法学上の検討素材は,平井の場合が不法行為法であったことと対照的に,契約法であった.内田は,日本における取引慣行に内在する社会規範が,ルール志向的な近代的契約原理とは大きく乖離しているため,これらの近代的契約規範に基づく契約法を直接的に適用することが,裁判の現実を説明することも正当化することも困難にしていると認識する.しかし,他方において,社会規範そのものに法源性を認めることに対しても,内田は否定的である.契約関係の継続性を尊重しつつ,契約内容も,当事者の関係や事情の変化に対応して柔軟に変動することを予定し,当事者の義務の根拠は,契約締結時の意思というよりも,当事者が形成した「関係」にあるとする「関係的契約」のモデルを採用しながら,個別事案の多様性に的確に対応すべく,一般条項を活用することによって,社会規範に対して適切な法的スクリーニングをかける形で「内在的規範」を法的に吸い上げてゆくことが,望ましい法解釈の在り方であるとする[12].

このような判例・学説の成熟のプロセスを通じて,法が社会規範を的確に吸

収・反映してゆけば，それらの中には，法理の形で政策的に人々を拘束する規範が生成したとしても，正当化が可能であるように見える．内田（2000, 2004）においては，このような論旨によって，借家法，労働法などにおける長期継続契約保護法理の正当化が行われている．かかる司法政策の正当化は，まさに法解釈学の技法を通じて調達されたものであるから，我々が提唱してきた法政策分析の立場とは，正面から対立することを余儀なくされる．そして，この議論の延長線上には，解釈論こそが立法にまで及ぶ法政策の全範域を規定すべきという結論が生ずる．

宮澤俊昭は内田の議論に触発されつつ，この点を明示的に，「裁判規範としての国家法（民法）を立法権の属する国家機関が制定するに際しては，社会において形成される私法秩序に含まれる規範の内容を国家法の内容としなければならない，という意味において私法秩序に拘束される」（宮澤 2008: 67）と主張している．

4.5 法解釈学と法政策分析

4.3, 4.4において，平井宜雄と内田貴による考察をあとづけながら，法解釈学に依拠する法政策の在り方や正当化根拠について理解を深めてきた．二つの大きな論点は，第一に，平井が提示したような，法律家的な事後的正義の実現を課題とする規範感覚が，社会科学的な目的＝手段思考に特有な事前的な合目的的規範感覚に立脚する政策形成と相克を生ずるという点，第二に，内田が指摘するような，個人合理主義を前提とするルール基底的な規範が現実の社会規範から乖離する場合に，現存する社会規範をより適切に吸収した法政策の形成が，一般条項的規制の活用を通して正当化可能であるという論点である．本節では，これら二つの論点を意識しながら，法解釈学と我々の提唱する法政策分析との位置関係を検討し，後者の法学研究における意義を明確化してゆく．

先に，平井の構想について論じたところで，筆者は，解釈論に関して「法＝正義思考様式」が，解釈論の全部ではないとしても，重要な一環として作動すべきことを肯定した．同時に筆者は，その延長上にあるべき法政策論に至って，

---

12 以上は，内田（2000），特に，その第1章を参考にして，筆者の個人的理解の範囲で，内田の議論を要約したものである．

突然, この思考様式の作動を批判しているので, 一見したところ, 筆者の議論が論理的に矛盾し破綻をきたしているかのように感じられるかもしれない. しかし, 筆者が批判したいことは, まさにこの通念, すなわち, 解釈論の延長上に当然に法政策論が生成するという法律家に特有な思い込みである.

もちろん, 法解釈は, 必然的に一般規則の発見に基づいている. それでも, 解釈論とは, あくまでも個別の紛争を事後処理する側面において有効なものであって, それらの規則を類似案件へと拡大適用することは, もともとの事案に関する判断の文脈の慎重な検討に基づかなくてはならない. いわんや, これが一般的な規則の定立に拡大されるためには更に周到な配慮が必要であり, 法律家による判例・学説の成熟のみが法政策的正当化や新規の立法提言のための十分条件とされてはならないというのが, 筆者の立場である. 本論は法解釈学方法論の総体を主題とするものではなく, また, 法解釈学の詳細に立ち入るだけの学問的準備が筆者にあるわけでもないが, 法政策は必然的に解釈論に連続し, また, 解釈論こそが法政策の前提となるべきであるとの法律家のテーゼに対して応接する上で, 筆者の構想する法政策分析と法解釈学との関連に立ち入ることが, 今やどうしても必要となる.

法解釈には, いろいろと難しい方法論があって, 素人には容易に手が出せるものではないが, 法解釈が有するこのような高度の専門技術的性格は, 本来必ずしも望ましいものとばかりは言えないことは, 指摘する必要があるだろう. 法が国民にとって有用であるためには, もともとの立法が, 目的・内容において, 簡潔かつ明快である方がのぞましいからである. しかるに, 法解釈が複雑になるのは, 立法自身が意図, 目的においてあいまいであり, 多様な解釈を容認するという事情に依拠するところが大きい. このように, 曖昧な立法が生ずるのはなぜであろうか.

行政主導の立法の場合には, なによりも重大な理由として, 多くの立法が, 公益の名目を持ってはいても, その実, 政治利権や省益保護を目的としている場合が多いことが挙げられる. また, これほど「官僚悪人説」に立たないとしても, 行政官僚の立場からは, 法務が行政の現実に柔軟に対応できるのが望ましい. このためにも行政府の裁量権限を確保する必要があり, 結果として, 努めて曖昧かつ一般的な法記述を好む傾向がある. これと同様に, 行政よりも司法判断が先導的な役割を果たす立法の場合でも, 明確なルールよりも, 正当事由制度のような曖昧な一般条項が好まれる傾向がある. このような一般条項的

法規制が個人の選択の自由を大幅に制約し，資源配分の非効率を促進する弊害を伴うとしても，司法による紛争の事後的救済の余地を広範に確保し，柔軟かつ現実適合的な紛争処理を可能にするという利点を司法部が重視するのである．そして，このような事後救済の根拠として法律家が依拠する規範こそが，平井によって「法＝正義思考様式」という理念型に抽象化されたものである．他方，内田においては，このような一般条項的規制の正当性は，日本社会の現実的な慣習もしくは社会規範を，法規範へと的確に反映させるための法解釈上の技法として正当化されている．

このようにして，立法は，どうしてもそれ自体で完結することはできず，解釈によって補完されることになるが，そのようにして始まった法解釈の実践が専門的な法律家の内部で蓄積される中で，次第にもともとの法律自体を圧倒して，逆に，本来の法として了解されることになり，ついには，法解釈こそが法規範のあり方を先導するという見方が生ずる．それと同時に，法解釈の専門家である法律家の思考が自己組織化した巨大な内閉となって，法に対する政策的視点を遮蔽したり，これを打開しようとして，かえって不具合な，解釈と政策との統合が試みられたりする．以下の二つの節では，平井と内田のそれぞれの法解釈と法政策に関する関係性を明確にするとともに，その問題点を，より深く掘り下げてゆくこととする．

4.6 平井宜雄における「目的＝手段思考様式」と「法＝正義思考様式」との相克について：ヘアの倫理学説を手がかりとして

先に筆者は，平井による「目的＝手段思考様式」と「法＝正義思考様式」とが，その内容を明らかにされないままに当然に対立を設定され，それぞれの判断が，いずれの基準に基づくのか，あるいは，どのように複合的に判断されるのかが明確でないこと，その結果として，それぞれの判断の根拠が不明確になり，結論が恣意的になることが最も致命的な問題点であることを指摘した．逆に言えば，この両方の価値基準の相互関係が明確になり，どの側面においていずれの基準が優位を占めるかが明確になれば，この問題の解決に向けて，大きなブレイク・スルーとなるものと思われる．

「法＝正義思考様式」と「目的＝手段思考様式」との思考次元の差異は，ヘア (Hare 1981) が倫理学において指摘した，道徳的思考における直観的レベル

と批判的レベルとの差異に通ずるものがあるのではないかと筆者は推測している．ヘアによれば，この両者は，相互に対立したり否定し合うのではなく，異なる思考のレベルに属するものとされる．以下では，ヘアの分析を手がかりとして，平井の言うふたつの対立する規範的思考における思考のレベルの差異について考えて見たい．

ヘアの言う道徳的思考における直観主義とは，事態の善悪について，個々人が自らの直観に参照して正しい判断を下せることを意味する．平井は，「法＝正義思考様式」の特質として，「具体的事例から一般原則を抽出したり，それらを一般化して考えることのできる経験豊かな人であれば，法的思考様式による判断の過程に参加できる」（平井 1995: 19）とし，他方で，目的＝手段思考様式に対しては，「当該事象について専門的知識を有する者しか因果法則を用いた判断に加わることができない」（平井 1995: 20）としているのは，法＝正義思考様式の直観主義的特性を平井自身が十分に意識していたことを示しているものと推察される[13]．

社会においても個人の場合と同様，多くの日常的な道徳的判断は直観的レベルで適切に行われる．しかし，これらの直観的思考は，しばしば道徳的葛藤に陥る．これが紛争であるが，問題が法的紛争の場に移された場合でも，直観的思考への依拠の傾向は，自然に継承される．すなわち，法解釈学は紛争に対する原初的対応において，既存の法体系と社会に内在する道徳的原則を改めて慎重に内省し，相互の意見交換を通じて再確認しようという手続きを経る．これらの議論においてしばしば適用される，矯正的正義，配分的正義，応報的正義など法原則は，直観的思考による道徳的直観の法判断への適用であると考えられる．

---

[13] 平井による法解釈学方法論（平井 1989，1991）は，すでに述べたように筆者の理解を超えているが，筆者は，やはり直観主義的方法に強く依拠していると想定している．得津（2009）は，法解釈方法論の文脈において，客観的価値判断が不可能という前提が，「議論」をはじめとする伝統的な法解釈学の技法が説得力を醸し出すフィクション機能を果たすための必要条件であるという整理をしているが，これは筆者の以下の議論における，功利主義的方法に一定の限界があるという前提のもとで，伝統的な法律家のプラクティスにおける直観主義的な問題対処技法に意義がある，という理解と整合的であると思われる．ただし，これも得津（2009: 271）に的確に指摘されているように，「従来，法律家の活動にフィクション機能が果たされてきたということと，今後とも，フィクション機能が果たされるということは全く別問題である」とは言えるであろう．

しかし，このような議論のプロセスは，常に成功裡に進むとは限らないのではないだろうか．複数の見解の間で収拾のつかない対立に陥って，出口の見えない論争と感情的なしこりだけが残ることがあるのではないか．これが，まさに，道徳的葛藤の法解釈ヴァージョンである．ここに至って，法的思考は，異なるレベルの方法を援用する必要に迫られる．それが筆者の言う法政策分析的思考であり，ヘアのいう批判的レベルでの功利主義的思考に対応する．ここでは，社会がよるべき規範について内省的な価値判断に関する討議を重ねるのではなく，対立する規範の合理性についての合目的的な比較検討が行われる．

　このような法解釈に対する見方に対しては，法律家の専門的能力を過小評価しているとの批判があるかもしれない．法律家集団による熟慮は，概ね目的合理的な判断を判例の形で残すことができるのであり，かかる合理化に堪えない判断は，少なくとも，ある程度長期で見れば，自然淘汰されるという見方もある．しかし，現実の解釈論が目的合理性を有するか否かは，著しく疑問がある．司法判断を形成する裁判官や弁護士などの法律家が，法の運用・解釈の優れた専門家であることは言うまでもないとしても，彼らに政策判断の前提となる社会科学的知見まで求めるのは，一般には過大な要求であろう．また，キャプローとシャヴェル（Kaplow and Shavell 2002）は，法律家が，フェアネスという事後的な正義に関する非合理的なイデオロギーに支配されており，必ずしも目的合理的な判断を下せないことを説得的に例示している．

　他方，ヘアにならって，「法＝正義思考様式」と「目的＝手段思考様式」との規範的思考のレベルの差異を想定することによって，法解釈学における「法＝正義思考様式」の意義を，より厳密に位置づけることが可能であると筆者は信じている．なぜなら，直観主義的な「法＝正義思考様式」は，長い間の人間社会に蓄積されてきた倫理的叡智を探究するものであり，そこには，一個人があずかり知らない深い合理性が隠されている場合が多いものと思量される．これに対して，批判的思考に基づく法政策分析は，社会科学的な分析的合理性に依拠しつつ，問題を「前向きに」(forward-looking) 探究するという意味で，偏った独断に陥ったり法的安定性を阻害する危険がある．例えば，アダム・スミスが「正義の規則」と呼んだ，所有権の尊重，契約自由の原則，契約の履行強制の三原則のような極めて普遍的な社会規範は，それ自体が目的合理的に立法されたものではなく，十分に長い年月をかけて，その目的合理性が批判的評価に堪えて，普遍的な法規範にまで昇華されたのである．このように，問題が直観

的思考を洗練することによって対処可能である場合には，まずは，こちらに依拠した問題解決はリスクの少ないものと考えられるのである．

　しかし，上に指摘したように，複数の正義感覚が衝突する「道徳的葛藤」の状況においては，直観的思考は，いわば「打ち止め」の状態にある．ここで，新たな視点を切り開く必要が生ずるに及んで，批判的思考による問題の再精査が発動するのである．例えば，解雇規制の場合を例にとってみよう．解雇にまつわる労使紛争の状況において，ひとつの自然な規範的直観として，正当な根拠のない解雇から労働者の権利を保護すべきであるとする立場が生ずる．他方，もう一つの自然な正義に関する見方として，雇用もまた契約関係の一つである以上，契約遵守の原則を尊重して，期間に関する取り決めのない契約に関しては，片側当事者である経営側からの雇用契約打ち切りの要求は正当なものとして法的に保護される必要がある，という立場も存在する．いずれも倫理的直観に照らして妥当な見解であり，このような複数の直観主義的判断の間に，収拾不能な生の価値観のにらみ合い，ぶつかり合いの様相が生ずる．

　このような価値対立の泥沼において，正義性に関する道徳的直観の探求をひとまず断念して，法政策分析のような目的合理的な方法に基づく問題の批判的検討を行うことによって，全く新しい視界が開けると考えられる．解雇規制の場合であれば，規制が社会によってどのように受容され，実際の雇用水準や人々の福祉にどのような影響を及ぼすか，という新たな視点から問題を捉えなおすということである．このように整理すれば，多くの場合，立法論は，解釈論による法運用の限界に対応して発動する思考方法であるから，目的＝手段的な法政策分析的思考が，解釈論のレベル以上に，立法論のレベルで中心的な位置を占める理由も明らかであろう．

　なお，筆者は，すでに述べたように厚生主義，功利主義の立場に同調的であるが，ヘアのように功利主義に対して特権的な倫理的価値を認める立場に立つものではない．同様に，価値の多元性を容認するマイルドな立場に立つ限りは，反功利主義的な倫理的立場に立つ法理論家の場合であっても，筆者の提唱する法政策分析は，極めて有用なものと考えられる．価値の多元性を承認する限りにおいて，たとえ功利主義を否定するにしても，その否定によって，どれだけの社会的コスト（富の減少）を人々に負担させるかについての自覚を持つことの重要性は否定されないからである．特定の社会的価値が人々に及ぼす帰結としての利害は，彼らにとってあまりにも重要であるため，人々の利害の感覚に

全く訴える力のない，それによって深甚な社会的被害をもたらすような倫理的価値が，（個人の主体的道徳としてならともかく）社会的価値として是認されて存続するとは思われないし，また，そうあるべきでもない，という見解をも否定する倫理的狂信主義に立つのでない限り，法政策分析は普遍的な意義を持つ法学研究へのアプローチでありうる[14]．

4.7　内田貴における社会規範と法解釈との関係について：ハート法理学からの反照

内田貴は，4.4で指摘したように，平井宜雄とは異なる形で，法解釈が法政策へと連接する法的議論の筋道を明らかにした．すなわち，法政策の目的は，対象とするコミュニティーが従う社会規範に沿うものである必要があり，それを無視した外生的規範を合目的的に強制することは，法の正しいあり方ではないとするのである．我々は，この内田の議論を考察するにあたって，法における事実＝規範問題を正面から取り扱った法理学の古典であるハート（Hart 1961）の議論を参照することとしたい．

周知のごとく，ハートは，法の本質を「一次ルールと二次ルールの結合」と定義している．これを内田の言う関係的契約観に適用するならば，日本的契約法は，日本社会の取引慣行に内在するところの規範に対して，法律家の解釈が

---

[14] なお，瀧川教授はコメントにおいて，「法＝正義思考様式」もまた，直観的思考ではなく，ある種の批判的思考なのではないか，と指摘されている．「法＝正義思考様式」が，そのいずれにあたるのか筆者には確言できないが，仮に批判的思考の一種であるとすると，筆者がヘアの場合と異なり，価値の多元性を承認するという点ともあわせて筆者の提唱する法政策分析と「法＝正義思考様式」とがどのように異なるかが問題となると思われる．平井（1995）は，「法＝正義思考様式」が先験的に「目的＝手段思考様式」と対立するものであると断定しているが，筆者の提唱する法政策分析は，特にこの点で，「法＝正義思考様式」と明確に一線を画す．ある問題を，上記二通りの思考様式に従って解決することを試みた場合，結論的な価値判断は，二つの思考様式によって一致することも異なることもあり，それらは，法政策分析に基づく検討を経て，初めて明らかになることである．筆者は価値の多元性を承認するが，このことは，具体的な問題における道徳的葛藤が存在する場合に，その究極的な価値的根拠を正確に把握する分析的努力を否定するものではない．「法＝正義思考様式」は，価値の多元性の解決以前に，多元的な諸価値と具体的な道徳的葛藤との間の関係についての正確な分析を与える段階で，致命的な欠陥を抱えていると考えられる．

言及的に結合するところに立ち現れる関係的契約法規範と解することができるであろう．しかしながら，ハートと内田との決定的な相違点は，ハートにおいて，かかる「一次ルールと二次ルールの結合」として表象されるのは「事実としての法」であるのに対して，内田の場合は，それらの結合関係がそのまま「あるべき法」としての規範的正当性を付与されるところにある．

これに対して，筆者は，ハートとともに，「事実としての法」と「あるべき法」とは峻別されるべきであるとする法実証主義のテーゼを堅持したい．とりわけ，法と社会規範の関係にかかわる論点としては，次の二点を重視する．まず，これは内田の提示した論点とは異なるものであるが，社会規範に沿った法判断を行うことは，結果的に合目的性に合致するという予定調和が成立しないことを指摘しておきたい．キャプローとシャヴェル (Kaplow and Shavell 2002) が明快に指摘しているように，そもそも，社会規範は，高々，合理的な規範の近似原則として有効なだけであって，それが真に合理的な規範として再解釈されるには，目的合理的な批判的検討に付される必要がある．

次に，内田の提示した論旨に即した論点であるが，法律家集団による社会規範の解釈は，必然的に正解ではなく，多分に恣意的なものでありうる．例えば，現実の雇用契約が表面上，長期的な継続性を重視するとしても，それは労働者を企業共同体の一員として保護するという企業側の共同体的温情主義を示すものではなく，これらは長期的視点に立って企業が優れた人材を育成するための効率的な労務管理方法であって，たとえ，実現することは稀であったとしても，潜在的には雇用者側による雇用契約打切り（ないし，それに準ずる措置）の可能性が視野に収められている可能性もある[15]．その結果として，仮に日本において，独特な関係的契約法規範が判例と学説を通して成熟しているという事実を認めたとしても，それが本当に的確にコミュニティの規範を反映するものとは限らないので，それらの法理が直ちに規範的正当性を保証されるわけではない．それらは，絶えず，ハートのいわゆる「外的視点」からの批判的評価と検討に付される必要がある．

他方で，筆者の議論は，「外的視点」から見た法政策分析の先験的な優先性を言いつのるものでは決してない．批判的な見地からの法政策分析が具体的な「事実としての法」に織り込まれるプロセスは，それ自体が法解釈の実践その

---

[15] 常木（2008: 88-89）参照．

ものである．すなわち，全ての法ルールには解釈の余地があり，現実の紛争への適用を通じて，初めて真の法としての生命力を得るという事実と，その正当性を筆者はなんら否定しない．しかし，司法上の判例・学説の確立と法政策としての正当化との間には，法政策分析の側からの精査というプロセスが伴い，この批判に堪えない主張が，単に判例・学説として確立していることを理由として，法理としての正当化や新規の立法化を要求することはできないのである．我々は，以上のような，法に対する批判的・評価的な視点からの政策分析が果たしうる，更には果たすべき当然の役割に注意を促したいだけである[16]．

4.8 結語

本章は，現代民法学における二大高峰とも言うべき平井宜雄，内田貴教授による，法解釈と法政策の関係をめぐる論考を手がかりとしつつ，筆者の提唱する法政策分析の意義や法学上の位置づけについて考察を行った．

平井の言う，法解釈学に典型的な思考法としての「法＝正義思考様式」と，政策論の基礎となる思考様式としての「目的＝手段思考様式」との対立をいかに調整するかという問題について，筆者は，ヘアの倫理学説を応用し，法的議論における解釈的思考と批判的思考とのレベルの差異を導入することによって，両者の間の並列的な対立関係を前提することから生ずる様々な議論の混乱や法実務上の弊害に対処することができると考える．

また，内田の言う，社会規範を織り込むことによって，法解釈学的議論に規範的正当性，更には政策的妥当性を付与しようとする議論に対しては，これらの直観的議論に対して批判的思考の側からの再精査が伴わなければ，解釈的研究の成熟が，そのままで政策的妥当性を保証できないとする立場を主張するものである．とりわけ，立法論を語るに際して，社会規範の法解釈的再構成が，それ自体で立法化のための規範性を主張しうるとする見解は，非合理な立法を促進する極めて危険な発想であることに強く注意を促すとともに，これに対する抑止力を形成するものとしての法政策分析がさらに発展し，その意義が法律家の間でも幅広く認知されることに期待を表明し，小論の結論としたい．

---

[16] 筆者のこの見解は，ハート法理学の規範的側面を継承するものである．ハート法理論の規範的側面については，中山（2000: 53-62）の記述が，大変参考になった．

【文献】

Hare, R. M., 1981, *Moral Thinking: Its Levels, Method and Point,* Oxford: Oxford University Press.（＝1994，内井惣七訳『道徳的に考えること：レベル・方法・要点』勁草書房.）
Hart, H. L. A., 1961, *The Concept of Law,* Oxford: Oxford University Press.（＝1976，矢崎光圀監訳『法の概念』みすず書房.）
Kaplow, L. and S. Shavell, 2002, *Fairness versus Welfare,* Cambridge, Mass.: Harvard University Press.
阿部泰隆, 1998,『行政の法システム（新版）』有斐閣.
猪木武徳, 1987,『経済思想』岩波書店.
内田貴, 1990,『契約の再生』弘文堂.
――, 2000,『契約の時代』岩波書店.
――, 2004,「雇用における法と政策」大竹文雄・大内伸哉・山川隆一編『解雇規制を考える：法学と経済学の視点（増補版）』勁草書房: 201-217.
常木淳, 2000,『費用便益分析の基礎』東京大学出版会.
――, 2002,『公共経済学（第2版）』新世社.
――, 2008,『法理学と経済学』勁草書房.
――, 2010,「経済学の憲法適合性と法政策分析への適用可能性に関する考察」『法と経済学研究』近刊.
得津晶, 2009,「民商の壁：一商法学者からみた法解釈方法論争」『新世代法政策学研究』2: 233-276.
中里実, 1993,「国家目的実現のための手法：公的介入の諸形態に関する覚書」南博方他編『行政紛争処理の法理と課題』法学書院: 47-67.
中山竜一, 2000,『20世紀の法思想』岩波書店.
平井宜雄, 1980,『現代不法行為理論の一展望』一粒社.
――, 1989,『法律学基礎論覚書』有斐閣.
――, 1991,『続法律学基礎論覚書』有斐閣.
――, 1995,『法政策学（第2版）』有斐閣.（初版, 1987.）
宮澤俊昭, 2008,『国家による権利実現の基礎理論』勁草書房.

第 5 章 政策基礎理論としての厚生経済学の限界と今後の可能性

吉原直毅

5.1 標準的な新古典派経済学における「新厚生経済学」

　現代における主流派経済学である新古典派経済学において発展してきたいわゆる「新厚生経済学」は，社会的厚生に関する古典的な功利主義的評価手法を批判し，個々人の福祉・厚生水準を表す個人の効用水準に関する序数的情報のみに依拠し，個人間の効用比較不可能性という前提の下に，経済的資源配分がもたらす社会的厚生に関する評価基準として，いわゆる「パレート原理」(Pareto principle) を提示した．パレート原理とは，ある社会状態と代替的な社会状態に関する当該社会の構成員である個々人の選好情報に基づいて，2 つの社会状態の望ましさに関する社会的評価を行う手法であり，全ての構成員が社会状態 A を社会状態 B よりも少なくとも同程度に望ましいと見なし，かつ少なくとも 1 人の構成員が社会状態 A を社会状態 B よりも強く選好する場合に，社会的にも状態 A を状態 B よりも強く望ましいと判断する．このとき，状態 A は状態 B に対してパレート優越すると言われる．この基準は，新古典派経済学が当初から現代に到るまで最も関心を寄せ続けてきた，市場経済システムの経済的資源配分機能をどう特徴付けるかという問題と密接に関わりあう．そこでは，市場経済システムのもっとも基本的なモデルとして，完全競争市場を想定する．

　完全競争市場は**純粋私的財**に関しての需要者と供給者との取引の場であり，全ての取引者たちは完備情報の下での完全合理的個人であり，不確実性や外部性などは存在しない．また，取引者たち個々の経済活動は，市場全体から見れば無視できるほどに規模が小さく，従って，全ての取引者たちは市場価格を所

与として経済活動を行う．そのような設定の下で，各企業は，所与の市場価格の下で利潤最大化的生産を計画し，労働力や資本などの生産要素を需要すると共に，生産した財を市場へ供給する．各家計は，所与の市場価格の下で定まる所得制約の下で，自分達の効用を最大化させる様に，消費財の組み合わせを需要すると共に，それぞれが初期保有する生産要素を供給する．以上の様な所与の市場価格の下での個々の合理的経済活動の結果，各財に対する総需要と総供給が決定される．この両数量がある財に関して一致しない場合には，価格の変更による調整が行われる．こうしたプロセスの結果，市場の均衡においては全ての取引される財や生産要素の総需要と総供給とが一致する．需給の一致の下での市場価格を**競争均衡価格**（あるいは**ワルラシアン均衡価格**）と呼び，また，そのときの取引結果である資源配分を**競争均衡配分**（あるいは**ワルラシアン均衡配分**）と呼ぶ．

　新古典派経済学の厚生理論として最も基本的な理論は，この競争均衡配分が「**パレート効率性**」(Pareto efficiency) 基準を満たすという，「**厚生経済学の第一定理**」と言われる議論である．一般に，ある経済的資源配分がパレート効率的であるとは，その資源配分によって規定される社会状態をパレート優越するような社会状態をもたらす代替的な実行可能配分が存在しない事である．すなわち，この配分と比べて全ての個人の効用が改善されるか少なくとも無差別となり，少なくとも1人の個人にとっては厳密に効用が改善されるような，代替的な実行可能配分が存在しない事である．市場の競争均衡配分がパレート効率的である事は，全ての人々は市場での自発的な取引に参加する事によって，市場に参加しない場合の資源配分に比べて正または少なくとも非負の便益を享受しており，そしてその便益の享受は全員のさらなる改善の余地がない水準にまで到っている，その意味で極大化されている事を意味する．また，市場における資源配分は人々の自発的な取引の結果であり，人々の自律的で自由な活動の相互作用の結果であり，それが人々の便益の享受の極大化を齎すという定理は，経済政策に関する経済的自由主義の立場――出来る限り，市場の機能に委ねるべきとする立場――を支持するものと，しばしば解釈される．

　他方で，パレート効率性基準は，経済政策の妥当性を評価する社会的厚生の基準としては弱すぎるという批判もある．パレート効率性基準が適用できるのは，ある資源配分から別の資源配分への移行によって，全員の効用が改善もしくは同一に保たれる様な状況に限定され，一部の個人の効用が改善するものの，

他の個人の効用は改悪するという，経済政策において普遍的に生じる事態に対しては判断保留をせざるを得ないからである．すなわち，パレート効率性基準それ自体は，完全競争市場という理論的加工空間を前提する下で，市場経済システムを正当化する事が出来ても，それ以上の，いわゆる「市場の失敗」が存在するようなより普遍的な経済環境の下での経済政策の妥当性を評価する際には，無力な場合が多い．その種の批判に対する回答として，「新厚生経済学」が提示してきたのが，「仮説的補償原理」の議論であり，**「費用・便益分析」**である．

例えば既存の社会状態 X から，ある政策の実行によって社会状態が Y に移行した結果，個人 1 は状態が改善したものの，個人 2 の状態は悪化したとしよう．仮想的補償原理に従えば[1]，その際に，仮に個人 1 から個人 2 への何らかの所得移転による補償がなされ，その結果として個人 2 が元々の社会状態 X のときに享受していた効用水準を確保する事が出来，同時に個人 1 の効用水準は，その所得の一部が個人 2 へ移転したにも拘らず，元々の社会状態 X のときに比べて尚，高い水準にある事が見込まれるならば，X から Y への社会状態の移動をもたらす政策は実施すべきである，と判断される．これは仮想的所得移転による仮想的パレート原理の拡張的適用による政策の意思決定に関する判断基準であり，その意味でパレート効率性基準の拡張であるといわれる所以である．

他方，費用・便益分析は，市場における消費者の消費行動から得られる厚生水準をある貨幣的尺度に基づいて測定し，その集計値として社会的厚生を評価する立場である．これは各個人の貨幣的所得水準を所与として，市場価格が変化する事によって生じる各個人の消費需要の変化が齎す，個々人の享受する効用水準の変化を，貨幣的尺度で測定する手法を提示する．第一に，市場価格の変化後の市場価格体系で評価した，価格変化後の各個人の消費支出額と，価格変化前の当該個人が享受していた効用水準を補償するのに最小限必要な消費支

---

[1] より厳密に言えば，以下で論ずる「補償原理」は，**カルドア補償原理**と言われるもののみである．仮説的補償原理の議論には，他にもヒックス補償原理，スキトフスキー補償原理，等々の代替的な議論が存在するが，ここでは省略する．仮設的補償原理についてのより包括的かつ上級向けの解説を求める読者層は，ミクロ経済学のテキスト・ブックを紐解かれる事を勧めたい．例えば，奥野・鈴村（1988）を参照の事．また，仮想的補償原理及び費用・便益分析に関する先端的研究の動向については，常木（2000）が詳しい．

出額との差額——それは正値であるかもしれず負値であるかもしれない——をその個人の**補償変分**と定義する．各個人の補償変分はいずれも貨幣単位で表されるので，それらは基数的に測定可能であり，かつ個人間比較可能である．ある市場価格の変化に関する個々人の補償変分を集計した値を**集計的補償変分**と定義する．市場価格の変化が，ある経済政策の導入による市場の競争均衡配分及び競争均衡価格の変化であると解釈できるとき，対応する集計的補償変分の値は，その経済政策に関する1つの評価を意味する．すなわち，補償変分が正（負）である場合，それは価格変化前の個人が享受していた効用水準に対応する消費支出水準よりも，変化後の消費支出水準が増加（減少）した事を意味し，それは効用関数の単調増加性を前提すれば，当該個人の効用の増加（減少）を意味する．よって，集計的補償変分が正である事は，経済政策の導入の結果としての価格変化によって，当該社会の構成員の効用変化の集計値が正である事を意味する．

　費用・便益分析のもう1つの代表的な手法は，**社会的余剰分析**である．市場経済の一般均衡モデルを前提する仮説的補償原理や集計的補償変分の手法とは異なり，社会的余剰分析は部分均衡モデルを前提する．すなわち，1つの産業に焦点を当て，他の産業に関しては「他の事情にして等しい」という前提の下，その産業が提供する財・サービスに関して，各消費者が「その消費1単位のために支払ってもよい」と考える価格と市場価格の格差の集計値が**消費者余剰**と定義される．この消費者余剰と当該産業に参入する各企業の生産収益（＝利潤）の総計である**生産者余剰**の和が社会的余剰である．部分均衡モデルを前提するとき，完全競争均衡配分の下で，その産業における社会的余剰は最大化される事が明らかにされている．

　以上，仮説的補償原理，集計的補償変分，社会的余剰の3つは互いに関連しあう．例えば，ある経済政策が仮説的補償原理に基づいて妥当であると評価されるとき，その政策の下での集計的補償変分は正値である事が一般的に成立する．その逆の関係は一般には成立しないが，政策の導入による資源配分の変化が十分に小さい下では，集計的補償変分が正である事は仮説的補償原理に基づいて妥当な政策である事を意味する．他方，経済政策がある1つの産業に関するものである場合に関して，集計的補償変分と消費者余剰との関係について論ずる事が出来る．一般的には，集計的補償変分の値よりも消費者余剰の値は決して下回る事はない．さらに，政策によるその産業の市場価格が変化したとき

の各消費者の所得効果が存在しないか殆ど無視できるようなケース[2]では，集計的補償変分の値と消費者余剰の値は一致する．すなわち両指標に基づく政策判断は一致する．

以上の議論より，いわゆる「新厚生経済学」は，効用の序数的測定可能性と個人間比較不可能性という限定の下で適用可能な，パレート原理という規範的基準から出発しつつも，それに留まる事無く，その原理のスピリッツの拡張的適用と見なされる仮説的補償原理を提示し，また，集計的補償変分や消費者余剰などの貨幣的尺度に基づく厚生指標も提示する．これらの指標と仮説的補償原理との論理的関係は，「新厚生経済学」が対象とする社会的厚生概念が，そもそも貨幣的に測定可能な福祉概念に限定されたものである事を意味している．その事は，仮説的補償原理といわゆる国民所得テストとの論理的関係からも明らかである．国民所得テストとは，政策導入による市場価格が変化する際，価格変化前の価格体系で評価して，変化前国民所得と変化後国民所得とを比較する事で，政策の得是非を問う手法である．換言すれば，政策導入前の価格体系で評価して政策の結果，国民所得が増加するならば，その政策の導入は妥当であると判断される．一般的に，仮説的補償原理が妥当と見なす政策は，国民所得テストで評価しても妥当と判断される．また，その逆の論理関係は一般的には成立しないが，政策の導入による資源配分の変化が十分に小さい下では成立することも確認される．

以上のような政策評価体系に対しては，以下の様な疑問が自然と出てこよう．第1は，政策の目的である社会的厚生ないし社会的福祉の概念は，上記の新古典派厚生理論が展開してきた貨幣換算可能なものに限られるのであろうか，というものである．集計的補償変分や国民所得テストによる政策評価に見合う典型的な政策目標は国民所得最大化政策となろうし，それは近年の自民党政府が掲げていた経済成長優先政策を想起させるが，それに対しては「くたばれGNP」という批判が常に伴う．第2に，仮に貨幣換算可能な福祉概念に議論

---

[2] ある産業の市場価格の変化による所得効果が無視できるほどに小さい状況というのは，比較的普遍的な状況であると見なすことも可能である．例えば，非常に多数の財が存在し，一般に一家計の予算上に占めるそれぞれの消費財への支出割合がそれぞれ十分に小さい状況であれば，他の事情に等しくして一つの財の価格が変化しても，その所得効果は十分に小さくなることがスルツキー分解などの操作からも確認できる．このような状況は十分に発達した市場経済の想定として，決して不自然ではないだろう．

を限定したとしても，集計値としての国民所得の改善は，経済的資源配分の効率性の改善を意味し得ても，その分配的公正性に関しては何も意味しない．近年の新自由主義政策のように，GDPの成長率の改善が見られても，それが経済的富者への富と所得のさらなる集積・集中と，貧困問題の拡大・深刻化という事態によって，そして全体としての所得不平等の拡大によって齎されるときに，それが妥当であるという判断は必ずしも自明ではない．

　第1の批判はより根源的なものである．本来，社会的厚生ないし社会的福祉の概念とは著しく包括的なものであって，およそ思慮ある人であれば価値を承認するはずのすべてのものを含んでいる．人々がその人生を通じて彼の厚生を高める要因は，経済的な私的財消費によって享受する満足だけではない．人々は，良き家族関係，友人関係，隣人関係の存在等々，他者とのよき社会関係・コミュニティの存在そのものが「良き生」の豊かさを規定する側面があり，また，新鮮できれいな空気や水，さらには新鮮で安全な食生活へのアクセスがどの程度恵まれているかという点は，人々がそれらを「消費」して享受する「満足」がどの程度かという問題設定の対象以前に，人間が「良き生」として存在する上で不可欠なベーシック・ニーズに関わると理解される．

　しかしながら，新古典派経済学の「新厚生経済学」が上記の広義の意味での社会的厚生概念に基づかず，貨幣的に測定可能な福祉概念に限定する立場を取るのは，厚生経済学の始祖であるアーサー・ピグー以来の伝統である．例えば，ピグーは『厚生経済学』の「第1章 厚生と経済的厚生」において，「一つの経済的原因が非経済的厚生に対して及ぼす影響の仕方が経済的厚生に及ぼす影響を相殺するようなものであるかもしれぬ」と表現し，端的な例として経済的満足の追求に集中するようになる国民の，倫理的質の面での後退現象について，様々な例を列挙し，「ドイツ国民の注意は仕事をすることを覚えようという考えに集中され，そのために往時のように人物たることを学ぼうと努めなくなった」と批判する．また，資本と労働との間の疎外的関係についても，ピグーは言及している．両者の対抗関係の根源は「賃金率に関する不満」というような経済的厚生上の問題に還元できるものではなく，「自由と責任とを労働者から奪い去り，彼らをば他人の便宜に応じてあるいは使用しあるいは捨て去るところの道具に過ぎぬもの」と位置づけられる労働者の「一般的地位」そのものに関する不満からも来ていると論じており，こうした問題を非経済的厚生上の問題と位置づけている．その上で，「労働者に彼ら自身の生活を支配する能力を

一層強めるようにするために,例えば労働者委員会を通じ使用者と協力して規律と職場の組織とに関する問題を監督すること,あるいは民主的な選挙による議会をして国有産業の責任を直接に負わしめること…などは,たとえ経済的厚生を変化せしめず,または実際にこれを毀損することとなっても,全体としての厚生を増大せしめるであろう」とも論ずる.そこまでの見通しを持ちながらも,ピグー自身は経済的厚生としての厚生概念に限定して議論する**経済的厚生主義**の立場を正当化している.すなわち,「それにもかかわらず私は自分の意見として,特殊の知識が無い限り蓋然性の判断を下す余地があると思う.すなわち或る原因が経済的厚生に及ぼす影響を我々が確認した場合に,我々はこの影響をば,厚生全体に対する影響と比べてみて,その大きさにおいて異なるとも,おそらくその方向において相等しいものと見なしてよいであろう.…約言すれば,経済的厚生に対する経済的原因の影響に関する質的な結論は,厚生全体に対する影響についても当てはまるであろうという…一つの想定がここにある.…この想定が無効であるべきだと主張する人々は,それについて挙証の責任を負うものである」(Pigou 1950 [1932]=1970: 20-21),と.

ピグーの経済的厚生主義の立場は,現代に到るまで,新古典派経済学の方法論的立場にある主流派経済学者が依拠するものである.つまり,社会的厚生概念や福祉の概念に関して,色々な見方があるのは十分承知しているものの,新古典派経済学は貨幣換算可能な厚生概念に焦点を絞り,その概念に基づいて定義される資源配分の効率性の観点から政策に関する判断と処方箋を描く.政策に関する経済学の役割は,それが必要にして十分であると考えている主流派の経済学者は少なくないように見える.

それは上記の第二の批判点,分配的公正性に関する問題に関して,新古典派経済学のひとつの典型的な回答の仕方にも表れる.この第二の批判点は,そもそも仮説的補償原理において論じられる,政策導入による便益享受者から損失享受者への所得移転による補償が仮説的なものでしかなく,必要な政策項目の一部と見なされていない事にも起因している様に見える.これに対しては,新古典派経済学は「**ヒックスの楽観主義**」と言われる,以下の様な議論で対応する.すなわち,「1つひとつの政策は一部の人にとって好ましくない配分をしているかもしれないけれど,それにも拘らず仮説的補償原理等の効率化政策に適う政策を首尾一貫して行うと,長い目で見てパレート改善するだろう」と[3].すなわち,色々な政策が仮説的補償原理等の基準に基づいてランダムに遂行さ

れる事により，所得再分配政策を伴わないとしても，結果的に分配効果が相殺しあうから，長期的には全構成員の効用が改善される事を意味する，という見通しを提示する事によって，分配的公正性への無関心による所得再分配の欠如という批判に応える．この種の楽観主義は，結果的に政策当事者に対して，分配的公正性の観点からの独自の社会政策への動機を殺ぎ，そのような政策を遂行しない事への免罪符を与える効果を齎し得る．結果的に，経済的厚生主義の観点から定義された効率性基準に，それ以外の多様な価値基準に比して，第一義的な優先性を与え，経済的厚生主義の下での経済的効率性基準のみの一次元的な政策評価を齎す傾向を強めるようにも見える．

しかしながら，「ヒックスの楽観主義」の議論はあくまで楽観的な「見通し」であり，それに「科学的」根拠はない．強いて言えば，様々なタイプの個人にとって好ましい様々な政策がランダムに遂行される結果，長期的にはいわゆる「大数の法則」が成立して，全ての個人にとって各々，同じ割合で自分が便益を享受できるような政策および自分が損失を蒙る政策が遂行される事により，その各自の便益と損失の相殺の結果として，全ての個人が長期的にはプラスの便益を享受するパレート改善が実現される，というシナリオとなろう．しかし「大数の法則」が成立するくらいの長期とはどのくらいに長い期間を要するのであるか，それは一個人の平均的寿命に照らして意味のある長さなのだろうか，という疑問は依然として伴う．また，そもそも政策の意思決定問題に関して，「大数の法則」のようなロジックを適用する事は妥当と言えるのかについては大いに疑問がある．どのような政策が時点のそれぞれで選択されるかのプロセスはランダム・チョイスのプロセスと言うよりもむしろ，民主主義的な意思決定の時系列であるから，その決定プロセスにおいて決定力を有する政治勢力・社会階層集団などの意思を反映した政策へのバイアスが強まる可能性の方が高いであろう．そうしたバイアスの効果が相殺される可能性も，長期的に見ればありうるとしても，その場合にはやはり，そこまでの「長期」というのがどれほどの時間の長さを意味するのか，一個人の平均的寿命に照らして意味のある長さなのかという疑問に戻ってくる．

3　以上の「ヒックスの楽観主義」の議論に関しては，八田（2009）が詳しい．

5.2　厚生主義的な評価基準：「機能と潜在能力」理論

　経済的厚生主義の下での経済的効率性基準で評価・処理すべきでない項目として，ベーシック・ニーズの問題がある．ベーシック・ニーズとは，人々が当該社会で生活する上で必要不可欠な物・事に関しており，衣類，飲食糧，住居などの財や，健康を維持する為に不可欠な保険・医療サービスへのアクセス，移動に不可欠な交通手段へのアクセス，情報へのアクセス，社会生活において，自立的な人格として当該社会において存在する上で最低限必要となる教育（達成）水準，等々がそれに関する項目として挙げられるであろう．なぜベーシック・ニーズの問題を厚生主義的に評価・処理するのは適切ではないのだろうか？第1に，ベーシック・ニーズとは人間が当該社会で「善き生」として存在する上での必要手段であるから，これらの手段へのアクセスが保証されている状態は，人々が財やサービスの消費による私欲の満足について厚生主義的に語る上での前提条件である，と考える事が可能である．第2に，市場経済システムは，こうしたベーシック・ニーズと見做すべき財・サービスに関しても，営利企業による，市場メカニズムを媒介した供給の対象として包摂し得るのであるが，厚生主義アプローチはそうした現象を肯定的に評価する傾向性を有する．

　例えば，清浄な淡水資源へのアクセスはいかなる社会体制の下であれ，人間にとってのベーシック・ニーズの典型例であろう．しかし給水事業が民営化され，営利企業によって供給される場合，途上国においてしばしば見られるように，営利企業は収益性の観点から貧困層を給水サービスの対象から実質上，除外する誘因を持つ[4]．その結果，貧困層は水道供給による淡水資源へのアクセスを制限され，水道以外の水源の利用を余儀なくされる事によって，コレラ等の疫病の発生という事態を齎しがちになる[5]．しかし経済的厚生主義における効率性基準の観点からすれば，こうした事態も特別な配慮を払うべき対象とはならない．市場とは，その財・資源の購入の為に「支払う事を辞さない貨幣額」が，提示された市場価格よりも高いような消費者達にのみ，その財・資源を供

---

[4]　コロンビアのカルタヘナにおける貧困街のように，水道会社によって直接に給水サービスの対象から除外されるケースと，水道料金が貧困層には負担不可能なほどに値上がりする事によって，実質的に給水サービスから排除されるケースとある．

[5]　国連開発計画（2003: 第5章）を参照の事．

給する仕組みであるから，貧民者たちが1日の生存の為に必要な量の水資源を購入するのに不十分な所得しか有さないが故に，そのベーシック・ニーズを脅かされているとしても，「社会的余剰最大化」原理に基づく限り，市場での取引誘因を持たない消費者たちが市場から撤退する事で自己利益最大化を達成している状況との識別が不可能となるか，ないしはそもそも市場の取引に現れない人々として，市場によって達成される社会的厚生を評価測定する際の対象外となろう．結果的に，彼らの困窮は無視される可能性がやはり生ずる[6]．

しかしながら包括的観点に立って思慮深い価値判断を行う立場から上記の事態を評価するならば，「市場を媒介する資源配分の最適化」といえども，一元主義的に社会的余剰最大化基準の適用を要請するべきではなく，全ての人々のベーシック・ニーズに関する何らかの水準を満たすという制約の下でのみ，それを要請すべきだという議論になろう[7]．こうした立場は，「社会的余剰の最大化」という厚生主義的価値判断基準の他に，「全ての社会的構成員へのベーシック・ニーズ充足の保証」という基準を導入しているのであり，事実上，厚生主義の一元主義的適用を却下している．このように，厚生主義的アプローチの一元主義的適用を採用せずに価値判断を行う立場を**非厚生主義**アプローチと，一

---

[6] 以上のベーシック・ニーズに関する議論は，淡水資源の供給問題の例で考察していると，開発途上国の問題であって，先進諸国の経済問題としては関係ない，という印象を持つ読者もいるかもしれないが，決してそうではない．例えば，ベーシック・ニーズの1例として医療サービスを考えてみればよい．米国では公的医療保険制度が弱体化し，患者の自己負担が家計を圧迫する事への対応として，民間の医療保険市場が拡大し，他方，医療の自由化，市場化の下，病院の株式会社化が進行してきた．それらは医療企業における収益性を改善し，市場原理の機能によって技術開発のインセンティブが働きやすくなり，医療技術の発展を促す側面を有すると共に，低所得層及び中産階級層までもが病気になったときの経済的負担の拡大によって，医療費が払えないが故に自己破産する人口が急増するという現象を齎してもいる．国民皆保険制度をとりあえずまだ遵守している日本に比べて，対GDPの医療支出も15%以上と，非常に高いにも拘らず，ベーシック・ニーズとしての医療サービスを享受できない中・低所得層の状況ははるかに深刻である．詳細は，堤未果『ルポ貧困大国アメリカ』第3章を参照の事．

[7] 実際においても，給水事業の民営化の成功例は，「ボリビアでは，給水と衛生設備事業の許可を，新規接続の大半を貧困層地域に敷設する事を約束した入札者に与えることにした．」，「チリでは，所得の5%以上を水に費やす世帯がないように，政府が補助金を出している」等，貧困層への給水サービスを保証するような規制や，貧困層の支払い能力を維持させるような再分配政策を伴ったものである．（国連開発計画 2003: 第5章）

般に称する.非厚生主義アプローチにおいては,厚生主義的価値判断基準の他にいかなる非厚生主義的な価値判断基準を是と見做すべきかに応じて,多様な議論の余地がある.しかし以下ではアマルティア・センの提示した「**機能と潜在能力**」理論に絞って議論を展開しよう.

　ベーシック・ニーズの問題について論ずる際に,それに関する対象となる各財の市場価格情報を用いることで,これらの財のリストの購入に要する所得水準を算出し[8],その数値を参照基準として,ベーシック・ニーズ充足の有無について判断するという手法も考えられる.この手法は,しかしながら個々人の資質や能力の多様性なり,彼らが存在する社会的背景の多様性が齎す影響を把握する点で限界がある.例えば,平均的に見て,成人男子と成人女子とでは,栄養不良に陥る事無く生存する為に必要な1日の栄養摂取量も違ってくるので,食料支出用に同額の所得が保証されれば十分という話には必ずしもならないだろうし,移動手段へのアクセスの為に必要な支出額は,健常者と身体障害者とでは違ってくる.このように,ベーシック・ニーズを構成する財・サービスのリストを購入可能とする所得水準に焦点を当てるだけでは,個々人の資質や能力の多様性なり,彼らが存在する社会的背景の多様性の問題を考慮するのに不十分である.重要なのは,人間が当該社会で「良き生」として存在する事であり,そうした社会的存在として持続可能である上で必要な手段としての,ベーシック・ニーズを構成する財・サービスである,という観点である.現代社会において,情報へのアクセス手段として,パソコンは必要不可欠な財となりつつあるが,そうした財を購入できたとしても,それを使いこなす能力(例えば,母国語や英語等の識字能力やインターネットへのアクセスや電子メールを使いこなす能力等)がなければ,その個人は社会的生活を送る上での必要な情報へのアクセスという活動において,大きなハンディキャップを負うことになる.また,日本においても,現在では地方における公共的交通手段は相対的に貧弱であるので,移動のための交通手段として自家用車の保有の必要度は以前より高くなっている.そのような環境において,高齢者の家計で自家用車を購入できたとしても,彼・彼女の健康状態によって安全な運転への不安が生じるようになってくれば,自

---

[8] ラウントリーおよびタウンゼントの議論に基づくものであり,「消費水準均衡方式」と言われる現在の日本における生活保護基準の算出も,必需品として特定化された財・サービスの総消費金額を,一般世帯のそれと比べながら,決定するという点で,この方法に則っている.詳細は岩田(2007)およびセン・後藤(2009: 4章)を参照のこと.

家用車の使用を躊躇わざるを得なくなってくるだろう．その場合，彼らが例えば必要な医療サービスを享受するために居住地域の中核的拠点病院に通う必要が生じたときに，公共的交通手段の貧弱な地方自治体に居住しているそのような高齢者たちは，その移動手段へのアクセスにおいて大きなハンディキャップを負うことになる．

これらの議論からも伺い知れる事は，重要なのは財の所有そのものではなくて，財を利用する事で人間は病気から脱却する事が出来る，適度な栄養状態を保って生存出来る，移動が出来る，コミュニティの社会生活に自尊心を損なう事無く参加する事が出来る，等々の人間の「行為と存在」――善き生（well-being）の客観的特性（objective characteristics）である．これらをアマルティア・セン（Sen 1985）は**機能**（functioning）と名付けた．機能という概念は，人間の善き生・豊かさを，財の所有や所得水準という視点からでも，また，それらの消費によって享受する主観的な選好充足度によって捉えるのでもなく，どのような活動をどの程度のパフォーマンスで発揮できるか否かという視点で捉えるものである．機能という観点から見ると，上記の例で挙げた高齢者は，移動という機能に関して，その達成水準が低いと評価されよう．また，識字能力に関して同程度のレベルにある個人であっても，彼らが所属する社会で開かれる社会的会合の特性によって，彼らが「社会的生活を送る上で必要な情報へアクセスできる」という機能に関して大きな違いが出てくる．共同主義的な文化が発達していて，人々の日常的な会合が活発であるようなローカル・コミュニティに居住している個人であれば，そのコミュニティ社会で生活する上で必要な情報は，様々な形での人的交流や人づての伝達によって仕入れる事が可能であるから，活字情報の重要性は相対的に低い．他方，資本主義的文化の発達している反面，住民間の日常的交流の機会が少なく，個々人が互いに孤立して存在している傾向の強い大都市部ではとりわけ，そこで生活する上で必要な情報はインターネットの検索によって確保する事が重要となろうし，現代ではますますそれらを前提の上で，社会が運営されるようになっている．そのような社会構造下では，識字能力が不十分である事は，社会的生活を送る上で必要な情報へのアクセスという機能に関するハンディはより深刻なものとなろう．

今，そのような機能の種類が m 種類あると仮定し，財の利用によって達成される m 種類ある各機能 k の達成水準がある非負実数値 b_k で表現されるものと仮定しよう．その結果，与えられた財ベクトルを通じて個人が享受できる

m 種類の機能の達成水準が 1 つの m 次元非負ベクトル $\boldsymbol{b}=(b_k)_{k\in\{1,\ldots,m\}}$ で表される事になる．これを機能ベクトルと呼ぶ事にしよう．ところで，ある財を利用する仕方は多様であり得るが，それは個人による 1 つの財の様々な利用の仕方に応じて様々な機能ベクトルが達成可能である事を含意する．財の利用によって個人が達成可能な様々な機能ベクトルからなる集合を，センは**潜在能力** (capability) と呼んでいる．潜在能力は，人々が財・サービスや己の資質や能力を生かす事によって，様々な活動をどの程度の水準まで達成可能であるかを定める，人々の「生き方」に関する機会集合である．このような機会集合が「豊か」である事は，人々が己の望む生き方を選択・実現できる可能性が広く大きいという意味で，彼らはより多くの自由を享受していると言えるし，したがって，より豊かな存在 (Being) であると解釈される．逆に，機能と潜在能力アプローチに基づけば，**絶対的貧困**とは 1 日あたりの所得水準の低さによって定義されるべきというよりも，むしろ潜在能力の「貧しさ」として定義されるべきものに他ならない．1 人当たり GDP における高い経済成長パフォーマンスは，当該社会における人々の潜在能力の改善を直ちには意味しないのであり，したがって，1 人あたり GDP の高い先進諸国においては絶対的貧困の問題は過去の話であるとか少数者の例外的問題である，と主張する一般的根拠はない．例えば，1 人当たり GDP 水準の高い先進諸国における相対的に貧しい人々（米国における貧困ライン以下の人々等）の所得水準は，1 人当たり GDP 水準の低い低開発諸国における中・低所得層の所得水準よりも，実質ベースで見ても高いであろう．しかし，テレビ，ビデオ，自動車，携帯電話，パソコン等々の近代的装備がかなり普及しているという意味で物が豊かな社会に居住する人々が，そこにおいて社会生活を行う上でこれらの装備を欠くという事は，それらの装備の普及度が低い社会においてそれら無しに社会生活を送るよりも，機能と潜在能力においてより大きな剥奪を被っている事になる．なぜならば，これらの装備の普及度の高い諸国では，これらの装備の保有をコミュニケーションの手段として前提する形で，社会が運営されるようになるからだ[9]．

---

9 この点について，センは以下の様に説明する：「豊かな社会の中で貧しい事は，それ自体が潜在能力の障害となる．所得で測った相対的な貧困は，潜在能力における絶対的な貧困を齎す事がある．豊かな国において，同じ社会的機能（例えば，人前に恥をかかずに出られる事）を実現する為に十分な財を購入するには，より多くの所得を必要とするかもしれない．…インドの農村に暮らす人であれば，比較的にささやかな衣服でも恥をかく事無く

機能と潜在能力アプローチに基づけば,ベーシック・ニーズの問題は,いかなる種類の機能をどの程度まで達成可能なものとするかを記載する潜在能力の「豊かさ・大きさ」を確定する事から遡って議論すべき事となろう.ベーシック・ニーズに関する機能の種類としては,「飲食料から栄養を摂取し,身体を維持・再生産する事」,「疾病から脱し,健康状態を取り戻す事」,「自分の能力とこれまで培ってきたスキルを利用して働く事」,「休養して心身を維持・再生産する事」,「必要に応じて様々な情報にアクセス・利用し,学習する事」,「移動する事」,「コミュニティの社会生活に自尊心を損なう事無しに参加する事,及びそこでの関連する意思決定プロセスに参加・関与する事」,「子供を育てる事」等々が挙げられよう.これらの各項目に関して,その達成水準についての測定尺度を導入する事が必要である.その測定尺度は序数的性質を持つのみのケースもあれば,基数的性質を持つ場合もあろう.それはそれぞれの機能の性質に応じて決まってくるであろうし,そうした測定尺度は,栄養学,医学,教育学,社会学等々の関連する専門知識を参照しつつ,客観的尺度として,社会的に決定されるべきものである[10].こうした測定尺度の導入によって,各機能の達成度のプロフィールとしての機能ベクトルを定義する事ができる.そのような機

人前に出る事ができ,電話やテレビがなくてもコミュニティーで暮らしていく事ができる.しかし,標準的に多様で多くの財を用いる国では,一般的機能を満たすのに必要な財の要求水準は高い.この事は,…これらの社会的機能の追及に資源が向けられる事で,保健や栄養摂取のために支出できたであろう財政的手段を切り詰めてしまう事になる.豊かな国における飢餓という一見明らかな逆説は,所得だけを見るのではなく,所得やその他の資源が多様な潜在能力へ変換される過程に注目することで説明が容易になる.」(Sen 1992: Chapter 7)

実際,例えば現代の日本でも,非正規雇用労働者が登録式日雇い派遣業者からの仕事のオッファーを受けるのは,携帯電話を通じてである.この事は,「当該社会で(経済的に)自立的に生活する」という最もベーシックな機能を実現する為の「働く場」を確保する上でも,携帯電話は必需品となっており(水島2007を参照の事),したがって上記の機能の実現に際しては,基本的な衣・食・住の為の支出にプラスして,携帯電話およびその利用料を払えるだけの所得水準が前提されなければならない事を意味する.

[10] そうした尺度の導入と利用は,実際にも行われている.例えば,国連開発計画(UNDP)の提示する人間開発指数(HDI)も,出生時平均余命,総就学率,成人識字率,1人当たりGDP等々の尺度を導入し,その指数化と単純平均による集計として定義している.但し,HDIは一国の福祉を1人当たり国民所得に同一視する事無く,いっそう広範囲な観点から評価する為の指数であって,個人の福祉を評価する指数ではない.

能ベクトルの集合として潜在能力が定義されるが，この場合の潜在能力はそれを構成する機能の種類がベーシック・ニーズに関するものであることから，特に**基本的潜在能力**と呼ぶ．基本的潜在能力の導入によって，「全ての社会的構成員へのベーシック・ニーズ充足の保証」をする事は，全ての社会的構成員への一定水準以上の基本的潜在能力の保証として定式化される事になる．

問題は「一定水準以上の基本的潜在能力とは何か定義しなければならない」という技術的課題である．今，構成員の集合が $N \equiv \{1, ..., n\}$ として定義されるある社会を考えよう．個人 i に与えられた財ないし所得が z であるときに，この z そのもの，もしくはその一部 $z' \leq z$ を利用してある機能ベクトルに変換するプロセスを**利用関数**（utilization function）f^i で表そう．すなわち，任意の $z' \leq z$ に関して $f^i(z') = b'$，ここで b' はある m 次元機能ベクトルである．利用できる利用関数は彼にとってこの一種類だけとは限らないので，個人 i に許容な利用関数の集合を F^i と定めておこう．この F^i は彼の資質やスキル等，個人の**客観的特性**を反映したものであり，一般に個々人で異なっている．例えば，身体障害者と健常者の違いはこの集合 F^i の違いとして表現されるし，高学歴で所得階層の高い親を持つか低学歴で所得階層も低い親を持つかの違いも，集合 F^i の違いとして表現される．このとき，個人 i が財 z 及び彼の客観的特性 F^i を利用して達成可能な機能ベクトルの集合は

$$C_i(z) \equiv \bigcup_{f^i \in F^i} \bigcup_{z' \leq z} \{b' = f^i(z')\} \tag{1}$$

と定義される．潜在能力とは，この機能ベクトルの機会集合 $C_i(z)$ に他ならない．当然の事ながら潜在能力は，同一個人でも彼に賦存する財 z の変化に応じて違ってくるし，また，同じ財 z を与えられても個人 i と個人 j の客観的特性 F^i と F^j の違いに応じて $C_i(z)$ と $C_j(z)$ も違った集合になりうる．定義(1)式より，1つの資源配分の決定が当該社会において各個人に保証される潜在能力の1つのプロフィールを確定させる．すなわち，資源配分ベクトルが $z = (z_i)_{i \in N}$ として与えられるとしよう．そのとき，対応する基本的潜在能力のプロフィールは $C(z) \equiv (C_i(z_i))_{i \in N}$ となる．このとき，資源配分 z において，全ての個人に共通に保証される潜在能力水準は，各個人に保証される潜在能力集合の共通部分

$$CC(z) \equiv \bigcap_{i \in N} C_i(z_i) \tag{2}$$

によって定義されよう．この $CC(z)$ を当面，**配分 z における基本的共通潜在能力**[11]と呼ぶ事にしよう．この基本的共通潜在能力が大きければ大きい程，全ての社会的構成員に保証される基本的潜在能力の水準は高いと言える．しかしながら，尚，基本的共通潜在能力の大きさをどう測定するか・評価するかという問題が残されている．

この問題は，相異なる基本的共通潜在能力間での相対評価を表す二項関係 $\succsim$ をいかに定義するかの問題として定式化されよう．この二項関係の意味は，例えば，配分 z における基本的共通潜在能力 $CC(z)$ と，配分 z' における基本的共通潜在能力 $CC(z')$ に関して，

$$CC(z) \succsim CC(z') \tag{3}$$

と表記するとき，「$CC(z)$ は $CC(z')$ と少なくとも同程度に望ましい」という評価を表している．関連して，記号 $\succsim$ の代わりに $\succ$ が用いられるときには，「$CC(z)$ は $CC(z')$ よりも望ましい」という評価を表すし，また，〜が用いられるときには，「$CC(z)$ は $CC(z')$ と同程度に望ましい」という評価を表すものとする．このような二項関係として，今，単純化のために，特に**完備性**と**推移性**を満たす**順序関係**となるようなものに議論を集中させよう[12]．

ではいかなる二項関係が，基本的共通潜在能力の「豊かさ」を評価する上で，尤もらしいであろうか？ これに関しては，機会集合に関する評価方法として，いかなるランキングが尤もらしいかに関する，厚生経済学における最近の諸研究が関係する．基本的共通潜在能力も機会集合の一種であるからだ．基本的共通潜在能力に関して「人々が己の望む生き方を選択・実現できる可能性がどの程度に大きいか否か」という観点で評価する場合には，基本的共通潜在能力が機会集合として，どのような機能ベクトルをどの水準まで，その要素として含むかという視点が不可欠となろう．つまり機会集合としての基本的共通潜在能力から選択可能である機能ベクトルの質，望ましさが，基本的共通潜在能力の

---

[11] この概念は後藤＝吉原（Gotoh and Yoshihara 2003）において提唱された．邦語文献でのこの概念の解説としては，後藤（2002）がある．

[12] もっとも，潜在能力間の評価を表す二項関係に，順序関係としての性質を要請することに関しては，異論の余地がある．とりわけこの種の二項関係に関して，完備性を要求しない事に積極的な意義を認める見解もある．詳しくはセン（Sen 1985: Chapters 5, 7）を参照の事．

評価自体に強い影響を及ぼすであろう．他方，基本的共通潜在能力によって保証される「選択の自由」という観点からそれらを評価する立場も有り得る．その場合には，人々が実際にはどの機能ベクトルを選択するか，そしてそれが意味する「生き方」がどの程度に「豊か」であるか，という機能ベクトルの質的観点はあまり重要ではなく，むしろ「選択できるオプションがどれだけ多いか」という量的観点がより重要視されよう．この立場では，実際には利用されない機能ベクトルであっても，それを可能なオプションとして持つこと自体に固有の価値を見出しているのである[13]．あるいは「選択する事」それ自体に固有の価値を見出す評価の立場も有り得る．例えば，「栄養失調的状態で生活する」という機能が実現されているときに，食料へのアクセスが絶たれた故の「飢餓」状態と，何らかの宗教的儀式なり政治的デモンストレーションの意図で「断食」の生活を送っている状況では，その意味合いは違ってくる．後者では他にも選択可能なオプションが潜在能力集合の中に存在しつつも「栄養失調的状態で生活する」という機能を「選択する事」の結果であるのに対して，前者においては，潜在能力は「栄養失調的状態で生活する」という機能のみを要素としてもつ1点集合なのである．したがって，「選択する事」それ自体に固有の価値を見出す立場である限り，後者は前者よりも高い評価を得る事になろう[14]．

ベーシック・ニーズの充足という観点から出発する本章の立場では，望ましい機能ベクトルをどの程度の水準まで，全ての個人に保証できるか，という視点[15]がより重要になってくる．したがって，上記の議論の中では第一の評価視点に基づいて，基本的共通潜在能力間上の二項関係を構成すべきという結論になろう．そのような二項関係として，以下のものが提唱されている[16]：今，任意の2つの基本的共通潜在能力 $CC(z)$ と $CC(z')$ に関して，$CC(z) \succsim CC(z')$ のとなるのは，以下の関係が成立するとき，そのときのみである：

---

[13] この立場に基づく機会集合の評価方法を開拓した先駆的研究としてパタネイク＝シュー (Pattanaik and Xu 1990) がある．

[14] 「選択する事」自体に固有の価値を見出す立場での評価方法に関する先駆的研究として鈴村＝シュー (Suzumura and Xu 2001) がある．

[15] このような視点を，「選択の自由」的視点と対比する形で，「福祉的自由」(Well-being Freedom) の視点と呼ぶ事も可能である．

[16] シュー (Xu 2002, 2003) を参照の事．また，この評価方法に基づく資源配分メカニズムの議論として，後藤＝鈴村＝吉原 (Gotoh, Suzumura, and Yoshihara 2005) がある．

$$\max_{\boldsymbol{b} \in CC(\boldsymbol{z})}(b_1)^{\alpha_1} \times \ldots \times (b_m)^{\alpha_m} \geq \max_{\boldsymbol{b}' \in CC(\boldsymbol{z}')}(b'_1)^{\alpha_1} \times \ldots \times (b'_m)^{\alpha_m}. \quad (4)$$

ここで各機能水準 b_k に付随する冪指数 α_k は，$0 \leq \alpha_k \leq 1$ であって，かつ $\sum_{k=1}^{m} \alpha_k = 1$ という性質を満たす．この α_k は，当該社会が付与した，機能 k に関する相対的重要度を表すウェイトである．(4)式で定義された二項関係 $\succeq$ は，機能空間上で定義されたコブ=ダグラス型実数値関数で評価して，より高い水準の機能ベクトルを実現可能な基本的共通潜在能力により高い評価を付与するものである．このウェイトのプロフィール $(\alpha_k)_{k \in \{1, \ldots, m\}}$ は，各社会における文化や生活様式の違いに応じて違ってくるし，同じ社会であっても，時間の経過と共に変わってくるだろう．

5.3 多元的・折衷主義的規範理論の必要性

ところで，5.2 での「機能と潜在能力」理論に基づく非厚生主義的な基準の議論を，ベーシック・ニーズの問題に限定して論じたのには理由がある．我々は，経済的厚生主義の下での効率性基準の一元的適用に同意しないと同時に，「機能と潜在能力」理論に基づく基準の一元的適用をも必ずしも是とは見做すべきではない．例えば，ベーシック・ニーズに関する経済政策の是非に関しては，「機能と潜在能力」理論に基づく基準の適用によって判断しつつ，他方，ベーシック・ニーズの領域を超えた財・サービスの消費活動・生産活動の是非，対応する経済政策の是非に関しては，厚生主義的な効率性基準の適用によって判断するという，多元的・折衷主義的な判断を行う方法を行使する事が考えられるからである[17]．すなわち，社会状態の中のある領域に関しては「機能と潜在能力」等の非厚生主義的福祉指標・基準の適用によってその是非を判断しつつ，他の領域に関しては，厚生主義的な価値基準に基づいて定義された適当な社会的厚生関数によってその是非を判断する，という手法の確立が必要であると思われる．社会状態のどの領域においては非厚生主義的福祉指標・基準を適用すべきであり，どの領域では厚生主義的福祉指標・基準で判断すべきか，という問題はそれ自体，さらなる規範理論的課題であり，原理的には複数の規範理論的提案が存在し得る．それらの複数の提案間においていずれかを選ぶかは，究

---

[17] そのような試みとして，ヴェネツィアニ＝吉原 (Veneziani and Yoshihara 2010) がある．

極的には当該社会の構成員である市民によって決定されるべき事項であろうが，規範理論研究者の責務は，互いに論争を闘わし，自らの提案の説得性を明示する事である．とりわけ厚生経済学としては，いかなる領域の区分けの仕方が有りうるのか，そのそれぞれの区分けの仕方の違いが，政策判断の特徴としてどのような違いを齎すのか，等々についての十分な説明を提示する為の学問的な基礎理論研究が問われる．そのような作業においてとりわけ留意すべきは，領域の区分けによって，それぞれ相異なる基準で判断する結果，社会総体としての包括的な判断において非整合性が生じるような事があってはならない，という事である．

また，セン自身がこれまでしばしば強調してきたように，同じ領域内において，2つの異なる判断基準を適用するものの，その適用に優先順位をつけるなり，2つの基準の重要度を表すウェイトを課す事で定義される一次結合的基準を適用する等も有りうる．そのようなアプローチをとる場合においても，どのような優先順位を採用すべきか，あるいはどのような重要度のウェイトを採用すべきかの究極的な決定権は当該社会の構成員である市民に委ねるべきであろうが，それらの手法の論理的整合性が保証されるようなどのような諸提案が有り得るか，そしてそれらは如何なる性質を有するものであるのか等々についての基礎理論研究を行う事が，経済学・社会科学にとって重要な役割の1つとなろう．

これまでの主流派経済学者は，経済的厚生主義の観点に基づく効率性基準の充足のみを考える事に自らの職務を限定する傾向が強く，分配的公正性などの規範問題に関しては経済学の扱うべき対象ではない，と一線を画してきたきらいがある．その一方で，本来，経済的厚生主義の効率性基準によって判断するのは必ずしも妥当ではないと思われるような領域においても，一元的にそうした基準の適用に基づく判断を一方的に主張する傾向が強かったように思える．だが，むしろ今後必要な事は，分配的公正性などの規範理論的課題からひたすら眼を背けるばかりでもなく，また，経済的厚生主義に基づく価値判断の妥当性のみをひたすら説教するばかりでもなく，経済学以外の社会科学の他分野で展開されてきた規範的価値理論の固有の意義を研究・分析すると同時に，それらの諸基準と従来の経済的厚生主義の効率性基準とをいかに互いに両立的に棲み分け適用しつつ，総体としての整合的な包括的判断を可能とするか，という問題に関する理論的枠組みと考察を深める事であろう．

5.4 非厚生主義的福祉指標に基づく完全競争的市場経済システムの評価

とは言え，領域の区分けのような装置を導入する事無く，社会状態の評価全般を，厚生主義的観点から行う事と，非厚生主義的観点から行う事で，同じ対象に対する2つの互いに通分不可能な福祉指標に基づいた相異なる評価の並列という事もまた，意味のある方法であろう．例えば，完全競争市場における競争均衡配分は，厚生主義的効率性基準に基づけば，パレートの意味で最適配分を意味するのに対し，**労働搾取**という非厚生主義的概念を通して眺めれば，搾取＝階級関係の生成・再生産プロセスの帰結として理解されるのであり，それはまた，人々の自由な自己発展にとって必要不可欠な**自由時間**[18,19]のアクセス

---

18 「自由の王国は，事実，窮迫と外的な目的への適合性とによって規定される労働が存在しなくなるところで，はじめて始まる．したがってそれは，当然に，本来の物質的生産の領域の彼岸にある．未開人が，自分の諸欲求を満たすために，自分の生活を維持し再生産するために，自然と格闘しなければならないように，文明人もそうしなければならず，しかも，すべての社会諸形態において，ありうべきすべての生産諸様式のもとで，彼〔人〕は，そうした格闘をしなければならない．彼の発達とともに，諸欲求が拡大するため，自然的必然性のこの王国が拡大する．しかし同時に，この諸欲求を満たす生産諸力も拡大する．この領域における自由は，ただ，社会化された人間，結合された生産者たちが，自分たちと自然との物質代謝によって——盲目的な支配力としてのそれによって——支配されるのではなく，この自然との物質代謝を合理的に規制し，自分たちの共同の管理のもとにおくこと，すなわち，最小の力の支出で，みずからの人間性にもっともふさわしい，もっとも適した諸条件のもとでこの物質代謝を行なうこと，この点にだけありうる．しかしそれでも，これはまだ依然として必然性の王国である．この王国の彼岸において，それ自体が目的であるとされる人間の力の発達が，真の自由の王国が——といっても，それはただ，自己の基礎としての右の必然性の王国の上にのみ開花しうるのであるが——始まる．労働日の短縮が根本条件である．」『資本論』第3巻（大月書店: 1051），(MEW25, S.828).

19 「彼ら（筆者注: 労働者達）がそれ（筆者注: 彼ら自身の剰余労働の彼ら自身による領有）をなし遂げたなら——そしてそれとともに自由に処分できる時間が，敵対的実存をもたなくなるならば——，一方では必要労働時間は社会的個体のニーズによって測定されるだろうし，他方では社会的生産力の発展が極めて急速に増大するであろうから，その結果——生産はいまや万人の富の為に意図されるにも拘らず——万人にとって自由に処分できる時間は増大する．なぜならば，真の富のとは全ての個人の発達した生産力だからである．その際に，富の尺度はもはや労働時間では決してなく，自由に処分できる時間である．」(Marx 1973: 708＝1961: 657)

に関する不公正状態として評価され得る．労働搾取とは，所得1単位取得に相当する生産活動に社会的に必要な労働量を参照水準として，それと比較して各個人がそれぞれどれくらい多く（少なく）の労働量を所得1単位取得の為に供給しているかという観点で，人々の福祉水準を評価する概念である．一般に，社会的必要労働量よりも少ない労働量を供給する個人は**搾取者**，多い労働量を供給する個人は**被搾取者**として，定義される．私的所有制度の下での完全競争市場を媒介する経済的資源配分の帰結は，富の豊かな資本家階級と富の貧しい労働者階級という階級分化の生成・再生産を意味すると同時に，前者に属する諸個人が搾取者となり，後者に属する諸個人が被搾取者となるという社会関係の生成としても特徴付けられる[20]．

ところで，社会的必要労働量よりもより少ない労働量を供給する搾取者ほど，所得1単位取得の為に供給する労働時間は少ないので，反対に自由時間はより多くなる．それは所得を用いて自分の自由な発展の為の活動に費やす時間がそれだけ多いので，それらの所得と時間という資源を利用してその個人が実現できる機能の種類もその達成水準もより開かれたものとなる．すなわち，それはその個人のより豊かな潜在能力を保証するものと考えられるのである．その事は，私的所有制度の下での完全競争市場を媒介する経済的資源配分の帰結は，人々の階級的な社会関係を搾取関係として特徴付けるが，その事は同時に，富の豊かな階級に属する諸個人と貧しい階級に属する諸個人との間での，潜在能力の豊かさに関する不均等を生成する事をも意味する．潜在能力の不均等とは，

「真の経済―節約―は，労働時間の節約にある．だがこの節約は生産力の発展と同じである．それゆえ，消費を断念する事では決してなく，生産のための力，潜在能力を発展させること，だからまた消費の手段も潜在能力も発展させる事である．消費する事の潜在能力は消費の為の条件であり，それゆえにその第一の手段であり，そしてこの潜在能力は個人の素質の発展であり，生産力である．労働時間の節約は，自由時間の増大，つまり個人の完全な発展の為の時間の増大に等しく，またこの発展はそれ自身がこれまた最大の生産力として，労働の生産力に反作用を及ぼす．…余暇時間でもあれば，高度な活動の為の時間でもある自由時間は，もちろんその保有者を，これまでとは違った主体に転化してしまうのであり，そのときから彼は直接的生産過程にも，このような新たな主体として入っていくのである．」（Marx 1973: 711-712=1961: 660-661）

20　資本主義経済の下でこのような社会関係が生成する事を，「**階級＝搾取対応原理**」（CECP）と言う．「階級＝搾取対応原理」を分析的に初めて論証したのは Roemer（1982）である．それ以降の「階級＝搾取対応原理」を巡る研究の展開については，Yoshihara（2010），吉原（2008: 5章，6章，7章），及び吉原（2009）を参照の事．

個々人に開かれた人生選択の実質的機会の不平等を意味する．かくして，主流派経済学者のおそらく大多数が，いわゆる「厚生経済学の第 1 定理」の観点に基づいて，パレート改善であるという意味で，完全競争均衡における雇用・被雇用関係の成立を基本的に望ましい状況として専ら理解するのに対して，労働搾取という概念を導入する事によって，完全競争均衡における雇用・被雇用関係の成立は同時にまた，各経済主体の本人の責任を問えない富の私的所有の格差に起因して，個々人に開かれた人生選択の実質的機会の不平等――例えば，子弟の将来選択の格差やら，成人においても新しい自分の可能性の開花を享受できる自由に関する格差――を生み出すのだという，市場経済の孕む別の意味での原理的特性を明らかにする事が出来る．

現実の社会問題として「労働搾取」問題が指摘されるという事態を鑑みれば，上記の議論は，「市場への参加」に関する「パレート改善の可能性」という厚生主義的福祉評価の一面性なり希薄性を示していると言える．「市場への参加」という事態に関して伴う，多くの人々が漠然と感じている「負の側面」を，パレート原理は無いものと見做すのに対して，労働搾取という非厚生主義的概念はそれらを言語化し，定式化する事で，市場的資源配分問題に関するより多元的な評価の可能性を提供していると理解できるのである．

【文献】

Gotoh, R., and Yoshihara, N., 2003, "A Class of Fair Distribution Rules *à la* Rawls and Sen," *Economic Theory* 22: 66-88.

Gotoh, R., Suzumura, K., and N. Yoshihara, 2005, "Extended Social Ordering Functions for Rationalizing Fair Game Forms in the sense of Rawls and Sen," *International Journal of Economic Theory* 1: 21-41.

Marx, K., 1967, *Das Kapital, Volume I, II, III,* Diez Verlag, Berlin.（＝1965-1967,『マルクス＝エンゲルス全集 第 23a,b, 24, 25a,b 巻　資本論』大月書店．）

――, 1973, *Grundrisse,* London: Penguin Books.（＝1961，高木幸二郎監訳『経済学批判要綱Ⅲ』大月書店．）

Pattanaik, P. K., and Xu, Y., 1990, "On Ranking Opportunity Sets in Terms of Freedom of Choice," *Recherches Economiques de Louvain* 56: 383-390.

Pigou, A. C., 1950 [1932], *The Economics of Welfare,* London: MacMillan & Co.（＝1965，永田清監修, 気賀健三・千種義人・鈴木諒一・福岡正夫・大熊一郎共訳『厚生経済学Ⅰ，Ⅱ，Ⅲ，Ⅳ』東洋経済新報社．）

Roemer, J. E., 1982, *A General Theory of Exploitation and Class,* Cambridge, Mass.: Harvard University Press.

Sen, A. K., 1985, *Commodities and Capabilities,* Amsterdam: North-Holland.（＝1988, 鈴村興太郎訳『福祉の経済学: 財と潜在能力』岩波書店.）

——, 1992, *Inequality Reexamined,* Oxford: Oxford University Press.（＝1999, 池本幸生・野上裕生・佐藤仁訳『不平等の再検討』岩波書店.）

——, 1997, *On Economic Inequality,* enlarged ed., Oxford: Clarendon Press.（＝2000, 鈴村興太郎・須賀晃一訳『不平等の経済学』東洋経済新報社.）

Suzumura, K., and Xu, Y., 2001. "Characterizations of consequentialism and non consequentialism," *Journal of Economic Theory* 101: 423-436.

Venaziani, R., and Yoshihara, N., 2010. "Characterising Eclectic Distributional Ethics," *mimeo.*

Xu, Y., 2002, "Functioning, Capability, and the Standard of Living-an Axiomatic Approach," *Economic Theory* 20: 387-399.

——, 2003, "On Ranking Compact and Comprehensive Opportunity Sets," *Mathematical Social Sciences* 45: 109-119.

Yoshihara, N., 2010, "Class and Exploitation in General Convex Cone Economies," *Journal of Economic Behavior and Organization* 75: 281-296.

岩田正美, 2007, 『現代の貧困／ワーキングプア／ホームレス／生活保護』ちくま新書.

奥野正寛・鈴村興太郎, 1988, 『ミクロ経済学Ⅱ』岩波書店.

国連開発計画（UNDP）, 2003, 『人間開発報告書 2003』.

後藤玲子, 2002, 『正義の経済哲学: ロールズとセン』東洋経済新報社.

セン, アマルティア・後藤玲子, 2009, 『福祉と正義』東京大学出版会.

堤未果, 2008, 『ルポ貧困大国アメリカ』岩波書店.

常木淳, 2000, 『費用便益分析の基礎』東京大学出版会.

常木淳, 2009, 「法の規範理論に向かって：法政策分析 vs 法解釈学」: 本書第4章.

八田達夫, 2009, 『ミクロ経済学Ⅱ: 効率化と格差是正』東洋経済新報社.

水島宏明, 2007, 『ネットカフェ難民と貧困ニッポン』日本テレビ放送網.

吉原直毅, 2008, 『労働搾取の厚生理論序説』岩波書店.

——, 2009, 「21世紀における労働搾取理論の新展開」『経済研究』60（3）: 205-227.

第**3**部
法制度の分析と構想

第6章 公的扶助制度に関する法と経済学
―― 「福祉的自由への権利」の妥当性と実効性について

後藤玲子

6.1 はじめに

　本章の目的は，公的扶助制度の妥当性 (the plausible, the reasonable) と実効性 (feasibility, effectivity) を問うこと，それらを満たす制度の設計方法を探ることにある．公的扶助制度は「個人間分配」の制度であることが明確であるために，「個人内分配」――現在と将来，あるいは，リスク発生時と非発生時における自己の所得の平準化を図る――の性格がより強い社会保険制度などと比較して，私的利益の観点を越えた公共性の観点が発動しやすいという特徴をもつ．すなわち，個人が制度を評価する情報的基礎に，本人の状態（満足など主観的な，あるいは境遇など客観的な状態）のみならず，他者の状態が広く含まれる可能性がある．また，制度に関する個人の評価形成手続きに，一般性，普遍性，不偏性，公示性などの規範的性質が，受容されるかどうかは別として，無視することのできない基準として働く可能性がある．

　ただし，公的扶助制度は人々がすでに生き，動かしてきた制度の1つである．そのため，現実の政治や司法において，その正当性 (justification, legitimacy) や根拠が根源的に問われる場面は比較的少ない，むしろ，その存在が一応，認められたうえで，制度設計に関わる具体的問題が問われることが多い，ということも確かである．本章が，正当性ではなく，妥当性に着目する第一の理由はここにある．

　妥当性の判断において主要に問題とされるのは，ジョン・ロールズのいう――正義の原理そのものよりも――正義の常識的諸準則 (common precepts of justice) であり，それらの間の適切な (appropriate)――すなわち，妥当かつ実

効的な——バランスづけである．例えば，貢献に応ずる分配準則と必要に応ずる分配準則とのバランス，最低限度の生活水準に関する必要性への配慮と十分性への配慮とのバランス，など．その認識的な特徴は，第一に，異なる2つの正義の常識的準則のいずれか一方を正しいとし，他方を正しくないとするのではなく，より連続的な値のもとで両者をウエイトづけしようという点にある．第二に，実効性への配慮との連動性がきわめて深い点にある．すなわち，〈この制度は実効性をもたない〉という人々の集合的意識が，制度の妥当性を疑問視させる場合がある一方で，〈この制度は妥当性をもたない〉という人々の集合的認識が，制度の実効性を事実的に損ねる傾向がある点である．

　もちろん，妥当性の充足は，実効性の充足の十分条件とはいえない．妥当性の充足とは別個に，自然的制約・技術的制約などの外的要因が実効性を客観的に規定する．また，妥当性を離れた人々の私的利益追求行動，例えば，ぬけがけや便乗（ただ乗り）などの行動は制度の実効性を妨げることがある．ただし，妥当性の判断が人々に共有されているとしたら，自然的制約・技術的制約などの要因は克服すべき課題として認識されるであろう．また，ぬけがけなどの行動は恥あるいは非難の対象として意識されるであろう．少なくともそれらが倫理としての資格を積極的に付与されることはない．

　その一方で，妥当性の判断は，正当性の判断とまったく無縁ではないことも確かである．制度設計の妥当性をめぐる議論が，制度そのものの存在意義や正当性への問いに進展することは実践的にもありうるし，ロールズが看破したように，理論的には，正当性の判断なくしては妥当性の議論は完結しない．その意味では，本章が議論の射程を妥当性に絞る第二の理由は，紙面の制約による便宜的なものである（でしかない）点を予め断っておこう．

　つづいて，タイトルに付された「法と経済学」の意図について注記したい．その意図は一つに，本章の主題における法と経済学の内的関連性をとらえることにある．これまで，公的扶助制度は，一方で，給付－課税スケジュールの設計という経済的な角度から，他方で，憲法で保障する権利の具体化という法的な角度から議論されてきた．前者は垂直的公平性といった規範的概念を掲げながらも，もっぱら就労インセンティブを含む実効性の問題に主眼がおかれた（いわゆる死重損失の回避を含む）．後者は，憲法第25条のいう「健康で文化的な最低限度の生活水準の維持」という目標に照らして現行の給付水準は適切なものであるか，あるいは，この目標を個人がその実現を具体的に要求しうる権利

の実現として扱うことは適切であるか,といった妥当性の問題に主眼がおかれた.本章は,これら2つの議論を相互に関連付けながら論じる点に特徴がある.

タイトルに付された「法と経済学」のもう一つの意図は,方法における法と経済学の内的関連性をとらえることにある.制度の妥当性と実効性を検討するにあたっては,現行の法や制度のパフォーマンスを調べる実証的な経済学の思考,実証的な法学の思考はいうまでもなくきわめて有用である.だが,それだけでは十分ではない場合がある.あるいは,そこに留まることが少なからず危険な場合もある.本章は,問題の分析にあたって,新古典派経済学的な思考の利点と難点を意識しながら,その批判的適用に努める点に特徴がある.

このような作業は,法哲学がすでに学問分野として確立している法学の立場からは,実証的思考と哲学的考察をあえて分離する方法として理解されるかもしれないが,経済学からすると,実証的思考に哲学的・批判的考察を挿入する──経済哲学ともよぶべき──新たな学問的企てを意味することになる.

6.2 現行の生活保護制度の基礎となる法と規範

日本の生活保護制度を支える上位原理は,日本国憲法第 25 条の次の記載である.「1. すべて国民は,健康で文化的な最低限度の生活を営む権利を有する. 2. 国は,すべての生活部門について,社会福祉,社会保障及び公衆衛生の向上及び増進に努めなければならない[1].」

制度の設計にあたっては社会保障制度審議会による「社会保障制度に関する勧告」(1950) が主導原理とされた.そこでは,「疾病,負傷,分娩,廃疾,死亡,老齢,失業,多子その他の困窮の原因に対し,保険的方法又は直接公の負担において経済保障の途を講」すること,「生活困窮に陥った者に対しては,国家扶助によって最低限度の生活を保障するとともに,公衆衛生及び社会福祉の向上を図り」,それによって「すべての国民が文化的社会の成員たるに値する

---

[1] 英文表記は次の通りである. 1. All people shall have the right to maintain the minimum standards of wholesome and cultured living: 2. In all spheres of life, the State shall use its endeavors for the promotion and extension of social welfare and security, and of public health. また,「社会救済に関する覚書」(1946) SCAPIN (Supreme Commander for the Allied powers Instruction Note) 775 では,国家責任・無差別平等・公私分離・必要充足などの原則がうたわれていた(金子 2009: 77-78).

生活を営むことができるようにすること」が，社会保障制度の目的として明記されている．

憲法第25条に対応する実定法は「(新)生活保護法」(1950年制定)である．そこでは，その目的や基本原理のほかに[2]，民法や他の福祉立法との優先関係，緊迫した事由がある場合の必要な保護規定(第4条2項)，不利益変更の禁止(第56条)，不服申立てに関する規定，都道府県に対する審査請求，厚生大臣に対する再審査請求に関する規定(第64条)などが明記されている．

生活保護法の位置づけに関しては，昭和25年5月20日に出された次の「厚生省発社第46号厚生事務次官通知」が参照される．「保護を受ける者の法的地位を確立し，不服申立て制度によって正当なる保護の実施を主張し得る法的根拠を規定した．…この法律による最低生活の保障は，憲法に宣言されている所謂生存権的基本的人権を実定法上に実現したものである」．

これらの法に支えられた公的扶助制度の規範的特性は次の点にある．

1. (無条件性・無資格性) たとえば保険システムのように，事前的な中長期的な保険料の拠出に関する記録を必要とはしない．また，たとえば特定の組織やコミュニティ基底的な相互扶助システムのように，特定の目的や文化，歴史の共有を事由とするメンバーシップを事前的な資格要件として課さない．

2. (給付水準の必要十分性) 生活保護の給付水準は，「それを下回ると，健康で文化的な最低限度の生活水準を維持できない」(必要性)ものであり，かつ，「それが充足されれば，健康で文化的な最低限度の生活水準を維持できる」(十分性)ものでなければならない．

3. (必要に応ずる分配準則) しかも，その必要性ならびに十分性の判断は，「その困窮の程度に応じ，必要な保護を行い，その最低限度の生活を保障する」ものでなければならない．すなわち，「年齢，性別，健康状態等，その個人又は世

---

[2] (第1条) この法律は憲法25条に規定する理念に基き，国が生活に困窮するすべての国民に対し，その困窮の程度に応じ，必要な保護を行い，その最低限度の生活を保障するとともに，その自立を助長することを目的とする．(第2条) すべて国民は，この法律の定める用件を満たす限り，この法律による保護を無差別平等に受けることができる．(第3条) この法律の定める最低限度の生活は，健康で文化的な生活水準を維持することができるものでなければならない．(第4条1項) 保護は，生活に困窮する者が，その利用しうる資産，能力その他あらゆるものを，その最低限度の生活の維持のために活用することを要件として行われる．(第9条) 年齢，性別，健康状態等，その個人又は世帯の実際の必要の相違を考慮して有効かつ適切に行う．

帯の実際の必要の相違」(生活保護法第9条)を考慮するものでなければならない.

4.(被優先性・補足性)ルール間の整合性に関しては,生活保護制度は他の制度・政策の実施の後に適用される.①市場制度(労働能力の活用),②親族間扶養(民法第752条,第877条1項),③他の法律に定める扶助(母子及び寡婦福祉法・児童福祉法など)の優先性が明記されている.

5.(申請主義)最終的には世帯主本人が給付を拒否することができる.

　この生活保護制度に関して,法学者からは,社会権の実現として熱狂的に歓迎される一方で,根強い疑問が提示されてきた.憲法第25条が定める権利は,いまだ十分に制度化されているとは言い難い,はたして,それは,個人がその侵害に対してその内容を同定し,異議申し立てができるような権利なのか,はたして,それは,生活保護のある給付水準は憲法第25条の規定に照らして低すぎる,といった司法的判断を可能とするような具体性をもった権利なのか.むしろ,それは,政治的な努力目標を示す「プログラム規定」にすぎないのではないか,など.

　このような疑問の背後には,貨幣所得は連続的な指標であるから,恣意的な基準に依拠することなく,権利を保障する水準と保障しない水準とを峻別することは難しいという認識,また,そもそも,善の観念の多元性を前提とするかぎり,権利の保障の問題を所得という一元的な指標に還元することは不可能だという認識,さらには,生存維持の権利(right to subsistence)の水準を超えて,健康で文化的な最低限度の生活への権利(the right to maintain the minimum standards of wholesome and cultured living)を社会政策として実行することは,リベラリズムが条件とする善の中立性の条件に反するといった批判がある.これらの議論を背景として近年,例えば,憲法第25条が規定する生存権を憲法第13条が規定する自由権との連続性において解釈しようという動き,あるいは,自律的人格権と関連付けて語ろうという動きも出てきた(例えば,菊池 2004,遠藤 2004).

　これらの疑問の中には紛れもなく重要な問題が含まれている.だが,法学者の間の対立は,現実には,近年の生活保護制度改変の動きを静観することにつながった.法理学により忠実であろうとする法学者が司法的判断を控えようとする中で,まさに彼らがよき良識を期待する政治的判断に対して,新古典派経済学が少なからぬ影響力を及ぼし始めてきたからである.

　結論を先取りして述べれば,本章は,生活保護制度の背景的理念を次のよう

に解釈する．すなわち，すべての社会構成員に対して「福祉的自由への権利（right to well-being freedom）」を保障すること[3]，と．ただし，ここでいう福祉的自由とは，一定の基本的行為や状態を自分の選択によって実現することができる自由，実現するための手段を実際に備えていることを意味するので，その手段を物理的に備えていない場合には，福祉的自由への権利は手段の充足を社会に要求する権利を意味することになる．それは，身体，精神，良心，思想・信条などに関して国家や他者から介入されない市民的自由，あるいは，政治的意思決定に実際に参加できる政治的自由と並んで，日本の社会が，個人の権利として保障しようとしてきた自由の1つであると考えられる．このような解釈を可能とする理由と方法を展開する前に，次節では生活保護制度に対する経済学的議論を概観しよう．

6.3　生活保護給付システムの経済学的分析

経済システムの1つとして見た場合，生活保護制度は，標準的な諸リスクに対処する諸システムのもとで個々人の生涯賃金の平準化を図った後に，なお残る複合的なリスクのもたらす困窮に，正の最低所得保障（給付）を通じて対処する公的システムといえる．

例えば最低賃金法の適用により，標準労働時間に対して一定水準の稼得所得が保障され，準市場的制度（民間保険や消費者金融などを含む），社会保障制度（年金・医療・介護，福祉貸付）などのもとで，一定程度，リスク発生時を含む個人の生涯稼得所得の平準化がなされるとしよう．さらに，人々の共通善（共通に価値をもつ財・サービス）を社会的に促進する公共サービスや福祉サービス，また，ユニバーサル・サービスなどを通じて一定の財やサービスの消費による家計支出が軽減されるとしよう．市場を補足するこれらの経済諸システムのもとで，なお残る困窮に適用されるものが公的経済支援政策である．

生活保護制度に優先する諸経済システムの存在は，生活保護給付受給対象となる家計の総数を，それらがない場合に比べて，大きく減少すると期待されて

---

[3] 憲法25条は「生存権」と呼ばれる．ただし，それに対応する英語に関する定説はない．the right to existence, the right to well-being などが例示される．「生命」や「幸福の追求」が妨げられないことを保証する憲法13条とは異なり，一定の福祉（well-being）が実現可能となることを要求する．

きた.すなわち,純受給(「受給額-納税額」が正である)者数×純給付額≦純納税(「受給額-納税額」がゼロまたは負である人)者数×純納税額という実行可能性条件において,左項を小さくし,右項を大きくする効果があると期待されてきた.

だが,それは本当だろうか,という疑問は為政者の中にもあった.最後のセーフネットであれ,生活保護制度が存在することを知るとしたら,人々は,市場とそれを補足する経済諸システムにとどまろうとするだろうか.公共経済学のテキストは,この疑問がいわれのないものではないこと,制度の設計の仕方によっては,就労能力がありながら生活保護制度を選ぶ個人が現われる可能性のあることを明晰に分析している(例えば,野口 1982).ただし,その一方で,現行の生活保護制度と課税制度との接続に関しては,経済学者の間にも誤解があった.生活保護受給者と非受給者との間で,事後所得に関して逆転現象が起こる,すなわち,生活保護受給者が労働時間を増やし,稼得所得を増加させると,ある点で給付が停止される一方で課税が発生するために,事後所得が生活保護受給額より下がってしまうという誤解があった.それは,日本の生活保護制度は人々の就労意欲を損ねやすいという批判的言説の論拠ともなりかねなかった[4].

そのような誤解は,発生した課税は全額必要経費として(収入認定されるはずの)稼得所得額から控除される点を見逃すことから生じている.後藤(2006a)は,日本の生活保護制度の規定を字句どおりに解釈するなら,上記のような逆転現象を起こすことはないこと,現行の日本の生活保護制度の給付スケジュールにおける勤労控除率(収入認定されずに本人の手元に残される所得の割合)は平均0.16程度であり,給付停止(純課税開始所得)額移行直後の控除率(1-限界税率)との差は大きいものの,逆転現象は起きないことを示した(図6-1参照のこと).ただし,そこでは同時に,日本の生活保護制度は,例えば,アメリカの低所得者対策(フードスタンプ+TANF制度+EITC制度)[5]と比較した場合には(図6-2,6-3参照のこと),経済学理論でいう就労インセンティブへの配慮に違いがあるこ

---

[4] 例えば,後藤もメンバーであった財政政策総合研究所主催の「我が国の経済格差の実態とその政策対応に関する研究会」での議論で出された(最終成果は貝塚啓明・財務省財務総合政策研究所編著 2006a 参照のこと).

[5] ここでいう TANF とは「困窮家庭への一時的扶助(Temporary Assistance for Needy Family)」の略称.EITC とは「稼得所得課税控除(Earning Income Tax Credit)」の略称.

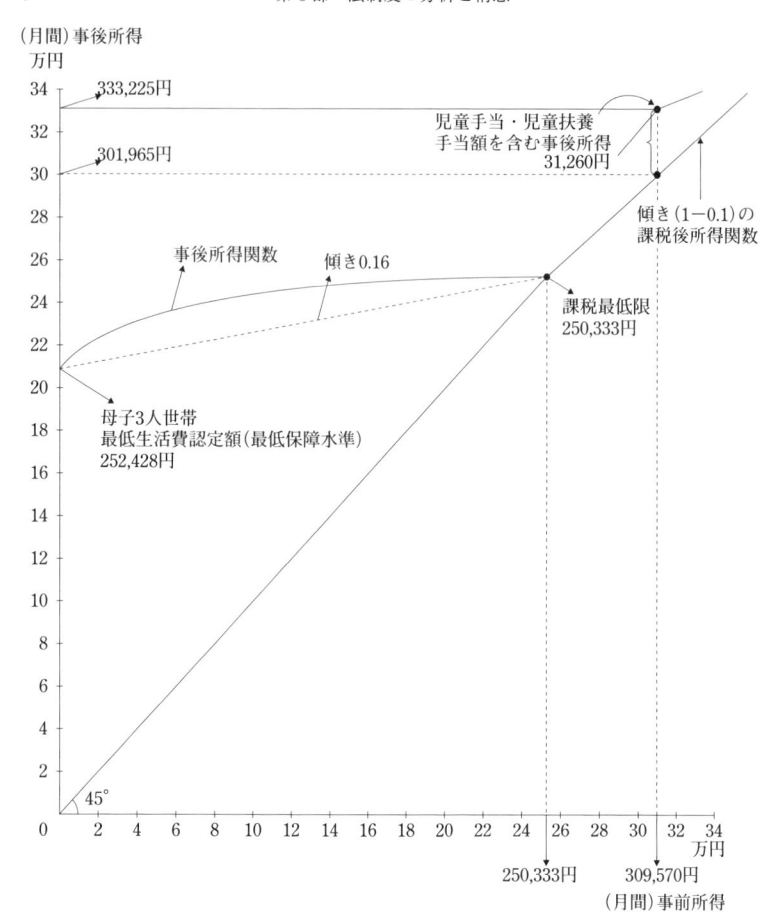

(出所) 筆者作成

図 6-1 母子 3 人世帯（9 歳小学生，4 歳児童）の給付スケジュール（最低生活費認定額と就労後の所得変化）(2005 年現在)

とも示された．

　給付スケジュール比較のポイントは次の諸点にある．①（公的扶助以外の制度も含めて実現する）稼得所得ゼロの場合の最低保障水準，②稼得所得の増加に応じた給付額の減少率（1－勤労控除率），③受給後所得の最大値と課税最低限所得との大小関係，④受給後所得の最大値と（最低税率）純課税開始（給付停止）所

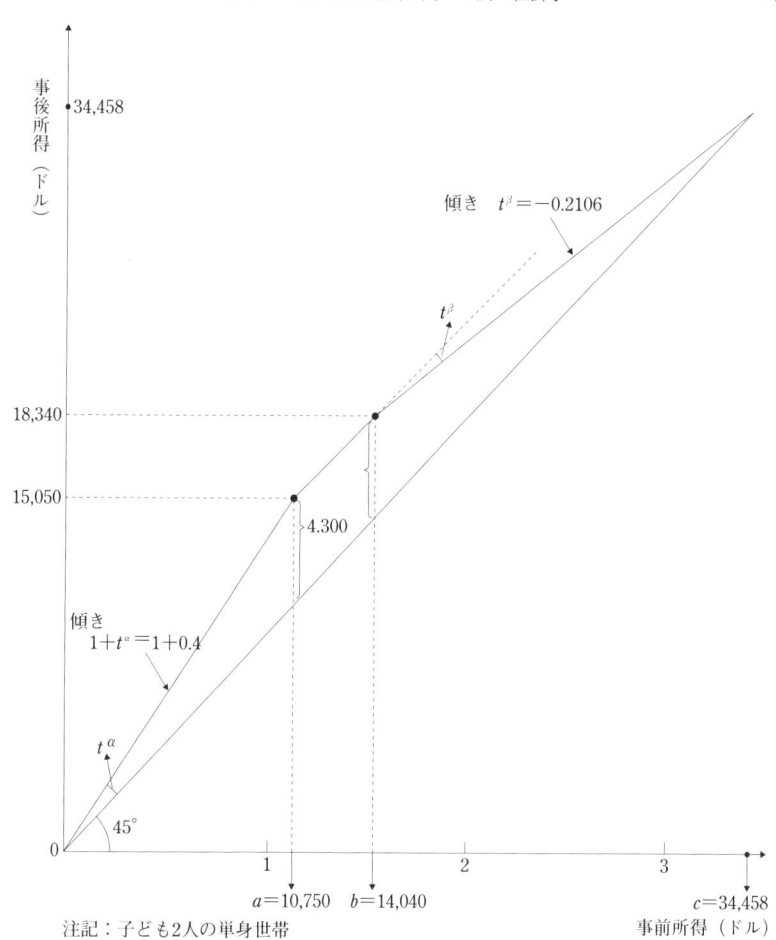

第6章 公的扶助制度に関する法と経済学

図 6-2 アメリカの稼得所得税控除（EITC）のもとでの事後所得関数（2003年現在）

縦軸：事後所得（ドル）、横軸：事前所得（ドル）

- 34,458
- 18,340
- 15,050
- 4,300
- 傾き $t^\beta = -0.2106$
- 傾き $1+t^\alpha = 1+0.4$
- t^α
- 45°
- $a = 10,750$、$b = 14,040$、$c = 34,458$

注記：子ども2人の単身世帯

（出所）　筆者作成

得との接続方法．以上の4点である．アメリカの制度と比較して，日本の生活保護制度は，（公的扶助以外の制度も含めて実現する）稼得所得ゼロの場合の最低保障水準がきわめて高く，稼得所得の増加に応じた給付額の減少率が大きいという特徴をもつ．この比較は次の点を示唆する．

第3部　法制度の分析と構想

事後所得（ドル）

TANF＋フードスタンプによる
事後所得関数

★傾き0.658のケース

18,340

15,050

★傾き
0.2のケース

9,096

EITCによる事後所得関数

G' $1-t^{\beta}$

最低保障水準

45°

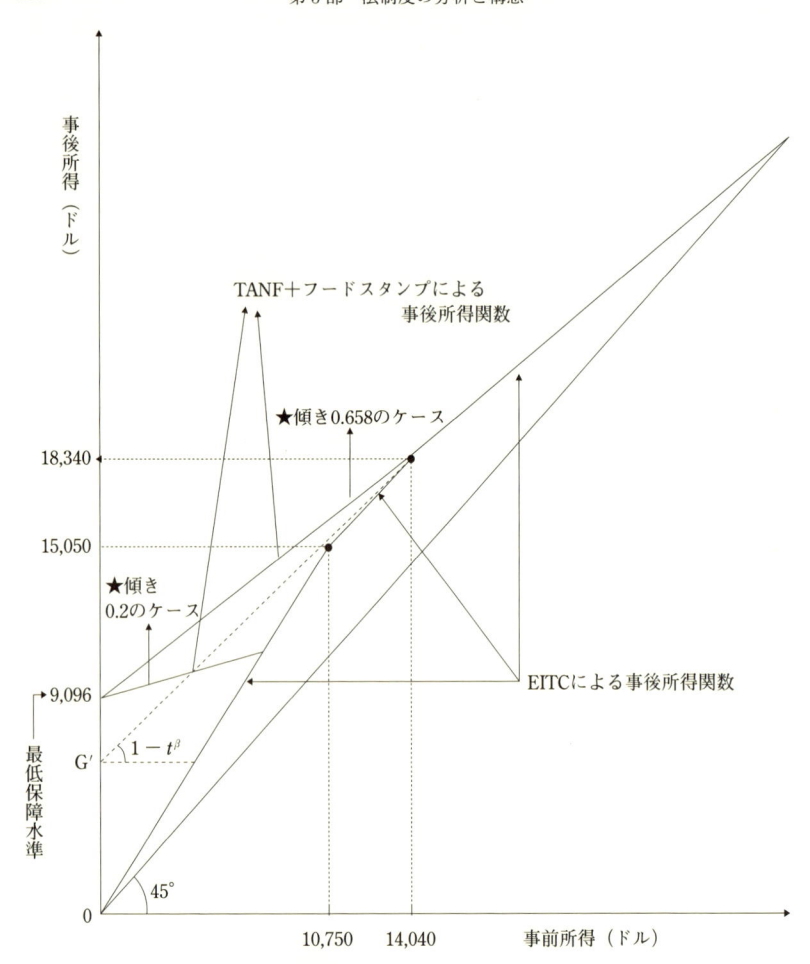

0　　　　　　　10,750　14,040　　　　事前所得（ドル）

注記：①子ども2人の単身世帯
　　　②年額給付額（TANFは月単位で支給され，EITCは年単位で支給される．
　　　　ここでは年単位で換算してある）
　　　③TANF＋フードスタンプによる事後所得関数の傾きは推定値，実際には
　　　　州によって異なる．

（出所）　筆者作成

図6-3　アメリカの所得保障スケジュール（TANFによる最低保障水準と就労後の事後所得の変化）（2003年現在）

第6章 公的扶助制度に関する法と経済学

　近代経済学の理論に従えば，課税が個人の就労意欲に及ぼすルートは2つある．1つは，課税により賃金率が減少すると余暇の価格も下落するので，ひとは余暇の消費を増やすという「代替効果」であり，他の1つは課税により所得が減少すると，ひとは正常財である余暇の消費を減少させるという「所得効果」である．

　この相反する2つの効果の結果，課税が就労意欲に負の影響をもつかどうかは，一般に自明ではない．ただし，できるだけ労働時間を増加させようという観点からは，より低い課税率とより低い給付水準（最低保障水準）とを組み合わせるアメリカのシステムが推奨されることになる．なぜなら，より低い課税率であれば，賃金率の減少がより低いため，余暇の増加がより低く抑えられる一方で，所得水準が低い場合には，所得の増加に伴う余暇の増加を招く所得効果がより小さいと想定されるからである[6]．

　事実，近年の生活保護改変の動きの中で，アメリカのシステムへの関心が確実に高まった．生活保護制度に，自立支援プログラムが導入される一方で，多子世帯生活扶助・老齢加算・母子加算が漸次的に廃止され，最低生活水準の引き下げが議論され始めた（ただし，母子加算に関しては，平成22年4月1日に，全国生存権訴訟原告団及び弁護団と厚生労働省との間で，母子加算を復活させる「基本合意書」が交された）．課税制度に関しては，配偶者控除などの人的所得控除を縮小する一方で，アメリカのEITC稼得所得税控除的な給付つき税額控除を導入する動きも出始めた．新古典派経済学の理論がその追い風になったことは否めない．

　所得は本来的に連続的であるから，最低生活費を比較的高水準に設定するとしたら，受給者と非受給者との距離は縮まる．生活が苦しいときは受給し，生活に余裕ができたら拠出する，両者の相違がただそれだけであったとしたら，生活保護制度への出入りもよりスムーズであったはずだ．ところが，実際には，ミーンズ（資産）の厳格な制限や労働能力の活用，さらには，「ぜいたく品」とみなされた財やサービスに関する社会的抑制などが，両者をきびしく分かつ壁となってきた．それは，人々が生活保護制度に流入することをせき止め，財政支出を抑制する防壁として暗黙のうちに容認されてきた感がある．

---

[6] ただし，2つの効果がどう現れ，どう相殺し合うかは，効用関数に依存して変化するのであって，理論的にも実証的にも，一般的な答えはないというべきだろう．ロールズ格差原理を含む異なる分配ルールが就労インセンティブに及ぼす影響に関する理論的研究として，後藤（1994）を参照のこと．

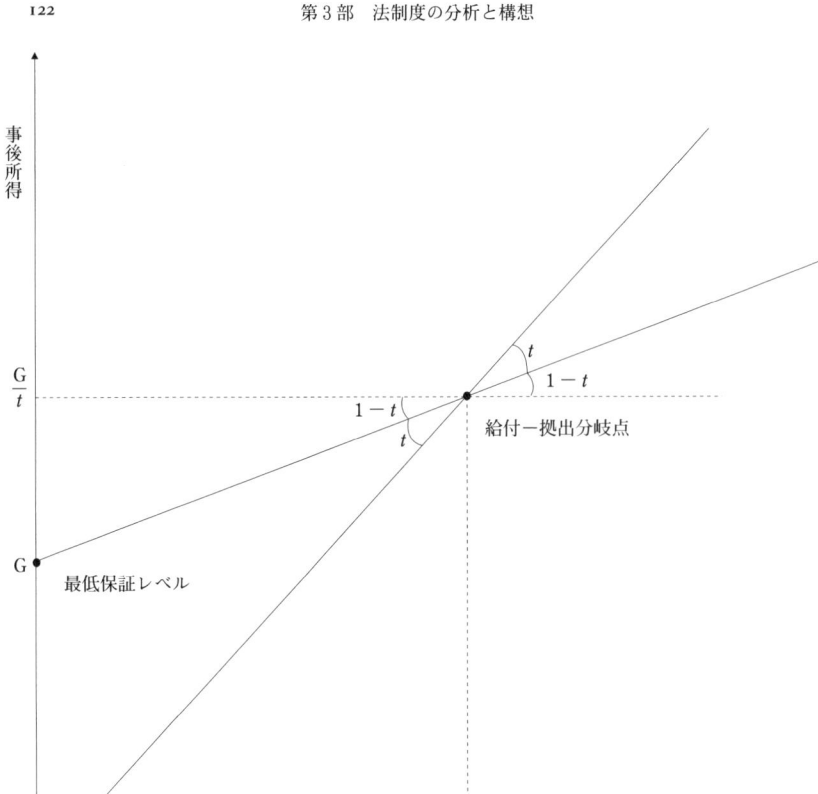

図中ラベル：
- 事後所得
- $\frac{G}{t}$
- t
- $1-t$
- $1-t$
- t
- 給付＝拠出分岐点
- G
- 最低保証レベル
- 45°
- 0
- $\frac{G}{t}$
- 事前所得

（出所）筆者作成

図 6-4　負の所得税（NIT）モデル（最低保証レベル G, 限界税率 t の場合）

　自由な競争原理，自由な参入・退出を旨とする新古典派経済学の見地からは，ミーンズテストや就労義務の賦課などの外的規制は受け入れがたい．そこでは，法的・社会的・道徳的な規制にいっさい頼ることなく，個々人が，私的利益の拡大を図って「自発的に」制度から退出する仕組み，「自発的に」制度に入ろうとはしない仕組みが志向される．その際にモデルとされたのが，M・フリー

ドマンらによって提唱された「負の所得税（negative income tax: NIT）」構想——すべての稼得区間にわたって同率の比例税を課す．ただし，稼得所得が一定額を下回る場合には，負の課税（正の給付）をなす——である（図6-4参照）[7]．理論的には，その構想はさまざまなヴァリエーションを可能とするものの，彼らが注目したのは，低い給付水準から出発して低い課税率を保つタイプの制度である．アメリカの低所得者対策はまさにその条件に適っていたのである．

ミーンズテストや就労要件の強化など外的規制を緩和したいのであれば——そのうえで財政支出を抑制したいのであれば——，勤労控除率を高める（換言すれば，稼得所得の増加に応じた給付額の減少率を低める）しかない．ところで，現行の純課税開始（給付停止）所得との接続点をこれ以上高めずに，勤労控除率を高めるためには，最低保障所得額（生活保護給付水準）を下げるしかない．この結論は，生存維持の権利（right to subsistence）を超える権利を社会政策として実行することに対する法学者の懸念と期せずして一致した．

ただし，給付水準に関する経済学者の判断は，もっぱら就労インセンティブの観点からなされたものであり，最低保障所得の水準それ自体の妥当性にもとづくものではない点に留意が必要である．後述するように，新古典派経済学には，そもそも給付水準の妥当性を問う枠組みは存在しない．しかも，彼らが立脚する就労インセンティブの観点は，課税・補助金によって死重損失（dead weight loss）がもたらされる恐れのあること，市場の中立性が脅かされる恐れのあること，さらに，政府による所得補填は，私企業から国家への賃金の転嫁をもたらしかねないこと，総じて政府の肥大化・官僚制の強化をもたらしかねないことへの懸念と深く結びついていた点にも留意が必要である．

6.4 「福祉的自由への権利」に関する試論

以上，生活保護制度の妥当性と実効性に関する法と経済学の議論を批判的に検討した．本節からは，これらの議論の背後にある諸前提を明らかにしながら，生活保護制度の妥当性と実効性を探る試みを紹介したい．はじめに，憲法第25条が規定する権利を具体的な権利として定式化する方途について述べる．

ある個人の福祉的自由への権利は，次の2つの条件をともに満たす「諸機能

---

[7] Friedman 1962; Tobin 1968 などを参照のこと．

(functionings) ベクトル」の集合，すなわち，潜在能力 (capability) として定式化される．すなわち，①外的介入によりその選択（実現）を妨げられないこと，かつ，②実際にそれを選択（実現）するための手段すなわち，資源と資源利用能力をもっていること[8]．

この定式化の特徴は，各々の条件を別個に定義したうえで，各々の条件を満たす選択肢を特定化し，その積集合をとるといった手順を踏まずに，2つの条件をともに満たす選択肢の範囲（それのみ）に直接注目する点にある．その利点は，第一に，外的介入によって選択（実現）が妨げられないという意味でのいわゆる消極的自由を，本人の私的選好からは独立に，一定の具体的な選択肢の集合からの選択が妨げられていない状態として定義しうる点，第二に，実現しようと思えば実際に実現することができるという意味での個人の自由への権利を，本人が物理的に選択可能な選択肢の集合として表現しうる点にある[9]．

この定式化にもとづくとき，憲法第25条の定める「健康で文化的な生活水準を維持する (wholesome and cultured living)」諸機能ベクトルの集合（以下ではそれを「基本的潜在能力」と呼ぶ）は，次の手順で決定されることになる．

① 人がある社会で健康で文化的に暮らしていくためには，いかなる質の諸機能，つまり，行い (doings) や在りよう (beings) が実現可能である必要があり，どのような質の諸機能があれば十分であるか，という問題に対する人々の評価をもとに，社会的に配慮すべき機能（行いや在りよう）の種類を特定化する．

---

[8] 以下の定式化は基本的にアマルティア・セン (Sen 1985) の潜在能力アプローチにもとづくものである．例えば，いま「書く」と「移動する」という2つの機能の実現を時間で測定するとしよう．障害をもつある個人は1日のうち，「書く」と「移動する」をそれぞれ10時間，2時間実現していた．つまり，(10, 2) というベクトルを実現していた．ただし，その気になれば (2, 3) も実現できた．さらに介護タクシーを利用すると (3, 4) も実現可能となった．このとき，彼女の潜在能力は，近似的に集合 {(10, 2), (2, 3), (3, 4)} と表わすことができる．

[9] このように定義された福祉的自由への権利は，「(外的介入により) 選択を妨げられない自由」そのものを保証するものではない．例えば，社会的に保障された潜在能力の範囲を超えた点を本人が実現しようと希求し，そのための手段を自ら獲得しえた場合に，外的介入によって彼女の選択が妨げられるおそれは残されている．このおそれをなくすためには，「(外的介入により) 選択を妨げられない自由」を別途，保証する必要がある．アマルティア・セン (e.g., Sen 1985b) が行為主体的自由と福祉的自由を区別したうえで，後者が前者を包含するわけではないと注記した理由はここにある．

② 人の福祉（well-being）における諸機能間の代替性と補完性の程度（ゼロも含む）に留意しながら，人がある社会で健康で文化的に暮らしていくうえで必要かつ十分な諸機能の達成水準の閾値，その水準を充足させるうえで必要かつ十分な資源（財やサービス）の閾値を同定し，それらと等価な貨幣所得額を同定する．

これらの決定プロセスで考慮すべき重要事項は，
① 必要かつ十分な諸機能の種類の決定に際しては，社会の中で異なる不利性をもつグループ間の相違（メニュー構成要素の重なりとずれ）に留意すること，
② 達成水準の閾値を決定する際には，不利性グループの中で最も不遇な人々（サブグループ）に着目し，彼らの基本的潜在能力の保障にとっての必要十分性をもって，当該不利性グループの閾値とすること．裏返せば，当該，不利性グループの中の最も不遇な人々以外の人々にとっては必要を超える可能性，すなわち，その社会で健康で文化的に暮らしていくうえで，その水準の保障は十分条件ではあるものの，必要条件とはいえなくなる可能性のあることを許容することである．

このような方法で基本的潜在能力の権利領域を定めたうえで，代替的な諸社会政策に関しては，比較評価の視点が残され，部分的な順序付けがなされる．すなわち，
(1) 「健康で文化的な生活水準を維持する（wholesome and cultured living）」諸機能ベクトルの集合を充足させるうえで必要かつ十分な財やサービスの閾値と等価の貨幣所得を保障する政策は，そうでない政策に比べて望ましい，
(2) 基本的潜在能力の範囲を下回る貨幣所得しか保障できない任意の2つの政策間では，より広い基本的潜在能力の範囲を保障できる政策の方がより望ましい．
(3) 基本的潜在能力の範囲と同等か，それを超える福祉をもたらす任意の2つの政策間については，比較評価を行うこと自体が控えられる．

この定式化の特徴は，先に述べた法学的論議との関係で次のように確認される．それは，基本的潜在能力の権利領域が保障されるケースを「正義に適った」ケースとし，保障されないケースを「正義に適わない」ケースとして区分する

第 3 部　法制度の分析と構想

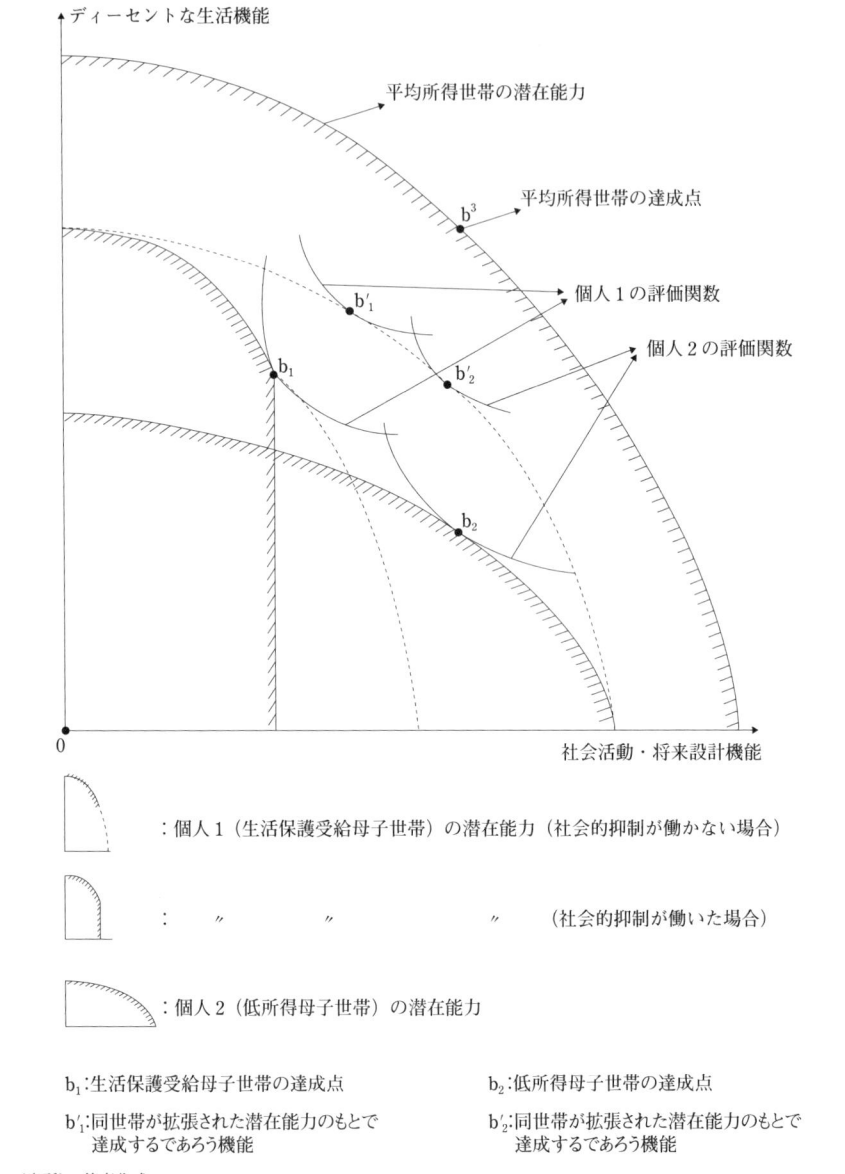

縦軸: ディーセントな生活機能
横軸: 社会活動・将来設計機能

平均所得世帯の潜在能力
平均所得世帯の達成点 b^3
個人 1 の評価関数
個人 2 の評価関数
b_1, b'_1, b'_2, b_2

：個人 1（生活保護受給母子世帯）の潜在能力（社会的抑制が働かない場合）

：　〃　　　〃　　　〃　　（社会的抑制が働いた場合）

：個人 2（低所得母子世帯）の潜在能力

b_1：生活保護受給母子世帯の達成点　　　　b_2：低所得母子世帯の達成点
b'_1：同世帯が拡張された潜在能力のもとで　b'_2：同世帯が拡張された潜在能力のもとで
　　　達成するであろう機能　　　　　　　　　　達成するであろう機能

（出所）　筆者作成

図 6-5　「ディーセントな生活」と「将来設計・社会生活」という 2 つの機能にもとづく潜在能力比較

第6章 公的扶助制度に関する法と経済学

ことを可能とする．したがって，この定式化のもとであれば，福祉的自由への権利は，それが保障されないときには請求することができ，司法的にも判断可能な「具体的権利」であるということができる．

しかも，この定式化は，正義に適ったケースとそうでないケースを二分するに留まらない，という特徴をもつ．それは例えば，一定の諸機能の集合を充足させるうえで必要かつ十分な貨幣所得水準との距離を基準として，権利を充足できない（つまり，正義に適わない）ケース同士の比較を行う．そして，例えば社会全体の経済環境が悪化した場合など外的諸条件が変化した場合には，権利を充足できないケースの中で相対的によりよいケースを社会政策として推奨することを可能とする．

ただし，この定式化を実践に移す際には，次の2点が問題になる．第一は，人々に不利性をもたらす理由の多様性，人々が追求する善の観念の多様性，同一の善に関する手段の多様性，個人的特性・資質の多様性を前提としたとき，それらの多様性を尊重しながら，社会的に保障すべき「健康で文化的な生活水準を維持する」うえで必要十分な諸機能の種類とその保障範囲をいかにして同定したらよいのか，という指標の選定と測定方法に関する問題である．

後藤（2006b）は，生活保護受給世帯と非受給低所得世帯を比較した「社会生活に関する調査検討会」（2003）をもとに，「ディーセントな生活」を送ることと「将来設計・社会生活」を送ることという2つの機能を指標とすることを提唱した（図6-5参照のこと）．また，後藤（2008）は，(1)異なる正義概念と対応する3つの不利性グループに着目し，(2)各不利性グループの中で最も資源利用能力の低い人（その人の潜在能力が他のだれのそれをもドミナントしない人）に焦点を合わせ，(3)その人にとって必要十分な水準をとる（裏返せば，その属性グループの他の人にとっては必要を超えた十分となることを許容する）フレームワークを示した．

第二は，正義の構想の複数性，それに伴う人々の規範的判断の多元性を考慮した際に，個々人が形成する評価をいかに集約して社会全体の社会的評価を形成するかという問題である．より具体的には，例えば，社会的評価の情報的基礎として不可欠な不利性グループの評価をいかに形成すべきか，あるいは，異なる複数の不利性グループの評価を不偏的に考慮しながら，社会的評価をいかに形成すべきか，という問題である．

この問題に関して，上記の後藤（2008）は，(1)一定の規範的条件のもとで，不利性グループ基底的評価が形成され，(2)一定の規範的条件のもとで，それら

の不利性グループ基底的評価が社会的評価に集約される，というモデルを提示した．不利性グループ基底的評価に課される規範的条件は，上述した(1)から(3)と基本的には同形であり，その目的は，各不利性グループの利益と意思を社会的評価の重要な情報的基礎する一方で，不利性グループ間の公正性を確保することにある．すなわち，その要点は次のように表現される．

(1)各不利性グループは，各グループの基本的潜在能力を保障する政策とそうでない政策との比較，ならびに，基本的潜在能力に満たない諸政策同士の比較に関しては評価を形成すべし．ただし，(2)基本的潜在能力以上の状態を保障する政策同士に関しては，――たとえ一方がよりよい基本的潜在能力を保障することが明らかであるとしても――評価を控えるべし．

一方，グループ基底的評価を社会的評価に集約するプロセスには，無矛盾性の条件，すなわち，グループ間で明確には矛盾し合わない評価を社会的評価とするという条件，ならびに，基本的潜在能力に関するパレート条件，すなわち，社会のあらゆる個人の基本的潜在能力を改善する政策をよりよいとする規範的条件が課される．

福祉的権利の定式化に付随するこれらの研究は未だ緒についたばかりであるが，法と経済学の主題において，方法論的にはきわめて重要な意義をもつ．次節ではこの点を検討しよう．

6.5 方法論的注記

標準的な経済学的思考，例えば，新古典派経済学におけるその特徴は次の諸点にある．第一に，たとえばワルラスの多次元連立方程式に示されるように，また，多次元座標軸から構成される財空間で例示されるように，（空間上の点で示される）各社会状態を構成する要素（諸財）は，相互に独立した変数であり，しかも，それぞれの量が少なくとも序数的に，通常は，基数的にも測定可能であるとされている点である．ただし，ここでいう序数的に測定可能とは，順位（より多い，同じくらい，より少ない）がつけられることを，基数的にも測定可能とは，ゼロ値やマイナス値も含めて，数値の絶対値，および，数値間の差や比率が意味をもつことを指す．

このような経済学的思考法の適用対象は，所得や商品などの経済財に限られない．たとえば光と闇，安全と危険，善と悪，公と私のように，通常，二分法

第6章 公的扶助制度に関する法と経済学

的にとらえられている事柄に関しても，明るさ（暗さ），安全さ（危険さ），善さ（悪さ），公的領域（私的領域）の程度の相違として，すなわち，質的には同一な事象のもっぱら量的変化の問題として，理解することが可能となる．例えば，公的領域の割合がきわめて高いものを公といい，きわめて低いものを私という，といった具合に，一次元の軸上で，その量的変化が少なくとも序数的に，場合によっては基数的に測定可能と理解されることになる．

それに対して，相互に独立した関係にある，異なる質をもった要素同士はどうだろうか．この場合には，たとえ各要素が基数的に表示されていたとしても，要素間の単位はかならずしも通約可能ではないので，あるいは，意味が異なるので，通常，序数的にも基数的にも直接的な比較は困難である．例えば，自由と安全など．ただし，新古典派経済学は，これらの要素を比較する装置として＜効用関数＞を発明した．すなわち，社会状態の集合を定義域とし，効用値の集合（通常，実数の集合で表される）を値域とし，両者の間の対応関係を数理的に表現しうることを仮定した．例えば，どのくらいの自由との引き換えでどのくらいの安全を確保できれば効用が一定に保たれるか．ある個人の効用関数は，複数の要素を異なる割合と水準で含むさまざまな社会状態（ベクトルで表される）に対して，本人がつける数値的な対応関係を表すことになる．

異質な要素を一元的に扱う（"ぬえ"のような）効用概念は功利主義思想によって深化される．その思想を受け継ぎながらも，その意味内容（例えば，快不快，願望充足，幸福）を捨象したうえで，操作可能な形式を与えるものが＜効用関数＞である．限界革命を経て成立した新古典派経済学は，この＜効用関数＞をてこにして，内在的には通約不可能な価値をもち，代替することも，比較することも不可能であるような事柄をも，個人の主観的な観点から量的，一元的に比較評価する手法を追求していったのである．

ただし，興味深い点は，個人内では，完全な比較可能性が仮定されている一方で，個人間では完全な比較不可能性が仮定されたことである．ある社会状態を別の社会状態と比べて「よりよい」あるいは「同じくらいよい」と主張する序数的の判断の形式については，個人間で対称的に扱われるが，それぞれの社会状態のもとで実現されている個々人の効用を基数的に比較することも序数的に比較することもできないとされる．このように定式化された効用関数は，経済分析において数理的な操作を容易にする反面，個人の判断を，それ以上，遡及する必要のない基礎単位とみなす方法論的個人主義を強力に推進することになっ

た.

　それに対して，上記の定式化の特徴は次の点にある．①単一の経済主体（個人，グループ）が形成する個人内評価（グループ内評価）に関して，非完備性（ある二対の選択肢に関する比較不可能性）を考慮する点，②グループ別評価の形成に関しては，個人間での序数的な比較可能性（例えば，一定の不利性グループにおける最も不遇な人々の特定化）を部分的に導入する点，③それらを集約して形成する社会的評価に関しては，序数的判断の形式についても非対称性（例えば，異なる複数の不利性グループ間で矛盾のない評価をそれらに属していない人々の評価に優先して集約する）を導入する点，さらには，④社会的に保障すべき諸機能の範囲あるいは諸機能間の代替可能性・不可能性の決定に際して，一定の規範性をもった外的視点の受容可能性を考慮する点，⑤公共的推論を通じた外的視点の受容において，人々は，広く他の人々（とりわけさまざまな不利性をもつグループの中で最も不遇な人）が享受する諸機能空間を情報的基礎とすると想定されている点，以上である．これらは新古典派経済学的な思考を逸脱している．

　だが，他方で，上記の定式化のもとで形成される社会的評価は，「正義に適った」政策群と「正義に適っていない」政策群を二分するにとどまらず，「正義に適っていない」政策群に属する要素同士に対しても，より不正さが少ない（正義により近い），より不正（正義からより離れている）であるという比較評価の視点を導入する点は，新古典派経済学的な思考に依拠している．

6.6　就労インセンティブに関する試論

　前節で検討した方法論的視点は，就労インセンティブ理論に対しても異なる視角を与える．就労インセンティブに関する経済分析は，ジョン・ロールズの言葉を借りれば，次のようなきわめて限定的な前提に立つ傾向をもつからである．「なぜある方向に資源が配分され，他の方向には配分されないのかは，ただ，個々人としての個々人がもつ選好と利益（preferences and interests as individuals as individuals）から説明されることになる．人々同士の道徳的関係（moral relations between persons）——共同事業のメンバーであるというような——とは無関係に，また，各人が請求（claims）するつもりでいた事柄とは無関係に，願望（desires）の充足それ自身が価値をもつことになる」(Rawls 1971: 216-218).

公的扶助制度を評価する際に人々が基礎とする情報は，自分自身の状態に限定されない．多くの人においては，自分とは直接，関係はないものの，自分も住むこの社会のあり方の問題として，すなわち，市場システムとそれに準じた社会保障システムの周縁で困窮している人たちに，はたしてどういう制度を用意すべきかという，規範的問題として理解している．さらに，貨幣所得を得て消費市場に参加するという点では，自分たちと連続的ではあるけれど，自足的な生産者という点では隔絶している，このような認識がときに「受給者」への隠れた差別感として自覚される一方で，公的扶助制度を支えつづける理由ともなっている．このような点を踏まえて，以下では，経済学的な就労インセンティブ理論とは異なる視点を仮説的に提示したい．

【就労インセンティブに関する仮説】

個々人の就労（活動）意欲を支えるものは，就労それ自身に内在する価値はもちろんのこと，他者からの適切な評価と公正な経済的報酬，さらには，公共的相互性の文脈に，自分自身の位置を見出せることである．ただし，ここでいう「公共的相互性」とは，共通のルールの受容を基底として，人々の間で成立する広やかな対応性（correspondence）——生存権と働き提供する義務との間の，また，目標と実現可能性との間の——にある．

この仮説のもとで展開される議論は，経済学で通常仮定されている就労観，すなわち，個々人は，もっぱら就労による余暇の喪失（のもたらす不効用）と所得の増加（のもたらす効用）を考慮しながら，所与の制約下で，自分の選好に照らして最適な労働を選択するだろうという就労観，あるいは，個々人は生存上の必要に駆られるとしたら，たとえ不本意な仕事であっても就労する意思をもつはずだ（なぜなら，所得がきわめて低く，余暇が非常に多い状況では所得に対する余暇の相対評価がきわめて低いから）という常識的な就労観とは，異なる発想に立つ．ただし，次の点は確認しておきたい．

就労時間の増加にともなって，就労に伴う必要経費のみならず，逸失された余暇価値を一定の比率で貨幣換算し，それらを最低保障水準（就労ゼロのときの給付額）に付加していくことには，理がある．なぜなら，個々人の福祉（潜在能力）は，物的資源だけではなく，時間資源にも依存するものであり，就労時間の増加とともに留保される時間資源が減少していくことは間違いないからであ

る．したがって，もし事前的な稼得所得の増加と就労時間の増加が正の相関をもつとしたら，たとえば勤労控除によって，事前的な稼得所得に対して事後所得が増加関数となるように（最低保障水準に対して）給付額を増加させていくことは妥当だと判断される．だが，事前的な稼得所得の増加が就労時間の増加から独立であるとしたら，つまりたとえば，それはもっぱら賃金率の増加によるものだとしたら，少なくともこの見地からは，勤労控除は支持されないことになる．

その一方で，公的扶助の目的が必要にして十分な福祉を保証するものである限り，限界的な勤労控除率が逓減し，事後所得がある水準に達成した時点で，給付が打ち切られること，やがて，彼らもまた公的な経済給付を支える側に回るように要請されることは不自然ではないと考える．純課税開始（給付停止）所得後の勤労控除率（1－限界税率）は一般には高い（例えば限界税率が10%ならば，0.9）ものであるから，このことは，純課税開始（給付停止）所得をはさんで，事後所得曲線に下方キンクをもたらすことを意味する．だが，たとえそうだとしても，それによって個々人は就労意欲を喪失する，とただちに判断されるわけではない，と本章は考える．

6.7　結びに代えて

以上，生活保護制度の妥当性と実効性に関する議論を考察してきた．それは，現在，主流となっている法学の議論と経済学的思考を批判的に吟味する作業を伴った．批判にあたって，本章が示したオールタナティブスを理論的にも，実践的にも確かなものとする作業の多くは今後に残されている．ただし，本章は，法学と経済学に関するセンの次のような指摘を具体化する試みであることを確認しておきたい．

> 経済学者が，経済開発のプロセスや経済の一般的な実践において中心的であるはずのデモクラシーや個人の権利といった，より広範な法あるいは法学に関わる考察の重要性を無視して，法との関連性を，たとえば，所有権の役割といった，いくつかの基礎的な現象に限定して理解しようとしばしばしてきたことは，経済開発に関する文献からまったく明らかである．…

第 6 章　公的扶助制度に関する法と経済学

われわれは，経済学と法学の融合においては，この 2 つの専門分野のそれぞれが十分に包括的な形式で理解されるべきだ，と結論づけなければならない．経済学と法学のそれぞれを十分に評価して，ある統合されたやり方で経済学と法学を見ることから，実際に得られる多くのものがある．「法と経済学」とよばれることになった，このブランド品の中身にともなう実質的な問題は，開発と進歩に関する経済学の文献が，法の道具的な重要性——法と法理学の典型的な見方——を除いて，法に関して何も見ないという誘惑に，しばしばひっかかってしまうように，法学と経済学が経済学について不当に狭い見方をとっている，という点である．経済学と法学の統合の成功は，気まぐれに拘束された形式で法学と経済学を理解するのではなく，広い視野のもとで経済学と法学の両方を理解することができるかどうかにかかっている．法と経済学を結びつけることは，〈拡げる〉実行であり，〈せばめる〉実行ではない（Sen 2009）．

最後に，「福祉的自由への権利（the right to well-being freedom）」の正当化根拠について簡単に言及して結びに代えよう．問いは次のようにまとめられる．先に，福祉的自由への権利は，身体，精神，良心，思想・信条などに関して国家や他者から介入されない市民的自由，あるいは，政治的意思決定に実際に参加できる政治的自由と並んで，日本の社会が，個人の権利として保障しようとしてきた自由の種類であると述べた．だが，それは，物理的には本人の選択で実現することのできない行為や状態を，手段の社会的付与によって可能とすることの妥当性，その際の＜分配のあり方＞が問われる点で他の 2 つの自由とは異なる．むしろ他の 2 つの自由との関係では，所与の市場的制度と当事者間の私的契約制度のもとで，(1)ある行為や状態を実現する可能性が物理的に閉ざされていることの意味，また，社会的にその可能性を開くことの意味は何か．(2)ある行為や状態の実現可能性の社会的な保障により[10]，人々の「資源の保有・使用の自由」への権利の実効領域はどの程度，制約されるか．(3)福祉的自由の実効領域を調整する一定のルールのもとで，多様な特性をもつ個々人の選択が結果的に実現する社会状態[11]はどのようなものであるかが問われるだろう（セ

10　ある行為や状態を実現するためには，提供された資源を本人がその用途で使うことが必要であるが，ここでは実際に使われる保証はないという仮定のもとで考察される．
11　ここではゲーム論でいうところの均衡結果（存在可能性を含めて）までが問題とされる．

ン=後藤，2008，第3章参照のこと）．

アリストテレスの特殊的正義の概念，「配分的正義（功績に応じた分配）」，「矯正的正義（損害への補償）」，「応報的正義（当事者間の交換）」によっては，無条件かつ十分な保護を要求する福祉的自由の権利保障を正当化することは困難である．前二者の拡張的な解釈は，現行の公的扶助制度のかなりの部分について，その正当化論拠を与えるものの，誰であれ，いまここで困窮している個人を支える論理を正当化することは難しい．考察の1つの手掛かりは，Fleischacker (2004) が指摘するように，ジョン・ロールズの次の言葉にある．「何人も，他の人々の助けにならないかぎり，階級的出自や自然的能力など，深く，しつこい影響力をもち，本人の功績とは無関係な偶然性から便益を受けてはならない」(Rawls 1999 [1974]: 246)．別稿の検討課題としたい[12]．

生活保護費の算定方法に関する補論[13]

最低生活の保障を目的とする日本の生活保護制度では，政府（厚生労働大臣）の責任により，統一的に，最低生活水準が定められる．最低生活水準の具体的な値（「最低生活費認定額」）は，(1)はじめに，現代日本社会でそこそこ暮らしていくうえで必要にして十分な市場購買力（複数の消費財・サービスの組み合わせを可能とする）に関して，居住地域や年齢，世帯構成などに基づく資源利用能力の違いを反映した（必要即応の原則）「生活扶助基準」が決められ，(2)続いて，すべての人にとって共通に必要であると考えられる特定の財（医療・住居・教育・介護関連サービス）に関して，各世帯の保有量などの個別事情を考慮したうえで支給量が定められ（「医療扶助」，「住宅扶助」，「教育扶助」，「介護扶助」），(3)さらに，それらの利用可能性を大きく変動させる要因（属性などの社会的カテゴリー）を反映させた加算（「老齢加算」，「母子加算」，「障害加算」）が追加される．

就労によって稼得所得が発生した場合，他からの仕送り，贈与があった場合，厚生年金保険法，国民年金法，児童扶養手当法にもとづく給付がある場合，それらは「収入認定」され（他法他施策優先の原則），給付額から差し引かれる[14]．

12　2009年度「福祉社会学会」での報告をもとに書かれた後藤（2010）を参照のこと．
13　この補論は後藤 2006 にもとづいてまとめたものであり，具体的数値は2005年当時のものであることをお断りしておく．

ただし,就労インセンティブに関しては,次のような配慮がなされている.就労を意図する場合には,「生業扶助」が支払われる.それは就業によって発生する追加的費用を補てんする.また,就労した場合には,就労に伴う追加費用(社会保険料,所得税,労働組合費,通勤費など)が必要経費として控除されるほか,稼得所得の一定割合が収入認定から「勤労控除」される.すなわち,収入認定額算出式は次のようになる.

【収入認定額算出式】 収入認定額＝稼得所得額－勤労控除額－必要経費,すなわち,いま,ある世帯の最低生活費認定額を G(ただし,G は $0 \leq G$ の実数値),m 区間の稼得所得を X^m(ただし,m は正の整数値),必要経費を C,m 区間の限界勤労控除率を k^m(ただし,k^m は,$0 \leq k^m \leq 1$ の実数値),事後所得を Y,給付停止所得を $\overline{X}$ とすると,就労者の生活保護給付額 B および事後所得 Y は次のように算出される.

【生活保護給付額】 $X<\overline{X}$ の場合,$B=G-(1-k^m)X^m+C$.すなわち,事前所得が給付停止所得よりを下回る場合,生活保護給付額＝最低生活費認定額－収入認定額,すなわち,**生活保護給付額＝最低生活費認定額－稼得所得額＋勤労控除額＋必要経費**.

【事後所得】 $Y=X^m+\{(G-(1-k^m)X^m)+C\}$
$\qquad\qquad = k^m X^m + C + G$
すなわち,事後所得＝稼得所得額＋生活保護給付額
$\qquad\qquad$＝稼得所得額＋{最低生活費認定額－収入認定額}.

一方,給付停止所得 $\overline{X}$ は,次のように求められる.たとえば,先の母子3人世帯(9歳の小学生と4歳の子)1級地の1(京都市)のモデルでは,課税最低限所得は 250,333 円(年額 3,004,000 円)であるため,稼得所得がそれ以上の場合,課税が発生するが,実質課税(課税額から控除額の合計を引いたもの)は必要経費として収入認定額から引かれる.したがって,この区間の課税率を t,課税所得控除額の合計(給与所得控除,所得控除など月額に換算したもの)を F とすると,

---

[14] 社会通念上,収入として認定することを適当としないものは除くとされている.

給付後の事後所得は，
$$Y = k^m X^m + t(X^m - F) + G$$
となる．この給付後の事後所得が，給付以前（事前所得－実質課税）の所得と一致する点の事前所得が，給付停止所得 $\overline{X}$ となる（数式については後述）．

以上の算出法において留意すべき第一の点は，稼得所得が最低生活費認定額を超える場合であっても，稼得所得から勤労控除と必要経費を差し引いた残りが最低生活費認定額を超えない限り，給付が続けられることである[15]．

留意すべき第二の点は，課税最低限以上の所得であっても，「事前所得－実質課税」（生活保護を受給しない場合の事後所得）が「最低生活費認定額＋勤労控除＋実質課税」（生活保護を受給した場合の事後所得）よりも少ない金額となる限り，後者と前者との差額分だけ，受給可能となる点である[16]．

さらに，注記すれば，現状では，母子3人世帯の場合，給付停止額を超えると一定区間まで，（生活保護の廃止にともなって児童養育手当はなくなるが）児童扶養手当と児童手当が付加される（たとえば，事前所得が309,570円のときは，21,260円＋10,000円支給される）ために，給付停止額 $\overline{X}$ を境として事後所得関数がジャンプすることになる点である[17]．

【例】 図1は，母子3人世帯（9歳の小学生と4歳の子）1級地の1（京都市）をモデルとして，稼得所得増加に伴う勤労控除後の事後所得（ただし，必要経費を除く）の推移の概観をあらわしたものである[18]．最低生活費認定額を超える事後

---

[15] たとえば，このモデルにおいて稼得所得が24万円である場合，必要経費（通勤費と保育費，学童保育費など）をゼロとしても，勤労控除が49,537（基礎控除33,190＋特別控除16,347）円なので，収入認定額は 190,463（収入240,000－勤労控除額49,537）円となり，61,965円（最低生活費認定額252,428－収入認定額190,463）の給付が可能となる．その結果，事後所得は301,965円となる．

[16] 実際には，このように算出される給付停止額未満であれば，かならず差額を給付されるわけではない．資産や私的扶養，および，他法他施策によって実行される給付を活用しても，なおその水準に満たない場合に，はじめて受給資格を得る（補足性の原理）．

[17] ここでは単純化のために，住民税を省いているが，住民税を入れてもジャンプの構造には変わりがない．

[18] 就労による所得の場合，勤労控除は基礎控除と特別控除の合計として求められる．2004年の規定では，基礎控除は，8,340円まで全額控除とされ，8,340円を超える場合は，4,000円の区間ごとに階段状に一定額が控除されていく．はじめの4,000円追加の区間で，限界勤労控除率はおよそ半分に減り，その後も減少を続ける．1級地の場合，248,000円で限界

所得の値は，勤労控除額（基礎控除と特別控除の合計，ただし，特別控除は各稼得所得に対する最大の限度額とする）に相当する．ただし，この世帯の最低生活費認定額は，次の式で求められる．

最低生活費認定額＝生活扶助（第1類＋第2類）（100,690＋53,290）＋教育扶助（給食費含む）6,360＋住宅扶助 55,000＋母子加算 25,100＋児童養育加算 10,000＋冬季加算（11月〜3月）1,988（月平均換算値）：総計 252,428（円）

【受給区間で課税が発生する場合の給付停止所得の算出方法】
いま，給付停止所得 $\overline{X}$ における勤労控除率を $\overline{k}$ とすれば，
$$\overline{X}-t(\overline{X}-F)=\overline{k}\,\overline{X}+t(\overline{X}-F)+G$$
が成立する．これより，$\overline{X}=\dfrac{\overline{k}\overline{X}+G-2tF}{2t}$ となる．

たとえば，2006年度の数値（ここでは所得税のみ）を参照すると，$t=0.1$,
$$F^{\overline{X}}=\frac{1}{12}(0.3\times12\overline{X}+180,000+1,964,000)\text{[19]}$$
$G=252,428$, $k^F\overline{X}=49,537$（240,000円以上は定額 49,537円）なので，図1のように，$\overline{X}=309,570$ が求まる．

【EITC と TANF・フードスタンプ制度の統一モデル】
　　（TANF・フードスタンプ制度より）
　　　　$Y=kX+G,\ 0\leq X\leq \overline{X}$
　　（EITC 制度より）
　　　　$Y=(1+t^{\alpha})X,\ 0\leq X\leq a$
　　　　$Y=X+t^{\alpha}a,\ a\leq X\leq b$
　　　　$Y=X+t^{\alpha}a-t^{\beta}X,\ b\leq X\leq c$

勤労控除率は 0.138 となり，それ以上は基礎控除が 33,560 円に固定される．特別控除は，1級地で年額 152,600 円の範囲内で，収入年額の1割を限度とされている．ただし，収入年額の1割が 152,600 円を超える場合，それに1.3を乗じた額まで認定することが可能とされる．

[19] 給与所得控除額は 180万円超〜360万円以下の算出式を用いた．所得控除額は，基礎控除 33万，扶養控除 38万×2，社会保険料控除 56.4万，寡夫控除 26万を用いた．

ただし，Y は移転後の事後所得，X は移転前の事前所得
$0 \leq k \leq 1, \ 0 \leq G$
$0 \leq t^\alpha \leq 1, \ 0 \leq t^\beta \leq 1$（ただし，$t^\alpha > t^\beta$）.
$\overline{X}, \ a, \ b, \ c$ は正の実数値，かつ，通常，$\overline{X} < a$.

2004 年課税年度のデータによれば，各パラメーターの値は次の通りである．

（2 人以上の子どもをもつ世帯の場合）

$a = 10,750, \ t^\alpha = 0.4, \ t^\beta = 0.2106, \ b = 14,040$（カップルの場合は 15,040 ドル），$c = 34,458$ ドル（カップルの場合は 35,458 ドル），最高控除額 $t^\alpha a = 4,300$ ドル

（25 歳から 65 歳までの子どものいない個人あるいはカップルの場合）

$a = 5,100$ ドル，$t^\alpha = 0.0765, \ c = 11,490$ ドル（カップルの場合は 12,490 ドル），最高控除額 $t^\alpha a = 390$ ドル．

また，2 人の子どもをもつひとり親に対する TANF の州中間値最大給付額 G は，2000 年度，月額 379 ドル（年 4,548 ドル）である．

【文献】

Fleischacker, S., 2004, *A Short History of Distributive Justice,* Cambridge, Mass.: Harvard University Press.
Freedman, M., 1962, *Capitalism and Freedom,* Chicago: University of Chicago Press.
Rawls, J., 1971, *A Theory of Justice,* Cambridge, Mass.: Harvard University Press.
——, 1999 [1974], "Reply to Alexander and Musgrave," in J. Rawls, *Collected Papers,* ed. by S. Freeman, Cambridge, Mass.: Harvard University Press, 232-253.
Sen, A. K., 1985a, *Commodities and Capabilities,* Amsterdam: North-Holland.（= 1988, 鈴村興太郎訳『福祉の経済学：財と潜在能力』岩波書店.）
——, 1985b, "Well-being, Agency and Freedoms", *The Journal of Philosophy* 82, 169-221.
——, 2009, "Economics, Ethics and Law," in R. Gotoh and P. Dumouchel (eds.), *Against Injustice: The New Economics of Amartya Sen,* Cambridge: Cambridge University Press.
Tobin, J., 1968, "Raising the Income of the Poor," in K. Gordon (ed.), *Agenda for the Nations,* Brookings Institution, 77-116.
遠藤美奈, 2004,「「健康で文化的な最低限度の生活」の複眼的理解」, 斉藤純一編『福祉国家／社会的連帯の理由』（シリーズ福祉国家の行方 第 5 巻）ミネルヴァ書房.
貝塚啓明・財務省財務総合政策研究所編著, 2006,『経済格差の研究：日本の分配構造を読み解く』中央経済社

金子光一，2009,「福祉政策の発展過程」『現代社会と福祉：社会福祉原論』，中央法規.
菊池馨実，2004,「公的扶助の法的基盤と改革のあり方――『自由』基底的社会保障法理論の視角から」，『季刊社会保障研究』39（4）: 424-436.
後藤玲子，1994,「『常識的規則』のウエイト付けによるロールズ格差原理の定式化」,『一橋論叢』112（6）: 155-174.
――, 2006a,「ミニマムの豊かさと就労インセンティブ：公的扶助制度再考」貝塚啓明・財務省財務総合政策研究所編著『経済格差の研究：日本の分配構造を読み解く』中央経済社: 145-174.
――, 2006b,「正義と公共的相互性：公的扶助の根拠」『思想』「特集　福祉社会の未来」, 983（3）: 82-99.
――, 2008,「〈社会的排除〉の観念と〈公共的経済支援政策〉の社会的選択手続き」武川正吾・埋橋孝文・福原宏幸編『社会政策の新しい課題と挑戦』第3巻，法律文化社: 43-62.
――, 2010,「報酬でもなく，補償でもなく必要だから――公的扶助の〈無条件性〉と〈十分性〉を支援する」『福祉社会学研究』7: 24-40.
社会生活に関する調査検討会，2003,『社会生活に関する調査／社会保障生活調査結果報告書』
セン，アマルティア＝後藤玲子，2008,『福祉と正義』東京大学出版会.
野口悠紀雄，1982,『公共経済学』日本評論社.

第7章 公教育と機会の平等
——現代正義論に対する厚生経済学の影響の一側面

那須耕介

7.1 平等論への接近：センの洞察から

　アマルティア・センはかつて，社会制度の正邪優劣を論じる者は必ず何らかの平等主義に加担せざるをえず，したがってその主張は暗黙裡にであってもつねに「何についての平等が擁護・促進に値するのか」についての立場選択を含んでいるのだと論じた．平等主義の通俗的理解——所得格差の解消・緩和のために所得の再分配を訴える立場——よりも視野を広くとり，分配される財についての制約をはずして考えるなら，リバタリアニズムでさえ，一定の法的・政治的権利の平等性を要求する点では，平等主義の一変奏にほかならない．どんな立場も，「それぞれ重要とみなすものに関して平等を求めるという共通の特徴をもっている……社会的なことがらに関する倫理的根拠が何らかの妥当性を持つためには，その根拠はある側面ですべての人びとに等しく基本的配慮をしなければならない」(Sen 1992: 17=1999: 23) からである．

　一見，このような定式化は包括的に過ぎ，かえって従来の関心の焦点をぼやけさせてしまうようにも思える．センの定義に従う限り，それが排除するのは恣意的・無原則的な社会運営を全面的に容認する立場だけであり，望ましい社会の姿を提示しようとする者のほぼ全員が平等主義者に含まれることになるだろう[1]．セン自身認める通り，リバタリアニズムもその例外ではない．だがそれさえ平等主義者の範疇に加えるのであれば，もはや平等という価値の擁護自

---

[1] とはいえ，実践的にもそうした立場の排除は無意味ではない．歴史的にみれば，形式的正義への訴えさえ拒否する立場が政治経済的目的や指導者の卓越性の名の下に擁護されることがあった (Berlin 1981 [1950]: 88-89=1983: 314-315).

体が冗長なのではないか[2] (Raz 1986: 227f.).

　しかしこのようなセンの接近法に,実質的な含意がないわけではない.第一にそれは,ある平等の追求が必ず別の平等の犠牲の上に成り立っていることへの留意を促す.平等概念が複数の事物・事象間の比較を前提とする以上[3],「完全な平等(あらゆる点で等しい)」という表現は語義矛盾であり,分配対象を限定しない平等要求は空虚である.社会的平等の追求は,つねに複数の個人間の特定の側面に関する平等——センいうところの選ばれた"焦点変数"に即した平等——であるほかない.人間的価値の複数性と個人間の多様性[4]を前提とする限り,必ず「一つの領域における平等は,他の領域における重大な不平等を伴う」(Sen 1992: 129=1999: 209) のである.平等主義には,生のあらゆる側面での平等を要求することはできない.むしろそれは,特定の側面での平等を実現するために,他の多くの不平等を容認し,あるいは要求せざるをえないだろう[5].「平等な社会」の追求はつねに紆余曲折的であり,ときには進歩よりも大きな後退を伴いかねない過程なのである.

　したがって,公的な制度や政策を構想する際にも,それが特定の側面で平等を保障・促進することの正当性だけでなく,それが他方で要請する平等の断念,不平等の容認についても注意を払う必要がある.センの洞察の背景には,こうした代償の可視化・争点化を通じて平等論の本質的な論争性に注意を促そうとする意図がうかがえるのである.

　第二に,センの見解は,平等概念が正義をはじめとする平等以外の価値や適

2　橋本コメントも指摘する通り,リバタリアンはこの観点から「平等主義者」に加えられることを拒むだろう.たしかに,この意味での平等主義は普遍主義的要請の表現として理解した方が適切であるようにも思える(森村 2007: 607-611).ただしここでのセンの議論は,どんな立場をとる者も必ずある平等観への加担を自覚すべきだと主張しているのではなく,単にそのような加担を解釈的に読み取ることができれば十分なのである.

3　ただし実際には,個人間比較を要しない基準による再分配が主張されることもある.注6参照.

4　ここでは,多様な属性や価値がランダムに個々人に割り振られていることを指す——ある人は背が高く,白人で,喫煙を好み,労働意欲が低いが,別のある人は背が低く,白人であるが,喫煙を嫌い極度に勤勉である,等々.

5　「どのような近代社会も,それが秩序だった社会であったとしても,うまく設計され効果的に組織化されるためには若干の不平等を利用せざるをえない.だからこそ,われわれは,秩序だった社会はどのような不平等を許し,どのような不平等をとくに避けようとするのかということを問うのである」(Rawls 2001: 55=2004: 95).

用されるべき問題状況に複数の水準で深く結びつき,かつ依存している点を強調する.彼がまず着目するのは,あらゆる規範的正当化に避けがたく伴う平等への配慮である.この意味での平等は,正義概念の最も基礎的・本質的な側面——形式的正義に根ざした普遍化可能性の要請——と不可分の関係にある.つまり,平等は特定の正義構想を実現する手段の一つというより,正義を問い,構想する者が考慮せざるをえないその本質的な構成要素である.平等理念を最も基層的・抽象的な次元において支えているのは,形式的正義というそれ自体にとっては外在的な価値なのである.

だが当然のことながら,このように広く抽象的な平等概念は,平等化の指標や対象,実現方法に関する問いには答えない.平等概念は——自由概念にとっての他害原理のような——内在的な統制原理を欠くのではないか[6].「何の平等か」の問いに答え,具体的な制度構想の原理,政策指針としての含意を引き出すには,平等以外の諸価値への依拠,各々の社会が直面している政策的課題の検討が不可欠となるだろう.アイザイア・バーリンはこう指摘している.

> ……明らかに平等の基準は,平等自体への希求[=「何人も一人としてのみ数え,それ以上にもそれ以下にも数えないこと」の要求]以外の何事か——自由や人間の資質を十分に発展させたいという願望,各人は各々の努力に応じて金や権力や名声を得るに値するという信念など,つまり平等の願望とはまったく関係のない信念——に影響されてきた.
>
> この点から明らかな通り,どんな社会が望ましいのか,どんな場合に平等を要求し,また逆にどんな特別の場合にそれを制限ないし侵害するのか,またその「充分な理由」とは何か,といったことについて考える際には,平等以外の理想が際立って決定的な役割を果たしているのである(Berlin 1981: 94-95-1983. 324 [ ]内と傍点は引用者).

だがこのような特徴は決して平等の理念的価値を損なうものではない.むしろ従来,制度構想の原理,政策指針としての平等の理念は,(再)分配の主体に対して何をどのような仕方で分配すべきなのかに関する実質的な政策構想を促すことで,争点を明確化して論争を誘発する触媒として機能してきたのであ

---

6 ただし,自由の内在的な制約原理としての他害原理の有効性にも疑いの余地がある.

る．人々は「何の平等か？」という問いへの答えをさまざまに構想し検討しあうことを通じ，各人の支持する諸価値がその政治社会において実現される可能性と困難について，理解を深めざるをえないだろう．平等の観念は，その時々において政治社会が分配を通じて実現しようとしている価値と社会構想を掘り起こし，自覚しなおすための梃子の役割を果たしているのである．

なお従来の平等政策には，(1)社会内の何らかの格差・不平等それ自体を悪または不正とみて，その是正・解消を求める立場（平準化要求）の他に，(2)窮乏が人々の生活実態や将来展望を毀損することを危惧し，全成員に必要最低限度の生活を保障すべきだとする主張（最低水準要求）や(3)格差が階層・階級として構造的に固定化されることを防ぎ，階層間の移動可能性を確保・拡大しようとする議論（流動性要求）の3種が含められてきた[7]．厳密には(1)のみが平等主義の名にふさわしいが，現実の格差問題への対応ではいずれかが組み合わせられるのが通常である[8]．本章では(1)を狭義の平等主義としつつ，平等論の議論領域を(2)(3)を含めた政治社会の分配問題全般にわたるものとして広くとらえ，文脈に応じてその力点の置き方が変わりうる可能性を視野に収めることにしたい[9]．

7.2 機会の平等と厚生の平等：運平等主義とリベラルな自己抑制

7.2.1 機会の平等論と「リベラルな自己抑制」

「機会の平等 equality of opportunity」の原則もまた，平等促進的な側面と不

---

[7] なお従来，絶対的な困窮状態からの救済，必要最小限度の生存条件の保障を求める十分性説 suffcientism（Frankfurt 1988），困窮の最も深刻な者から順に救済すべきだとする優先性説 prioterionism（Parfit 2000）などが提起されているが，いずれも(1)への批判として示されてきた代替的見解である（森村 2007）．十分性説はほぼそのまま(2)に対応するといえるだろう．優先性説も(2)を重視するが，(1)(3)の要素も一部あわせもつ．

[8] ただし(2)については，個人間の相対的比較にではなく，個人の尊厳等の絶対的基準に基づく人道主義的観点からの主張とも解釈できるため，平等論の文脈内におくべきでないかもしれない．

[9] この点から，「なぜ平等か？」の問いを退けようとするセンの立場（Sen 1992: 12＝1999: 17）には異論がありうる．平等指標について見解が一致した者の間でも，平等推進の目的に関する見解の相違に応じて，(1)～(3)の力点の置き方に違いが生じる可能性があるからである（後述参照）．

平等容認的な側面の両面をもつ．この原則は，社会内の地位や権限，資格，所得などが，全構成員に開かれた自由な交換や公正な競争を通じて割り当てられることを要求して──「才能に開かれたキャリアの原則」という別称が示す通り──身分制や縁故主義等の属性主義的な分配，くじ引き等の無作為な分配を退ける．その一方で，保障をあくまでも交換・競争条件の平等性（公平性）に限定するため，所得などの結果状態の平準化は要求せず，そうした格差を積極的に容認・擁護する場合すらあるだろう．またこれは階層間流動性をじかに促すわけではないが，交換と競争の活性化を通じて，これを間接的に刺激することになると考えられている．

もちろんこのような姿勢は，結果の平等の実現可能性への配慮だけではなく，個人の自由の平等な尊重という規範的な判断にも根ざしている．市場での交換をはじめとする社会成員間の自由な相互行為を，政府はどこまで尊重するべきか．他方でそうした相互行為が招く格差のうち，どれを，どこまで，どのように是正するべきか，またそれはなぜか．このおなじみの自由と平等の相剋の中で，機会の平等論は，自由の尊重を決して放棄しない，結果の平等のためなら自由の制約もやむなしとする立場はとらないというリベラルな自己抑制を維持してきたのである．

それゆえ機会の平等論は，個人の自由の保障・尊重という錘を天秤の一方におき，それとつりあう平等保障の可能性をさぐることを第一の課題としてきた．もちろん，「交換・競争条件の平等性」の解釈をめぐる論争の振れ幅は小さくない．一方の極には，ノージック（Nozick 1974: 150-160, 232-238＝1985・1989: 255-271, 383-393）のように私的所有権と自発的な移転・交換の規則といった手続的要件の確立だけで足るとする立場があり（形式的な機会の平等 formal equality of opportunity: 以下 FEO)[10]，他方の極には出発点における諸能力・諸資源の平準化や交換・競争規則の格差是正的な再編を通じて諸条件の実質的な平等化を徹底しようとする立場がある（実質的な機会の平等 substantial equality of opportunity: 以下 SEO）．"自由かつ公正な"交換・競争の条件をどう構想し，どう評価するかに応じて，格差の是正・補償やそのための介入・干渉的規制の必要性やその抑制が説かれてきたのである．

---

[10] ただしノージック流の FEO 理解は極めて狭い．より一般的には，FEO は市場での交換における人種差別や性差別の排除をも要求すると考えられている（Arneson 2002: §1）．

以上のような課題設定のもと，今日の平等と分配をめぐる議論の出発点を設定したのが『正義論』におけるジョン・ロールズの議論であり（Rawls 1971＝1979; Rawls 2001＝2004），またその着想を批判的かつ緻密に展開したのがロナルド・ドゥオーキンの「資源の平等」論である（Dworkin 2000: Ch.1-2＝2004: 1-2章）．ロールズの「社会的基本財 social primary goods」は，人々が自由かつ合理的な人生計画をたて，対等な立場で社会・経済生活に参加することを可能にする共通の前提条件[11]の総称である．社会の基本構造はその平等性の保障を任務とし，またそのときはじめてそれは社会的協働の枠組みとして機能しうる．人々がいかに多様な目的を抱いていたとしても，その追求のためにつねに必要とされるはずの諸手段を，政府は全市民に対して平等に保障しなければならない．各人の目的実現自体をじかに後押しするのではなく，最も汎用性の高い手段とその活用機会の保障に専念することで，各人の生き方をその自由な選択と計画にゆだね，各人の目的追求のための初期条件と機会に関してのみ，平等な保障をめざす．これがロールズの示した平等化への指針だったのである．

　他方ドゥオーキンは，"厚生の平等"論を丹念に反駁しつつこのロールズの着想を批判的に発展させた[12]．彼はまず，ロールズの立論の難点，社会的基本財の分配が硬直した一律給付主義に傾いていた点を正そうとする．そのために採用されたのが，個々人の自律に要するあらゆる資源を仮想上の競売にかける，という着想である．この競売に人々が同額の資金をもって参加すれば，各人の機会費用が均等となり，誰一人他人の配当に羨望を抱かないような分配（その内容は各自の選択を反映した多様なものとなりうる）が一種の均衡状態として実現するだろう．ただしこれだけでは，生得の障碍や不慮の事故など，本人の責任外の不運（自然的運 brute luck）のせいで厚生充足に他人より多くの費用がかかる人々への補償が行われない．そこで彼は，さらに仮想保険市場という仕組みを導入し，各人が自分の被るかもしれない自然的不運への補償を自ら購入できる

11　そのリストに挙げられたのは，『正義論』では「自由と機会，所得と富，自尊の社会的基盤」（Rawls 1971: 62＝1979: 49），『公正としての正義』では「基本的諸権利と自由（思想・良心の自由），移動の自由と職業選択の自由，重要な職に伴う諸権力，所得と富，自尊心の社会的基盤」である（Rawls 2001: 58-59＝2004: 101）．

12　ドゥオーキンの資源の平等論については，主に井上（2002, 2008）；吉原（2006）を参照した．

機会を設けることを提案する．これはいわば，独力では対処できない自然的不運を，当人の熟慮と合理的判断に基づいて回避・軽減できる選択的な運 option luck へと変換するための装置なのである．

ドゥオーキンが競売と保険という複雑な理論上の仕掛けを案出した背景には，平等の追求に対する彼なりのリベラルな自己抑制が認められる．ここには，資源の平等が政府からの一方的な温情的配慮によって満たされるのではなく，あくまでも個々人の自発的な選択と断念に基づいて追求される必要がある，という判断が働いているのである．あえて保険の購入を控えた者は不運に見舞われても補償を受けられず，損害をすべて自分で負担しなければならない．それはもはや選択的不運の帰結なのであり，是正の対象とはならないのである．ドゥオーキンは，ロールズ同様，各人の目的設定や人生計画の追求をあくまでも各人の責任ある選択にゆだね，政府の仕事をその外的な環境的諸条件の整備と充実に限定するという姿勢を堅持しようとする．そこには，平等，特に厚生の平等の追求に対し，明確な限界が設けられているのである（井上 2002: 287-288, 2008: 128-129; 長谷川 1993: 1256）．

7.2.2 厚生主義批判と運の平等主義

このような平等追求への抑制に対しては，平準化をより重視する平等主義者から厳しい批判が加えられてきた．その多くは広義の厚生経済学者である．その背景的事情にここで深く立ち入る余裕はないが，批判が伝統的経済学の理論的諸前提を堅持する立場ではなく，その根底からの更新をめざす者たちによって担われてきたことは注目に値するだろう．以下で見る通り，そこではしばしば，厚生主義そのものへの反省を起点に，旧来の厚生経済学が支持してきた（再）分配論の枠組み全体の見直しが進められてきたのである．

代表的論者には，冒頭に登場したアマルティア・センを含め，ジェラルド・コーエン，リチャード・アーネソン，ジョン・ローマー，フィリップ・ヴァン・パリースらの名がしばしば挙げられる．ここで各々の議論を詳述する余裕はないが[13]，その論に顕著な傾向は次の3点に要約できるだろう[14]．

---

[13] 詳細は Anderson（1999）；井上（2002）；吉原（2006）に譲る．
[14] これらは大まかな傾向を要約しただけであり，すべての論者に等しく共有されているわけではない．たとえばセンは，(1)(3)を支持するが，(2)に直接加担しているわけではない．

(1) 計量可能な個々人の主観的選好を所与とみなし，その充足だけを各人の厚生ととらえる一元論的な厚生主義 welfarism を批判し，（再）分配の対象，客観的な平等指標の再定義を企てたこと．
(2) ドゥオーキンが厚生主義批判の中で区別した「自然的運」と「選択的運」のうち，前者への補償の徹底こそが政府の役割だとする発想を受け継ぎ，これを核とした平等論を展開したこと．
(3) 平等追求に対するリベラルな自己抑制を脱してより踏み込んだ SEO 指標を示すため，分配の対象を厚生充足のための"外的資源"のみならず"内的資源"にも拡張したこと[15]．

いまロールズ，ドゥオーキンとコーエン，アーネソンらとの分岐点として特に注目したいのは，(2)と(3)である．(2)は，(A)「当人の責任ではない事情によってある人が別の人よりも悪い状態におかれたとき，その格差・不平等はそれ自体が悪／不正義であり，政府がその是正の責任を負うべきである」と主張する立場（「運の平等 equality of fortune」論，「運平等主義 luck egalitarianism」）として，近年の英米圏における平等論の焦点となってきた[16]．ここでは当然，是正すべき「自然的不平等」の範囲と基準が問題となる．たとえばローマーやコーエンは，ドゥオーキンが個々人の主観的選好に由来する格差——贅沢な嗜好を満たすための追加的費用が招いたものなど——を，すべて当人の選択の所産とみなして補償対象から外してしまっていることを批判する．実際にはその中にも当人の責任に帰することのできない偶然的・社会環境的要因の産物が含まれるのだから，それらが引き起こす格差をも再分配的な是正の対象に含めるべきだ，というのである（Roemer 1996; Cohen 1996）．

このような見方は，(3)にある通り，ロールズ，ドゥオーキンが堅持しようとした自己抑制を緩めることにつながるだろう．アーネソンの「厚生への機会の

---

15 ここで外的資源とは「土地，商品，物的資本財等，譲渡可能な transferable 資源」を指し，内的資源とは「個人の労働スキルレベルやその他の資質，あるいはハンディキャップ水準等々，個々人が偶然的に賦与された能力・資質」等の「環境制約的な circumstantial 資源」を指す（吉原 2006: 17）．

16 吉原（2006）では「責任と保障」原理と呼ばれる．その紹介・検討については Anderson (1999); Lippert-Rasmussen (1999); Mason (2001); 井上（2002）; 盛山（2004）などを参照した．

平等」論によると，是正すべき格差の識別基準，すなわちそれが当人の責任の範囲外にあるか否かは，あくまでもその人の自覚的な選択の有無に基づいて判定されるべきであり，ここに内的・外的という恣意的な区分を用いるのは不当である．たとえ本人の諸属性（能力，資質，「高価な嗜好」等）の帰結であっても，その形成過程に自発的な選択の余地がなかった場合には，自然的・偶然的な所与としての社会的・経済的境遇と同じく，その責任に帰することはできない．万人に等しい選択の機会を保障するには，単に各人が等しい選択肢をもつだけではなく，そうした選択肢の中から実際に自律的な選択を行なえるだけの内的資源もまた，各人に等しく分配されている必要があるのである．

アーネソンの論は，人々がその生涯に遭遇する選択肢の総体が互いに等価となるところまで内的・外的な資源が再分配されることを要求する．したがってそれは厚生の完全な平準化を要求しないし，明白に当人の選択が招いた損失についても補償を認めない．その意味でこれは，SEO の枠内にとどまりつつ，その実質性を極限まで推し進めようとする企てとして理解できるのである．

他方，センの潜在能力 capability 論は，ロールズの社会的基本財の概念が外的資源の均等性（一律給付主義）に拘泥してその享受者側の能力・資質や境遇の多様性を軽視していることを批判し，むしろある財が分配されたときに当人が実際に選択しうる活動と状態（機能 functioning）にこそ注目すべきだと主張した．ただし彼もまた，現実の諸機能そのものの平準化まで要求したわけではない．彼が保障すべき平等指標としたのは，あくまでも最も基礎的な諸機能の実現可能性（基礎的潜在能力 basic capabilities）である．その点では彼の主張もまた，なお SEO 論の範疇にあるといえるだろう[17]．

こうして見てみると，ロールズ，ドゥオーキンの平等論とアーネソン，センらの平等論との間の境界は外見よりもはるかに曖昧である．どの論者も，平等の指標問題に対してはあくまでも自由の平等を，と答えており，ただその自由概念について解釈を異にしているだけのようにもみえる．「何の平等か？」をめぐってここに示してきた諸見解はすべて，平等な保障に値する自由とは何か（そのために犠牲せざるをえない自由とは何か）という問いに対する解答の，多様な諸構想——各自の目的や人生計画を実現するための基本財・資源があることな

---

[17] 保障すべき潜在能力のリストやその中の優先順位について，センがこれまでほとんど具体的な規定を行なってこなかったことについては多くの批判があるが，本章の観点からは，これもリベラルな（？）自己抑制の一種として理解できるかもしれない．

のか，各自が生涯に遭遇しうる選択肢の総体なのか，あるいは基本的な必要を満たされた人がその活動と存在の両面で十全にその選択肢のひろがりを構想する能力のことなのか[18]——を示しているだけなのかもしれない．

7.2.3 課題

しかしここでは，この方向に問いを進めることは控える．そのかわりに，いくつかの疑問を記して次節に進むことにしたい．

その一つは，運平等主義の基本定式(A)に関するものである．運平等主義の議論は，自然的・偶然的要因が招いた不平等の是正に関心を集中させるあまり，再分配による平準化だけを偏重する傾向がある．しかし，実際にはあらゆる不平等が劣位者に対し同程度に深刻な苦痛や負担を負わせるわけではない．また前述の通り，格差問題への対処には，平準化の追求だけではなく，最低水準の確保や階層間流動性の創出・促進など，質的に異なる複数の手法がありうる．これらにどのような比重や形態，優先順位を与え，組み合わせるのがよいのか．この問いに運平等主義者はどう答えるのだろうか．

また SEO を徹底しようとする企てがしばしば犯してしまうのが，"結果の平等の密輸"である．FEO を退けて SEO 基準を擁護する議論は，しばしば FEO 基準が直感的に受け入れ難い結果を招くことにその根拠を見出している．たしかに極端な所得格差や深刻な貧困のために諸自由の保障が一部の裕福な人々にしか益をもたらさないような社会においては，この種の批判にも一定の説得力を認めざるをえないだろう．だが不平等な帰結が生じるたびに交換・競争の諸条件に手を加えてこれを緩和する，という手法を認めれば，機会の平等と結果の平等の区別を見失うことにならないだろうか．結果状態からのフィードバックに依拠した SEO のさらなる実質化の企ては，自ら深刻な背理を抱えかねない．上述の通り，機会の平等概念はもともと手続的，非帰結主義的な観点から擁護され，そこにはつねに何らかの結果の平等の断念，不平等の容認を伴って

---

[18] たとえば適応的選好 adaptive preference の問題（若松 2003: 38-40）は，強制さえなければどんな選択も真性の自由の行使とみなせるとはかぎらないことを強く示唆する．だがこの発想が，一切の歪曲要因を排除した上での，純粋に自発的な目的の設定，人生計画の構想の保障というところにまで理念化されるならば，その企てはある背理に陥る——隅々まで他律的に保障された環境下でしか真の自律はありえないことになる？——のではないだろうか．

きたからである．それとも，この際 SEO は結果の平等を漸進的に実現していくための過渡的な手段として位置づけなおされるべきなのだろうか．いずれにせよ，このディレンマへの感度を欠いた議論は，自由への加担を標榜したまま，まるごと全体主義に陥るあやうさを抱え込むことになるはずである．

　第三に，運平等主義者の要求の実現には，（レベリング・ダウンを拒む場合にはとりわけ）相当な費用を要することが予想される．政府による再分配政策を通じてこれを実現するためには，確保すべき財源から分配の実施に要する諸経費までを，広範な社会的合意や協働の実践が支える必要があるだろう[19]．だが多くの運平等主義者の議論をみる限り，そうした社会的合意の調達可能性に対する関心は希薄である．平等の実現を分配論の枠内でのみとらえる限り，所与の財の分配基準・指標をめぐる議論に関心が集中し，誰がどのようにして（そしてなぜ）その財源の負担を負うべきなのかという問題には，十分な考慮が払われなくなってしまう．ここには，運平等主義の議論が主に厚生経済学の文脈上で培われてきたことに由来する盲点があるのではないだろうか．

　おそらく，ロールズの無知のヴェールやドゥオーキンの競売，保険市場といった仕掛けは，SEO の追求を一定の社会的合意の上に制度化していくことへの強い志向の産物である．不当に不利な立場にある人々の権利や利益を説得的に擁護するには，それとは逆の立場にある人々——平等化政策が自分の権利を侵害し，利益を損なう（と信じている）人々——でさえ認めざるをえないような強い理由づけが必要だろう．ここにはセンがかつて退けたはずの，平等そのものの価値についての考究，「何のための平等？」をめぐる議論の必要性があらためて示唆されているのである[20]．

---

[19] ドゥオーキンの競売と保険という装置には，当事者の自発的合意の上に資源分配状況の格差是正をはかろうという意図があり，その限りにおいてノージック的な秩序と両立しうる．嶋津（2004: 119）参照．
[20] Anderson（1999）は，指標問題にとらわれた運平等主義の議論傾向を批判し，平等の追求がつねに民主的な政治参加能力の平等な保障という観点から促進・掣肘される必要があることを論じている．

7.3 公教育における機会の平等

7.3.1 公教育制度の2つの機能とそのディレンマ

　公教育制度[21]は，SEO論の中で最も注目に値する政策課題の一つである．従来からそれは，人々に一定の共通の教育を提供することにより，誰にとっても必要な最低限の生活能力を修得する機会，そしてより高次の教育を受けるための機会を保障する仕組みだと考えられてきた[22]．またさらに，この共通教育機能には，"公正な競争"の条件を整えて階層間の流動性を促し，既存の社会的・経済的格差が次世代に拡大されることを抑制する働きも期待されてきたのである．

　他方で公教育は，この"公正な競争"を通じて広く社会成員の中から能力と意欲の高い者を選び出し，種々の専門家集団を創出するという，選別の機能も担ってきた．近代社会において，身分や門地，人種，性別，縁故等々の自然的・偶然的な属性に阻まれずに地位や職を得たいと望む人に，最も幅広く確かな機会を与えてきたのも，公教育制度にほかならない．それは，各人の自発的な選択と競争を促しながら種々の社会的地位やそれに伴う権限・責任，所得を人々に割り振る企てでもあったのである（Dore 1997 [1976]: 2-3＝1990: 5ff; 天野 2006 [1992]: 1章）．

　これら2つの機能は公教育制度にとって不可欠の両輪だが，平等の追求にとってはやっかいな葛藤の源でもある．一方で共通教育機能は一定の教育課程を一律に供給することで，各々の学習者に対し競争と成長への等しい機会を保障しようとする．だが周知の通り，他方でそうした画一性は学習者の能力や関心，意欲の多様性を軽視し，かえって学習上の達成の平等性を損なっている，という批判を招いてきた．さらに教育の選別機能は，単に"学歴"や教育内容上の

---

[21] 以下では，原則として学校における初等・中等の普通教育を念頭に話を進める．通常「公教育」の語は公の目的のため公共の財源を用いてなされる教育全般をさすため，それよりも広い．

[22] 公教育が提供しようとしている"基礎学力"は，日常生活にとって不可欠であるだけでなく，それなしには他の様々な能力を獲得し活用していくことが困難になる，という二重の意味で"基礎的"な能力である．

差異を生むだけでなく，その後の社会生活上の職や地位，所得にも実質的な影響を与えるだろう（橘木・八木 2009: 2-4 章）．公教育の中には，必ずこうした格差形成的な力が働いている．だからこそ競争的な実力主義に基づく選抜手続に対しては，つねに厳格な公正性が求められてきたのである．

ここには，上述の SEO をめぐる種々の葛藤が認められる．教育の画一的・一律給付的な保障と各人の必要や能力に即した個別的な分配とのいずれを目指すべきなのか，保障の対象は外的資源だけに限定すべきか，内的資源にまで拡張すべきなのか，あるいは子どもや保護者の選択はどこまで尊重すべきなのか，等々．たとえば戦後日本の公教育は，全国一律での同一内容・同一進度の教育の提供を目指し，また実際にかなりの水準でこれを実現してきたが[23]，この方針は，実際に都鄙間で著しかった国内の学力格差を縮小し，全体の底上げに成功する（橘木・八木 2009: 148-153）一方で，多様な選択肢の提供には失敗し，学習者の個別的な事情を無視した画一的な学習を強いていることを非難されている（黒崎 1995: 176ff）．かつての受験競争や学歴社会への批判から近年のゆとり教育・学力低下論争に至るまで，公教育における平等をめぐっては，決着のつかない長い議論が続けられてきたのである．

7.3.2 教育という財の性質

事態をさらに複雑にしているのは，教育という財のもつ複雑な性格である．近年の教育経済学は，それが投資的性格と消費的性格の二重性を帯びると同時に，私的財としての側面と公共財としての両面を兼ね備え，さらにはその費用負担者・利益享受者が学習者当人からその保護者，私企業などの民間の組織や国家にいたるまで，多岐にわたる広がりと入り組んだ構造をなしていることを指摘してきた（小塩 2003: 2 章; 那須 2009: 301）．これらの諸側面のうちどれを重視するかに応じて，提供されるべき教育の内容やその分配の基準についても多様な見解がありうること，またそれらの間にしばしば解消不可能な対立が生じうることは，容易に想像がつくだろう．

さらに教育を他の財から決定的に分かつのは，その「人格構成的な代替不可能性」と「帰結に関する強い不確実性」である（那須 2009: 303-304）．教育は，

---

[23] 苅谷（2009）は，戦後日本教育制度・政策における特異な「教育の平等」観とその成立を，戦後の教育財政制度の成立史を通して示している．

学習者の知識のみならず価値観や世界像をも塗り替えかねない不可逆かつ反復不可能な過程であり，通常の意味での譲渡や交換には服さない．それは時として，情報・知識や技術といった外的資源の移転だけではなく，そうした諸資源を利用・評価する能力や態度といった内的資源の形成過程としての性格をもつのである．他方でそれは提供者と享受者との間に顕著な情報の非対称性がなければ成立しない活動であり，そのためそこでは"消費者主権"の原則はほとんど背理である．そればかりか，教育は徹頭徹尾意図的な活動でありながら，その帰結は必ずその意図を裏切る側面をもつ．同じ教育課程の提供が決して万人に同じ学習的達成を保障するわけではない，教師は概して教え子たちが自分から何を学ぶことになるのか確実なことを知らない．少なくとも一方的な情報伝達と模倣以上の達成が期待される高等教育の中では，この不確実性に積極的な役割が認められる場合さえあるのである．

7.3.3　公教育における機会の平等

　以上のような特徴は，教育の分配問題に対してどのような含意をもつだろうか．

　まず明らかなのは，ここでもある平等指標の優先が別の平等指標の断念と分かちがたく結びついており，それが実際に教育制度・政策論上の大きな争点となってきたことである．たとえば学習者の教育選択の自由[24]，提供される教育課程，実際に修得される学習内容，さらには一定の学習過程を通じて得られる潜在能力の格差のいずれを是正の対象とし，どの指標の平等化を断念すべきなのか，という問いに対し，容易には解答を出せないだろう．たしかに，たとえば初等教育だけを考えるなら，選抜機能よりも共通教育機能を優先させるべきことは明らかである．しかしそれでもなお，教育課程の一律化と，学習的達成の平準化，学習者の"個性"に応じた学習目的自体の多様化とのいずれが教育に

---

[24] 人格構成的な代替不可能性や帰結に関する強い不確実性についての洞察に従えば，学習者やその保護者の教育選択は，すべて情報の非対称性下で行なわれるか，適応的な選好に左右されやすい不合理なものであるから，教育の分配を各人の自己決定に委ねるべきではない，と考えられるかもしれない．この観点にたつ限り，たしかに教育選択の自由を尊重することの意義は強く疑われるだろう．だがそれでも，他の平等指標のためにこの自由を犠牲にすることが即座に肯定されるわけではない．これについては，すでに別稿（那須 2009: 307）で論じた．

おける SEO を保障するのか，一概に答えることはむずかしい[25]．

　なかでも補償の対象を(1)外的資源の水準に限るのか，(2)学習能力や意欲，関心といった内的な資源にまで拡げるのか，または(3)学習者が実際に獲得する状態や能力まで含めるのかは大きな問題である．(1)については，無償教育制度と全国一律の教育課程を定めるだけでも十分 SEO を保障できるかもしれない．だが(2)の場合には，学習者の得手不得手や好悪といった自然的・偶然的な差異の矯正も射程に入れなければならないだろう．学習への関心や姿勢，意欲の喚起・鼓舞を教育の役割に含める考え方は，決して珍しいものではない．少なくとも初等教育段階での学習者の意欲や能力の格差は本人たちの責任とはいえないのだから，運平等主義者だけでなくドゥオーキンの立場からも，その是正が要求されるはずである．また，平等指標を各人の基礎的な潜在能力保障に求める(3)の立場をとるならば，教育の SEO は今日の学校教育方式の根底からの見直しを含む教育課程の柔軟化と多様化を要求することになるかもしれない．

　選抜機能に対しても SEO 原則は重要な含意をもつ．競争・選抜が反復される過程のなかで，ある段階の学習機会は常に次の段階の教育を享受するための前提条件であり，その格差は，しばしば競争的選抜の公正性を大きく損なうだろうからである．もちろんこの問題は公教育制度内部にとどまらず，公教育の社会的役割を規定するより大きな問題にかかわる．従来，公教育における平等をめぐる議論では，「教育への平等」と「教育による平等」の2つの異なる理念がともに論じられてきたが（那須 2009: 304），自然的不運が招いた社会参加の機会の不平等の是正こそが公教育の役割だという観点からは，提供される教育機会以上に，学習的達成（結果）における平等が重視されるだろう．この場合，公教育はその後の社会生活上の SEO を保障するための手段とみなされているのである．

　一般に，教育の公共的価値を論じる際に強調されるのはこの側面である[26]．

---

[25]　能力別学級や飛び級制度，障碍児童に対する特別教育の是非をめぐる論争などを考えてみられたい．たとえば兼子仁は，学校選択の必要性がなくなるところまで各学校間の教育条件を平準化すべきことを論じる一方で，憲法26条は学費等の公的保障のみならず，個々の学習者の能力や資質の特性に応じた"多様な教育"を保障している，と主張している（兼子 1971: 58-61, 230-233）．

[26]　一般には経済生活（労働と消費）への参加能力の保障としての側面が強調されてきたが，近年，政治生活への参加能力保障を説く立場もみられる．Anderson (1999); Gutmann (1999) 参照．

社会内に深刻な階層間格差やその固定化がみられるとき，公教育制度には階層間の流動性を高め，社会参加の出発点を平準化する役割が期待される[27]．たとえばロールズのいう「公正な機会の平等 fair equality of opportunity」は，（所得の直接保障ではなく）社会的地位や職への機会の平等の実質化を目指す原則だが，それが「同様の才能とやる気」さえあれば必ず「その育成とその結果についてはほぼ同一の見込みが与えられる」(Rawls 1999: Ch.12, 2001: §13) と約束するとき，教育がこの"育成"の主軸を担うものとして想定されているのは間違いない．ここでロールズは明らかに，教育への機会の平等とその後の社会生活における成功への展望とを単に併置するのではなく，前者の保障を通じて後者の可能性を確保できると考えている．だがこの狙いは無条件にかなえられるわけではないだろう．各人の将来展望が能力と意欲に応じて等しくなるように教育機会を分配するには，提供される教科内容だけでなく，学習に対する能力と意欲の促進をも保障する必要があるかもしれない．ここでもまた，問題は教育の SEO の射程と内容の確定問題へと差し戻されるのである．

7.4　小括：規範理論と社会科学の役割

　ある社会において SEO の追求を企てるとき，どの指標を選び，何を断念する必要があるのか．本章は，教育の分配問題を題材にこの問題への接近を試みた．だがその過程で浮上してきたのは，分配されるべき財の性格や，対象となる社会的・経済的・政治的文脈が異なれば，それに応じて選ぶべき指標も大きく変わってくるのではないか，という疑いである．

　特に教育のような多面性をもつ財の分配に際しては，ある側面から議論を展開しても，それが犠牲にした別の諸側面を見落としている限り，十分な説得力をもつことはないだろう．冒頭で述べた通り，どんな平等論にも伴う得失の両面性が，教育の平等論の中ではとりわけ看過しがたい対立の源となっている．その両面を視野に収めることなしに，説得的な平等論を展開することはできないはずである．

　またここでは十分に検討できなかったが，（再）分配政策の構想にとって，

---

[27] ただし反対に今日の日本では，公教育の過程が社会的格差の拡大・固定化をもたらすという逆の現象が指摘されている（苅谷 1995; 橘木・八木 2009）．

対象としている社会の文脈的諸条件——政治的・経済的状況や文化的・民族的構成，平等に対する文化的習慣や態度等——に関する事実解明的な作業もまた，必須の前提である．まず特定の時代・地域において，どんな不平等がどんな実害をもたらしているのかに関する問題提起がなされ，それを受ける形で適用範囲の限定された規範理論の構築と政策の構想が試みられるのが望ましい．とりわけ，格差の是正・平準化のみならず最低水準保障や流動性の確保をも視野に収めた広義の平等論にとりくむ場合には，格差の広狭や流動性の高低，社会全体の——あるいはその底辺における——生活水準の実態を参照することではじめて，これら3つの平等化手法をどう組み合わせるべきかについて，現実味のある見通しをもつことができるのではないだろうか．

　他方，ここまで何度か指摘してきた通り，より原理的な平等論の探求は，「何のための平等か」についての考究を避けることができないだろう．一般的な観点からのそうした価値論的な考察の過程もまた，複数の平等指標間での選択と断念を導く手がかりを提供するはずである．教育におけるSEOを考える場合に限っても，それが当人の経済生活への参加能力を保障するためなのか，政治参加能力を保障するためなのか，あるいは各人固有の能力の発達と発揮を促すためなのかによって，とるべき指標や教育政策の内容に違いが生じてくるだろう．このような理論的考究の過程は，おそらく平等論の範疇を超え，自由や自律の本性をめぐる問いへと人を導くはずである．

【文献】

Anderson, Elizabeth S., 1999, "What is the Point of Equality?" *Ethics* 109: 287-337.
Arneson, Richard J., 1989, "Equality and Equal Opportunity for Welfare," *Philosophical Studies* 56: 77-93.
——, 2002, "Equality of Opportunity," at *Stanford Encyclopedia of Philosophy* (http://plato.stanford.edu/entries/equal-opportunity/).
Berlin, Isaiah, 1981［1950］, "Equality," in Isaiah Berlin, *Concepts and Categories,* London: Penguin Books.（＝1983, 河合秀和訳「平等」『バーリン選集2　時代と回想』岩波書店.）
Dore, Ronald, 1997［1976］, *The Diploma Disease: Education, Qualification, and Development,* 2nd ed., London: Institute of Education, University of London. （＝1990［1978］, 松沢弘道訳『学歴社会　新しい文明病』岩波書店.）
Dworkin, Ronald, 2000, *Sovereign Virtue: The Theory and Practice of Equality,*

Cambridge, Mass.: Harvard University Press.（＝2002, 小林公・大江洋・高橋秀治・高橋文彦訳『平等とは何か』木鐸社.）

Frankfurt, Harry, 1988, "Equality as a Moral Ideal," in Frankfurt, *The Importance of What We Care About,* Cambridge: Cambridge University Press.

Gutmann, Amy, 1999, *Democratic Education : with a New Preface and Epilogue,* Princeton: Princeton University Press.

Lippert-Rasmussenn, Kasper, 1999, "Debate: Arneson on Equality of Opportunity for Welfare," *The Journal of Philosophy* 7 (4): 478-487.

Nozick, Robert, 1974, *Anarchy, State and Utopia,* New York: Basic Books.（＝1985・1989, 嶋津格訳『アナーキー，国家，ユートピア 上・下』木鐸社.）

Rawls, John, 1971, *A Theory of Justice,* Cambridge, Mass.: Harvard University Press.（＝1979, 矢島鈞次監訳『正義論』紀伊國屋書店.）

——, 2001, *Justice as Fairness : A Restatement,* ed. Erin Kelly, Cambridge, Mass.: Harvard University Press.（＝2004, 田中成明・亀本洋・平井亮輔訳『公正としての正義 再説』岩波書店.）

Raz, Joseph, 1986, *The Morality of Freedom,* Oxford: Oxford University Press.

Roemer, John, 1996, *Theories of Distributive Justice,* Cambridge, Mass.: Harvard University Press.

Sen, Amartia, 1992, *Inequality Reexamined,* Cambridge, Mass.: Harvard University Press.（＝1999, 池本幸生・野上裕生・佐藤仁訳『不平等の再検討 潜在能力と自由』岩波書店.）

天野郁夫, 2006 [1982],『教育と選抜の社会史』ちくま学芸文庫.

市井三郎, 1971,『歴史の進歩とはなにか』岩波新書.

井上彰, 2002,「平等主義と責任：資源平等論から制度的平等論へ」佐伯啓思・松原隆一郎編『〈新しい市場社会〉の構想：信頼と公正の経済社会像』新世社.

——, 2004,「平等：分析的視点から」有賀誠・松井暁・伊藤恭彦編『現代規範理論入門：ポスト・リベラリズムの新展開』ナカニシヤ出版.

——, 2007,「共和主義とリベラルな平等：ロールズ正義論にみる共和主義的契機」佐伯啓思・松原隆一郎編『共和主義ルネサンス：現代西欧思想の変貌』NTT出版.

——, 2008,「平等・自由・運：ドゥオーキン資源平等論の再検討」萩原編『21COE-CCC多文化世界における市民意識の動態42 ポスト・ウォー・シティズンシップの思想的基盤』慶応義塾大学出版会.

兼子仁, 1971,『教育法』新版, 有斐閣.

苅谷剛彦, 1995,『大衆教育社会のゆくえ』中公新書.

——, 2001,『階層化日本と教育危機：不平等再生産から意欲格差社会へ』有信堂.

——, 2009,『教育と平等 大衆教育社会はいかに生成したか』中公新書.

黒崎勲, 1995,『現代日本の教育と能力主義 共通教育から新しい多様化へ』岩波書店.

——, 2006,『教育の政治経済学』増補版, 同時代社.

小塩隆士, 2003,『教育を経済学で考える』日本評論社.

後藤玲子, 2002, 『正義の経済学：ロールズとセン』東洋経済新報社.
嶋津格, 2004, 「ハイエクと社会福祉」塩野谷祐一・後藤玲子・鈴村興太郎編『福祉の公共哲学』東京大学出版会.
盛山和夫, 2004, 「福祉にとっての平等理論：責任―平等主義批判」塩野谷祐一・後藤玲子・鈴村興太郎編『福祉の公共哲学』東京大学出版会.
橘木俊詔・八木匡, 2009, 『教育と格差：人はなぜブランド校を目指すのか』日本評論社.
那須耕介, 2009, 「教育をめぐる自由と平等：戦後日本教育史からの問い」井上達夫編『現代法哲学講義』信山社.
長谷川晃, 1993, 「リベラルな平等についての覚え書き」『北大法学』43（5）: 409-430.
森村進, 2007, 「分配的平等主義の批判」『一橋法学』6(2): 605-632.
吉原直毅, 2006, 「分配的正義の経済学：厚生主義から非厚生主義へ」一橋大学機関リポジトリ HERMES-IR（http://hdl.handle.net/10086/13423）.
若松良樹, 2003, 『センの正義論：効用と権利の間で』勁草書房.

第8章 要件事実論に対する経済学的視点からの一分析

山田八千子

8.1 本章の目的

　訴訟戦略や訴訟戦術に関わる法的なルールには様々なものがあるが，本章で扱う要件事実論は，こうした訴訟戦略や訴訟戦術に関連する理論である．訴訟戦略や訴訟戦術に適用される法的なルールが，どのように設定されているのか，設定されるべきなのかは，弁護士のような法実務家にとっても，裁判を司る裁判官にとっても，ひいては国民全体にとっても，極めて重要な問題であるといえよう．

　本章で扱う素材である要件事実論は，日本あるいはドイツのような，いわゆる制定法国においては一般的な，訴訟の場における主張立証責任の分配に関連する理論である．その具体的内容については後述するが，日本法において，とりわけ司法制度改革の一環として 2004 年度に法科大学院制度が開始して以降，要件事実論は，従来のように司法研修所の教育に限定されない，開かれた知識として民事法学全体に共有化されつつある．

　「法と経済学」の領域において，「訴訟制度のほとんど全ての問題に対して，法と経済学の手法は非常に効果的である．たとえば，主張責任・証明責任…などの分析に有効である」と指摘され，アメリカ法の訴訟手続に対する経済学的な分析は盛んにおこなわれており民事訴訟手続全体を法と経済学の分析の対象として著作も出版されている (Bone 2003: 3＝2004: 10)[1]．一つの仮説として，日

1　訴訟手続に対する経済学的分析は，W・ランデスや法と経済学の代表者と評価されているR・ポズナーによって始められたといわれている (Lee 1997)．

本の要件事実論の論争的問題につき，経済的な視点が何らかの示唆を与えるのではないか（有効な解決手段を与える場合に限定されず，問題に新たな構図を与えたり論争の性質を診断したりするような場合も含む），という仮説を前提にして，要件事実論と「法と経済学」とを架橋する試みをおこなおうとするのが，本章の目的である．

　日本においては，訴訟制度に関する経済学的分析手法を用いた論文としては，たとえば，訴訟費用負担の領域で，提訴手数料の濫訴防止機能に関して，現行制度と定額制をめぐる議論について経済学的分析方法を用いて分析した論文がある（太田 1992; 太田 1993; 金子 1998: 10）．しかし日本の要件事実論を対象として直接的に経済学的な分析がなされた論稿については見つけることができなかった．そこで，アメリカの民事訴訟制度についてなされている経済学的な分析の概略をボウンの著作を軸にして紹介した上で，この議論を要件事実論の次元に置き換えて分析することを試みたい．もとより，要件事実論の基礎になっている主張立証責任の分配の問題はアメリカ民事手続法でも生じるものの，制定法系に属するドイツ法や日本法で要件事実という概念（concept）が要請されるような背景は，判例法国であるアメリカ民事手続法にはなく，アメリカ民事手続法で要件事実という概念が用いられているわけではない（小林 1996）．また，アメリカ民事手続法は日本法と異なる固有の特徴を有しているので，そうした手続の違いをふまえる必要がある．こうした点に十分留意しつつ，議論を進めていきたい．

8.2　アメリカ法における訴訟手続に関する経済学的検討

8.2.1　強制過誤コストと手続コスト

　一見すると，訴訟手続の分野の法的ルールは，技術的なものが多く，民事法や刑事法のような実体法の領域——こうした領域が法哲学上の重要なテーマを数多く含んでいることには異論がないと思われる——に比べると，法哲学的なテーマとして無縁であるかのように考えられるかもしれない．しかし，実はその逆である．訴訟手続として，どのような法的ルールが望ましいかということ

2　民事訴訟の法と経済学について展開したＲ・Ｇ・ボウンの著書『法と経済学』の冒頭に

は，極めて哲学的な問題なのである[2]．手続法と実体法との間には密接な関係があり，実体法上の権利はそれを強制するための手続が整備されていなければ意味を有することできない．言い換えれば，実体法が有する抑止力は訴訟手続が適切に機能してこそ効果をあげることができるのである．

訴訟手続によってもたらされる判決は，強制執行という形で国家による組織的強制力により実効される．しかし，訴訟においては誤った結果をもたらされることは避けることはできない．実体法上の強制は，現実社会においては，完全な正確さでなされることはできないのである．限られた資源の下では，あるいはその他様々な制約により，不完全な制度で妥協せざるをえないからである．現実世界は，資源等に制約があるという意味で不完全な世界なのである．こうした訴訟における正確さを減少させる強制過誤コストは，訴訟手続が徹底した，より厳格な証拠調べルールを採用することなどで減少しうるだろう．しかし，同時に，訴訟手続を徹底することは，別のコストつまり訴訟に係る手続コストを増大させてしまうという結果を生み出してしまう（Bone 2003: 2＝2004: 9; Kaplow 1994）[3]．そこで，経済学的な視点からは，強制過誤コストと訴訟手続コストとの総計ができるだけ少ない手続的ルールは何かという視点に基づき訴訟における手続的ルールの選択についての議論がなされるのである（Miller 1994）．

8.2.2 濫訴と期待価値

訴訟における訴訟遅延問題は，日本と同様，アメリカでも深刻で複雑な問題である．経済学の知見によれば，訴訟遅延の問題については，直接的効果と間接的効果の両面からの分析が不可欠であるという（Bone 2003: 13＝2004: 18）．たとえば訴訟遅延の問題解消手段として浮かぶ方策として裁判官の増員がある．直接的効果としては，事件を処理する人数が増えることになるから，未済事件

は，訴訟戦略や訴訟戦術に適用される法的ルールの望ましさが深い哲学的問題であることを指摘するR・ドゥオーキン（Dworkin 1985: 72）の記述が引用されている（Bone 2003: 1＝2004: 8）．要件事実論と法哲学との関係については，山田（2008a, 2010）参照．
3 ボウンによれば，過誤リスクの減少は手続コストをどんどん嵩ませる結果として手続ルールの選択は常に価値相互間の困難なトレードオフをもたらすことになる．そして，「法と経済学」と呼ばれる方法論は，この政策上のトレードオフを解決する一つの方法を説明するという．

数が減少し訴訟遅延を緩和するという効果が考えられる．他方で，間接的効果としては，裁判に要する時間がより短くなり多くの訴訟事件が提起されると共に和解で解決される事件数が少なくなることになる．その結果として事件数が増加すれば未済処理件数は増えて期間も長期化する．すなわち，裁判官数の増加は，直接的な効果として一定期間内に処理される事件数は増加するものの，処理の必要な訴訟事件数も増加するという逆方向の間接的な効果も生じるということなのである．加えて，時間が短縮されることで係争利益が増大するが，それは，訴訟に多くの費用を使うことをもたらす．多くの費用が投入される結果として証拠開示手続が乱発されたり複雑な争点を持ち出されたりすることになりかねず，これも間接的には訴訟を遅延させる（Bone 2003: 13＝2004: 18）．事件数と和解数が一定であるという条件や訴訟に対する費用投入の金額が係争利益の大きさに応じて異ならないという前提ですら複雑であるのに，こうした条件が変わることにより複雑さを増すことになる[4]．以上のように訴訟遅延の問題への介入については慎重な考慮が必要となるわけである．現代アメリカの司法制度の諸問題となっている膨大な未済事件数，裁判の長期化，高額の訴訟費用，技術革新と活発な競争を妨げる過大な賠償責任などの原因は，濫訴であるという指摘がある（Bone 2003: 18＝2004: 22）．そこで，しばしば用いられる経済学的なアプローチとしては，濫訴を防止するような訴訟手続は何かというものがある．加えて，そもそも濫訴とは何かということが，合理的な人間が訴訟を提起する場合と関連づけた形で経済学的な分析がなされている．すなわち合理的な人間なら起こさない場面で訴訟が提起されているかどうかが濫訴を考える際の一つの手がかりとされる．

では，合理的な人間は，どのようにして訴訟を提起するかどうかを意思決定すると仮定されるのだろうか．直観的には訴訟を提起すべきかをめぐる意思決定は以下の三要素に依存しているはずであるとされている（Bone 2003: 20＝2004: 24）．(1)賠償の見込額（結果により得られる利益），(2)勝訴率（利益実現の可能性），(3)裁判費用（訴訟コスト）である．賠償見込額が多ければ多いほど，勝訴の可能性が高ければ高いほど，そして裁判費用が低ければ低いほど，訴訟提起をする可能性は高くなる．この3つの変数がどのように影響しあうかを説明

---

[4] モデルは抽象的なものにならざるをえないから，経済分析で用いられるモデルが現実をそのまま映さないのは当然であるものの，そのモデルが合理的に信頼に足る予測を担保する程度には現実に近いものでなければならないだろう．

第8章 要件事実論に対する経済学的視点からの一分析　165

するために，法と経済学の研究では，合理的選択理論 (the theory of rational choice) に基づいた訴訟モデルを提示する．

　モデルを提示するに際しては，モデルの登場人物がどのような属性を有しているかを決定しておかなければならない．合理的 (rational) 当事者であると同時に，訴訟手続に関わる法と経済学の殆どの研究では，当事者がリスク中立的であると仮定している．すなわち，訴訟にのぞむ当事者は，危険を冒すスリルに特別な喜びを見いだすことはないし，逆に特別な不安を抱くことはない．こうしたリスク中立的であるという前提を採用することにより，期待効用（ある結果がもたらす効用に結果が実現する確率を乗じたものである）の最大化ではなく，期待価値の最大化という概念を用いることができる．効用の大きさはその結果がより強く好まれているということを意味しているが，期待効用概念に比べると期待価値概念の方がより単純である．ある結果の期待価値概念は，結果から得られるものにその結果が生じる可能性を乗じたものである．期待価値概念は，合理的でリスク中立的な人間の判断は損得の額だけではなく確率によっても決まるという直観を定式化したものである．そこで，期待価値による分析は，合理的な人間は，最も大きい期待価値を持つ選択肢を採用するという考え方を前提とする．したがって，①起こりうるすべての選択肢を特定する，②それぞれの選択肢の期待価値を計算する，③選択肢ごとに期待価値を比較し最も大きな期待価値を特定する，という①②③の手順をおこなう．②のそれぞれの選択肢の期待価値を計算するためには，各選択肢に対応して起こりうるすべての結果を特定した上で，各結果に対応する金銭的価値と確率を決め，起こりうるすべての結果について金銭価値に確率を乗じて期待価値を計算する (Bone 2003: 31＝2004: 33)．

　上の説明は抽象的なので，ボウンによって以下のような事例で展開されている記述も併せた見た方がわかりやすいだろう (Bone 2003: 31＝2004: 33)．

　X と Y が車で衝突し X が被害者であり Y が加害者である．

　訴訟提起の意思決定については，以下のようなモデルで説明できるとされる．

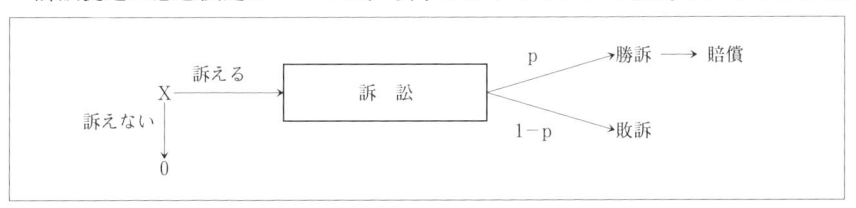

```
          訴える        ┌─────┐  p  →勝訴 → 賠償
      X ──────────→│ 訴 訟 │
   訴えない│          └─────┘ 1-p →敗訴
          ↓
          0
```

上のモデルでは，意思決定の場面は訴訟提起の有無だけである最も単純なモデルであるが，意思決定の場面を多くすることにより，このモデルはより複雑になる．たとえば，被告が訴答手続に応じるかどうかという選択肢が与えられたモデルが下に示されたものである[5]．この手続は，当事者証拠開示手続や，サマリージャッジメントを利用するか，自己に有利な証人を呼ぶかどうかなどの要因を加えることで，より複雑になるとされる．

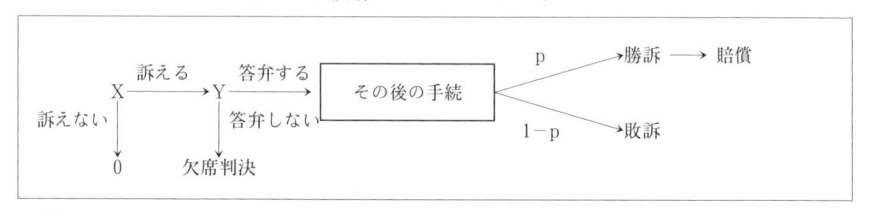

```
              訴える    答弁する                    p   →勝訴 → 賠償
        X  →  Y      →  その後の手続
    訴えない    答弁しない                       1−p  →敗訴
        0      欠席判決
```

仮に X が勝訴する確率が 60％で，勝訴した場合の賠償額が 10 万ドル，訴訟費用は 2 万ドルとする．この場合には，敗訴した場合の期待価値は 0 だが，勝訴した場合には，勝訴率 60％×勝訴した場合の賠償額 10 万ドル＋敗訴率×敗訴した場合の賠償額−訴訟費用であり，これは 4 万ドルである．

w が賠償額，p が勝訴率，c が訴訟費用とすれば，訴訟提起の条件は，以下の式で表されることになるとされる．リスク中立的な人間はプラス期待価値の状態で訴訟を提起するが，マイナス期待価値の場合に訴訟を提起しないことになる（Bone 2003: 34＝2004: 36）．

【訴訟提起の条件】

$$期待価値 = p \times w - c > 0$$

期待価値（$p \times w - c$）が零より大きければ合理的でリスク中立的な人間は訴訟を起こすが，零か零より小さければ合理的でリスク中立的な人間は訴訟を起こさないということになる．

しかし，期待価値がマイナスであれば全て濫訴になるとは限らない．というのは，濫訴かどうかは，一定のモデル化された事例の下で合理的でリスク中立的な人間が訴訟を起こさないと判断され尽くされるものではなく，そもそも訴

---

[5] アメリカ民事手続法における訴答（pleading）とは，訴訟開始後，まず両当事者がそれぞれの主張を交互に書面で相手方と裁判所に伝える手続であり，日本法の口頭弁論に対応する．

訟が提起されるべきでないという規範的な判断を要請する場面だからである[6]. とすれば，マイナス期待価値の場面がすべて濫訴といえない．というのは，あまり勝ち目がない訴訟や訴訟費用の額が高額であればマイナスの期待価値になるが，新しい法理論を打ち立てるための訴訟（公民権法のテストケース）は，マイナスの期待価値に該当するが濫訴とは必ずしもいえないのであるから，結局，訴訟をどのようなものとして捉えるかに依拠しているとされる．

したがって以下の2つの場合すなわち①嫌がらせ訴訟（原告が主張するどのような法理論によっても明らかに原告に責任がないことを知りながら訴える訴訟）ならびに②原告の主張する法理論によれば被告に責任がないということを原告が知らないで訴えを提起する場合が異論の予想されない場面であって濫訴の中核として挙げられている（Bone 2003: 42＝2004: 42）[7].

8.2.3 濫訴とノーティス・プリーディングの経済学的関連性

濫訴を2.2で挙げたような意味で理解した上で，濫訴に対する一つの解決策としての訴答手続のルール選択の問題に進んでいきたい．本章で扱う要件事実論は主張責任に関連する理論であるから，訴訟手続における機能としては訴答手続の機能と重なるからである．

アメリカ民事手続法における訴答（pleading）は，両当事者が訴訟開始後に主張を交互に書面で相手方と裁判所に伝える手続である．アメリカ民事手続法においては，訴答手続の形式は変遷している．伝統的なコモンロー訴答手続は複雑で技術的過ぎると強い批判を浴び，その後技術的性格に対する一種の反動現象で訴訟原因を構成する事実を記載するタイプの法典訴答すらも技術的で手続的瑕疵が生じうるという理由で批判を受けた結果，争点形成機能も事実表示機能も要求しないタイプの訴答手続すなわち原告が被告に対し具体的事件に関する法的救済を求めているという告知機能だけを要請するという現在のノーティス・プリーディングの方式が編み出されたという経緯がある（浅香 2008: 63-67）．しかし，告知機能だけを要求するノーティス・プリーディングの方法は

---

[6] 濫訴の意義については，日本法においても論者によって異なることが指摘されている（金子 1998: 24）.
[7] 法と経済学のモデルやゲーム理論を用いれば，マイナス期待価値の濫訴を提起する理由としては，訴訟費用の非対称性などを基礎にして合理的人間が濫訴を提起するインセンティブを有していることなどがあげられる．

訴訟提起に関する障壁を低くなるから濫訴のふるい分け機能が十分に期待されるとはいえない．そこで，濫訴防止という観点から，1980年代，連邦裁判所はプリーディング（訴答）の要件を厳しくしたり，1995年には連邦議会が私人による証券訴訟改革法で証券詐欺クラスアクションに対し，厳しい要件の詳細なプリーディングを立法化したりして，濫訴への対策を練ろうとした（Marcus 1986）．1983年には，連邦民事訴訟規則の改正諮問委員会が連邦民事訴訟規則11条を改正し，濫訴に対する制裁を強化したし，いいがかりの訴訟や根拠のない訴訟を排除する手段として，主張自体失当を含めて，簡易迅速に請求を棄却する判決であるサマリージャッジメントを利用する途も広げた．

さて，ノーティス・プリーディングから厳格なプリーディングへの転換の基礎にあったのは，ノーティス・プリーディングに比較して厳格なプリーディングが濫訴をふるい分けるのに有効であるという前提に基づいていた．すなわち，ノーティス・プリーディングの目的は被告に訴訟の通知をすることであることにのみあるから，ノーティス・プリーディングにおいては，訴訟開始時における主張の方法として殆ど何も要求していない．他方，厳格なプリーディングの目的は訴訟告知機能に加え事実表示機能が加わるから，原告は詳細な事実関係を主張しなければならなくなる．どの程度の事実関係が必要かは個別の法律に由来されるであろうが，少なくともノーティス・プリーディングによるよりは多くの事実を表示しなければならない．厳格なプリーディングによることで被告に通知することだけではなく濫訴をふるいわけることが期待されている．こうした期待は請求を基礎づける事実がまったく存在しないならば原告は具体的に事実を主張できないであろう等の考え方に基づいている，とされる（Bone 2003: 128＝2004: 118）．

訴訟手続における過誤コストと手続コストの分析により望ましい訴答手続の選択問題の解答が導かれる（Bone 2003: 127＝2004: 117）．すなわち訴答手続の選択に際してノーティス・プリーディングとより厳格なプリーディングのいずれが過誤コストと手続コストの合計を最小化するかどうかが選択の基準となる．

まず，過誤コストについて，紹介しよう．過誤コストとして計算に算入されるのは濫訴がなされたり根拠のある訴訟が却下されたりすることである．

理想の訴答手続はすべての濫訴をふるい落としすべての根拠ある訴訟に間口を空けるような訴答手続であるが，このような訴答手続は現実世界ではあり得ない．すなわち，ノーティス・プリーディングは濫訴を容易にするし，厳格な

プリーディングは根拠ある訴訟を提起することを困難とするから，どちらのルールも理想的な訴訟のフィルターではない．このように理想の訴答手続が存在しないことが，ボウンによる訴答手続の経済分析の出発点である（Bone 2003: 129＝2004: 119）．理想の訴答手続の不存在つまり過誤コストを回避できない以上，過誤の期待コストをどの程度減少させる訴答手続かを探求することになる．

　過誤コストの内容として何を捉えるかであるが，経済学者は，過誤のタイプを2つに区別している．偽陽性と偽陰性である．偽陽性はプリーディングの段階で却下された根拠のある訴訟である．他方，偽陰性はプリーディングの段階では却下されない濫訴である．偽陽性は，実体法の抑止の効果を弱め，社会的に価値のあるインセンティブをゆがめ，新しい判例が想像される機会を失わせることで長期的にみて法の発見を阻害することになるかもしれない．他方，偽陰性は，実体法の抑止的効果を弱め，訴訟コストを無駄にし，非効率かつ不公平な和解に導いて社会的に有用な活動を萎縮させる．上のような2つのタイプは質的に異なっており，この2つの訴答手続のどちらを選択するかは2種類の訴答手続のコストがどの位のものかを計算すると同時に，これらの過誤がどのような頻度で起こるかも考慮にいれなければならない．それぞれの方式により生じるコストと確率を比較する作業が不可欠なのである．そして，作業としては，過誤が現実に発生した場合の社会費用に確率を乗じた形で計算される期待過誤コストを用いる方法による必要があるとされている．

　この期待過誤コストは，前述した期待価値を偽陽性と偽陰性の文脈で適用したものである．したがって，期待過誤コストは，以下の形で分析されることになる．第一に，それぞれのルール，基準，政策について，①偽陽性過誤の確率と偽陰性過誤の確率を見積もる，②偽陽性のコストと偽陰性のコストを見積もる，③各タイプの過誤の期待コストを算出するためにコストに確率を乗じる，という作業をおこなう．第二に，合計の期待過誤コストを得るために期待コストを足し合わせ，異なる選択肢の合計の期待過誤コストを比較する．以上の作用を経ることになるとされる（Bone 2003: 132-136＝2004: 120-122）．

　次に，手続コストについて紹介したい．経済学的分析のためには過誤コストだけではなく手続コストも計算しなければならない．手続コストには，当該ルールを遵守し，これを実行することでかかる運営コストや訴訟コストが含まれる．たとえば訴答手続において訴答準備や事実関係を調査するためのコストや訴えを提起し訴訟を遂行し却下の申立を処理するコストが含まれるのである．手続

コストの分析についても，過誤コストと同様にコストの絶対値ではなく期待値によって分析結果が決定される．訴答手続の期待手続コストは，訴えを提起される確率に訴え提起の平均コストを乗じた値と，訴え却下の申立てがなされる確率に訴え却下の申立ての平均コストを乗じた値を加えたものに等しい．

このような手続コストの分析により，厳格な訴答手続の重要な特徴が浮かび上がるとボウンは指摘する．厳格な訴答手続は事実関係をより詳細に主張させる必要があるから訴え提起の平均コストを増加させるし，事実関係が詳細であれば当事者が議論したり裁判官が考慮したりする事項が多いから訴え却下の平均コストを増加させるだろう．他方，厳格な訴答手続はノーティス・プリーディングに比べて訴訟の抑止効果を伴うから訴訟の確率を減少させる．ただし，却下申立ての確率も減少させるかどうかは必ずしも明らかではない．さらに厳格な訴訟手続が濫訴をふるい落とす機能を十分に果たせば，その後の段階で濫訴をふるい落とす目的で用いられるサマリージャッジメントのような手続がそれほど用いられることがなくなり，こうした訴訟コストの減少も手続コスト分析に含まれる便益となる．厳格な訴答手続は必ずしも期待手続コストを増加させないのである（Bone 2003: 147＝2004: 134）．以上の分析は，手続が厳格であればコストも増えそうだという単純な予測に反する結果であって興味深い．結局，手続コストに関する分析は，訴答手続の選択には多種多様な影響を伴うので，過誤コストの計算に比べて，より複雑であるということになろう（Bone 2003: 146-148＝2004: 133-135）．

以上見てきたように，法と経済学の分析によるコスト計算は複雑であって，ある計算式を使えば解答が提示されるような性格のものではない．しかし，訴答手続の選択にあたって，過誤コストと手続コストという2つの異なる種類のコストが存在すること，同一の現象たとえば訴訟への抑止効果という現象が過誤コストの増加を伴う一方で手続コストの減少を伴うという表裏の状態になりうることなどが示されていることは，法制度の分析にとって重要な視点を提示しているといえよう．

さて，ボウンは，過誤コストと手続コストの分析をふまえて最適な訴答手続の選択は何かという規範的な判断もしている．ただし，取り上げるべき価値のある事例は制限されており，訴訟に根拠があるかどうか双方当事者とも知らないという事例については，複雑すぎるというという理由で判断されずに省かれ，以下の①から③の3つの場合が検討対象とされている（Bone 2003: 151-

155＝2004: 137-140).
① 原告も被告もともに訴訟が濫訴であると知っている場合には，殆ど確実にノーティス・プリーディングが有利になる．
② 原告は訴訟が濫訴であると知っているが，被告は知らない場合には，望ましい選択肢はノーティス・プリーディングということになる．濫訴であると知っている原告はそれでも訴えを提起するのであるから，原告は間違いなく虚偽を述べるし，厳格な訴答手続に何の困難も感じない．よって厳格な訴答手続には濫訴を抑止する見込みがないからである．
③ 被告は訴訟が濫訴であると知っているが，原告は知らない場合だけが，唯一厳格な訴答手続を採用するかどうかを真剣に検討すべき事案であるとされている．

　ボウンによれば，両方が濫訴であると知らない場合には，特に複雑で学ぶ価値がない可能性が高いとして，検討の対象にしていない．ボウンの説明にもかかわらず，現実に濫訴であるかが問題になるのはこの場面も少なくないから，こうした場面が捨象されていることで，法学者の多くは，このモデルの有用性を低いと感じるのではないだろうか．少なくとも筆者はそう感じた．しかしながら，ボウンは，比較的限られた情報から，このような重要な結論を導くことが可能なのは，法と経済学が有用であることの証であると指摘する．仮に多くの法学者がボウンのモデルの有用性を低いと感じるならば，ボウンの指摘は法学者が経済学の手法に違和感をもつ具体的一場面といえよう．

　では，ボウンの分析により，法律学に対して得られる知見とは何だろうか．ボウンによる3つの組合せに対する経済学的分析の適否を判断する能力は筆者にはないが，まず，望ましい訴答手続を検討する際の要素として，過誤コストと手続コストという要素を考慮するという視点の重要性を挙げておきたい．加えて，ボウンが，訴答にとって最適なルールは何かについて最終的にコメントしている次のような分析も興味深いと考える．ボウンによれば，厳格な訴訟手続は原告が請求の根拠の有無に関する情報を持っておらず調査コストが穏当なものと見込まれる訴訟にだけ選択的に適用されるべきである．そして，裁判所は訴え提起前の調査をすることが困難な問題については主張に過剰な要求することについて慎重であるべきだとされている．その理由としては重い責任を負わせると根拠ある訴訟が抑制され高い疑陽性の過誤コストが生じるからだと指摘されている（Bone 2003: 155＝2004: 141). 過誤コストについても手続コストに

ついても様々な要素から複雑な計算がなされているにも関わらず，主張を過剰に要求する訴答手続に対する謙抑的な姿勢がまとめ的に示されているわけである．こうしたボウンの記述は，確率と期待コストを乗じる計算の分析のみで説明しつくされるものではなく，根拠のある訴訟が抑制されるという過誤コストに対して比重を置がおかれるべきだという規範的な判断を下しているように映るので興味深い．

8.2.4 小括

アメリカ民事手続法で一般的に用いられているノーティス・プリーディングは濫訴防止のため望ましくないとされているが，ノーティス・プリーディングを否定的に評価する理由は経済学的分析からは示されてはいない．ノーティス・プリーディングは訴訟の入口をできるだけ広くとって後の手続で法的な争点を絞っていくタイプの訴訟手続であり，いわば争点収斂型といってもよいだろう．ノーティス・プリーディングでは証拠開示の手続が充実させることで徐々に的確な争点形成がなされることが予定されている．またノーティス・プリーディングという訴答手続の浸透を底支えしているのは証拠の優越性という証明度であろう．訴訟手続においてどの程度の心証を裁判官に抱かせたならば事実の存在があるものとして扱われるかという証明度は訴訟戦略に大きく関わっている．アメリカ民事手続法においては証明責任の証明度は原則的に証拠の優越が原則である．すなわち原告と被告とが提出した証拠をすべて検討した後に当該事実の存在する可能性が存在しない可能性よりもわずかであっても高いという心証を得た状態をつくりだせば証明責任を尽くしたといえるのである（浅香 2008: 132）．裁判所が迅速かつ妥当で効率的な審理及び判断を実現できるという制度設計が実現されているかを考える際には，こうした証拠の優越という証明度の採用や充実した証拠開示手続という制度と相俟って，争点収斂型の訴訟手続の正当化がなされるといえるだろう．

8.3 日本法における要件事実論に関する経済学的検討

8.3.1 要件事実論の意義と役割

1の冒頭において，要件事実論は訴訟の場における主張立証活動に関わる理

論であると述べたが，もう少し具体的で積極的な形で要件事実論の意義を提示してみたい．

　現代社会では訴訟でなされる判決は国家により強制的に実現される仕組みが確立されている．こうした強制力が集中している統治の仕組は強制力が分散している統治の仕組み，つまり分散型秩序との対比で単一中心的秩序と呼ぶことができよう[8]．当事者が利用可能な法的紛争解決制度の中では，国家機関である裁判所がおこなう訴訟は権利の実現にとって最も強力な手段である．言い換えれば，訴訟手続が整えられていなければ，的確に権利の実現をはかることはできない．要件事実論は，こうした役割を担う訴訟手続において争点形成という重要な機能を担っているのである．

　従来，要件事実論は専ら司法研修所で教育されていたこともあり要件事実論の支配的な見解は司法研修所（民事裁判教官室）における見解であった[9]．そこで，司法研修所における見解を中心として，訴訟の場における争点形成という視点もふまえ，要件事実論の意義と機能を確認したい．

　権利義務が存在しているかをめぐって，あるいは損害賠償のような法的な利益をめぐって，民事紛争が発生した場合，その紛争の解決を求めて裁判所に提起されるのが民事訴訟である．裁判所は，訴えが提起されると，実体法の側面では，民法や商法，行政作用法などの実体法を用いることによって，他方，手続的には民事訴訟法や行政救済法などの手続法を用いることによって，民事紛争を解決する．民事訴訟の手続においては，裁判所が，紛争の当事者つまり原告と被告との間に，当事者が請求している訴訟上の訴え（訴訟物）があるかどうかを判断する．もし，当事者が主張している法的権利が存在すると判断した場合には，権利を行使したり保有したりする法的地位にあることを判決という形の中で宣言される．このように権利とは抽象的で観念的な存在である．

8　中世では分散型秩序が一般的であったことを考えると，単一中心型の秩序は，近代以降の限られた時代の産物ではあり，紛争解決手続における望ましいルール選択の問題は，リバタリアニズム的とりわけ市場無政府主義的なリバタリアニズムにおける多中心的秩序すなわち分散的秩序においても，R・バーネットらが指摘するように，同様に問題になる（Barnett 1998: 284-293＝2000: 324-334; 山田　2009）．

9　司法研修所の要件事実論とは，司法研修所編（1986）や司法研修所編（2007）などで展開されている理論という意味で用いている．

【事例α】

> 設問　　土地明渡し請求（所有権喪失の抗弁）
> Xの言い分
> 　私は，平成17年4月4日，甲土地を所有者であるAから代金1800万円で買い受けて現在所有しています．ところが，Yが勝手に甲土地全体を駐車場として常時使用して占有しています．
> 　Yには何らの占有権原もありませんし，もちろん私がこの土地を手放したりしたことはありません．このような勝手なことをされては困りますので，甲土地の明渡しを求めます．
> Yの言い分
> 　私は，平成17年9月9日，所有者であるXから代金2000万円で甲土地を買い受けて占有しています．ですから，現在は，私が甲土地を所有しているわけで，今更Xが所有しているなどと言えないはずです．

　この素材は，司法研修所が，要件事実論の初学者のために自習用に用意した教材『改訂　問題研究　要件事実—言い分方式による設例15題—』から，ほぼ引用した[10]．
　この事例αにおいて，XとYとは，それぞれ自分たちが甲土地の所有権を保有していると争っているのであるが，所有権という権利は目に見えるものではない．Yが甲土地全体を駐車場として常時使用している，つまり事実的に支配しているという事実は，Yが所有者であることを示しているわけではない．逆に，Xが甲地から遠く離れた外国にいたとしても，所有者であることはありうる．権利があるかどうかを五感で認識することはできないので，権利を認識するために，民法などの実体法というツールが用いられる．実体法の構成要件に基づき，ある事実があれば，Rという権利が発生するという法律効

---

[10] 司法研修所編（2007: 55）によれば，同書の目的は，要件事実の初学者のために，民事訴訟の基本的事例について，言い分方式（当事者の双方の言い分を記載した具体的説例）による例題を幾つか設け，これに即した要件事実論の基礎的知識を平易に解説することであるとされている．この趣旨は，「司法修習生は，司法研修所で要件事実の講義を受ける前に，この教材を精読しておくことを期待しています」というコメントが教材のはしがきに現れている．

果が生じるという扱いをする．よって，実体法上の構成要件としての法律要件は，権利義務の認識手段であるということができる．そこで，裁判所は，法律要件に該当する事実があったかどうかを確定しなければならない．言い換えれば，法律要件である事実が認識されれば，これに民事実体法を適用することで，権利が発生したと判断することができるのである．事例 α の事案は，所有権に基づく不動産明渡請求訴訟の事案であり，訴訟物が所有権に基づく返還請求権としての土地明渡請求権であって所有権喪失の抗弁が問題となる[11]．

　民事法の領域では，実体法上の条文の法律要件に記載されている類型的な事実が要件事実であり，こうした要件事実にあてはまる具体的事実のことを主要事実であると解されている．つまり，要件事実は法的概念であるが，主要事実は事実的な概念であるという区分けができるという規約が前提になっている．しかし，実際には，法的概念と事実的概念は，常に截然と区別できるわけではない．よって，要件事実と主要事実とを同義で用いられることもある．要件事実と主要事実とを同義に用いる権威的機関の代表は，司法研修所である．この立場では，要件事実とは，一定の法律効果（権利の発生・障害・消滅・阻止の効果）を発生させる法律要件に該当する具体的事実と定義される（司法研修所編 2007: 6）．

　では，要件事実は，訴訟手続において，どのような機能を営んでいるのだろうか．要件事実論は「要件事実主張立証責任論」の略称だという紹介もされている（萩原 2002: 210）．まず，要件事実という概念と密接に関連し訴訟戦略のキーワードとなる主張責任・立証責任という概念について説明しておかなければならない．日本においては，民事訴訟における主張責任・立証責任は，以下のように説明されるのが一般的である．民事訴訟のプロセスにおいては，ある要件事実について，裁判官が，その事実につき存在するとも存在しないとも断定することができないという状態つまり真偽不明（ノンリケット）の状態になることがあり，こうした場合に，どのように取り扱うべきかを定めておく必要がある．これが主張責任・立証責任の問題である．権利の発生等の法律効果の発生が認められるためには法律要件として規定された要件事実がすべて認められる必要があるから，その存在が争われるときはすべて立証しなければならず，立証されなかったときは当該法律効果の発生が認められないという帰結になる．

---

[11] 物権的請求権についての要件事実の分析については，松岡（2005）を参照

ただし，立証したといえるためには真実であることが100%必要ではなく，高度の蓋然性をもってその事実の存在が立証されればよい．高度の蓋然性があることが証明できずに要件事実の存在が真偽不明に終わった場合には，当該法律効果の発生は認められないということになる．このような訴訟の一方当事者が受ける不利益が立証責任と呼ばれるものである．高度の蓋然性の要請は，アメリカ法の証拠の優越に比較すれば，比較的重い負担を当事者に課する可能性が高い[12]．他方，ある要件事実について主張責任を負う者は，その事実が弁論に現れなかった場合にはこれを要件事実とする法律効果の発生が認められないという不利益を受けることになる．これが主張責任という概念である．

　主張責任・立証責任が当事者の間でどのように分配されるべきかについては通説的なものは必ずしもあるとはいえない状況のようであるが，現在の裁判実務において支配的なのは，各法規における構成要件の定め方を前提として，その要件の一般性・特別性，原則性・例外性，その要件によって要証事実となるべきものの事実的態様とその立証の難易度を考慮して，立証責任の分配を考える立場であるとされている（司法研修所編 1986: 5）．この見解が，司法研修所の代表的な基本書である「民事訴訟における要件事実第一巻」の表現によれば法律要件分類説と呼ばれている．法律要件分類説によれば，ある権利の存否の判断は，その権利の発生，障害，消滅，阻止の法律効果を生じさせる要件事実の存否とその組合せによって行うという考え方を前提としている．この法律要件分類説という名前の由来は，「各法規における構成要件の定め方を前提として」いるところにある．権利の発生については，これを主張しようとする者に立証責任があるとし，権利の発生を障害，消滅，又は阻止などの点については，権利の存在を否定し，又はその行使を阻止しようとする者に立証責任があるとするものである．ある権利の発生原因事実が立証されたときは，消滅等について立証がない限り，その権利は存在しているものとして扱われる（司法研修所編 1986: 5-11）．実体法の多くは，権利の発生，障害，消滅，阻止という法律効果の発生要件を規定したものであり，こうした発生要件は講学上，法律要件ないし構成要件と呼ばれる．しかし，民事実体法の構成要件の形式自体に一般性と

---

[12] 浅香はアメリカ民事手続法の解説において日本法のように民事訴訟法の認定において証拠の優越よりも高い証明を必要とする原則は正当化できないとする（浅香 2008: 138）．日本の民事手続法においても，たとえば優先的蓋然性のような高度の蓋然性より低い証明度の原則の採用の可否も議論されている（加藤 2002）．

特別性，原則と例外とが明示されているわけでもないし，立法者も証明責任の分配を念頭に置いて法文を起草したわけでもない[13]．立証の難易に至っては，構成要件の定め方とは無縁である．よって，構成要件のテクストそのものから引き出される情報は必ずしも多くなく，実体法上の条文の解釈以上に創造的発明的な契機が意識されざるを得ない．このため，現在の法律要件分類説においても，法の目的，類似又は関連する法規との体系的整合性，当該要件の一般性・特別性又は原則性・例外性及びその要件によって要証事実となるべきものの事実的態様とその立証などが総合的に考慮されなければならないとされている（司法研修所編 1986: 10-11）[14]．

そこで実体法の解釈によって主張立証責任が決定されるわけだが要件事実を把握するについては法律要件に該当するために必要十分な最小限の事実は何かという観点から検討される．この必要十分な最小限の事実こそが，立証の対象の核心となり，これを明確にすることが，民事訴訟において問題解決のためのキーポイントとなるとされ，ある法律要件に該当する必要最小限の目標を特定し，明確化することができ，効率的な審理を行うことができるのである（司法研修所編 2007: 9-10）．

以上をまとめれば，日本においては，当事者が民事訴訟を提起しようとする当初の段階から争点整理をする段階，証拠調べをする段階，裁判官が判決書を作成する段階に至るまで要件事実は密接に関係してくる．たとえば訴訟開始の段階で要求される請求原因に該当する要件事実を原告が主張できなかった場合には実体は根拠ある訴訟であっても審理や立証活動に入ることなく申立却下されてしまうことになる．

8.3.2 要件事実論の手続コストと過誤コスト

アメリカ民事手続法における訴答手続の経済学的検討では手続コストと過誤コストという2つの要素が密接に関わってきた．日本における要件事実論の機能はアメリカの訴答手続に対応する．前述したように，アメリカ民事手続法の

---

[13] 立法の経緯において立法の表現形式につき証明責任が原則的に顧慮されていない点については，松本（1996: 3）を参照．
[14] 本文で述べた点を勘案すれば修正法律要件分類説という名称で表示した方が正確かもしれない（このように呼ばれることもある）が，本書では司法研修所編（1986）の表現に従う．

訴答手続で一般的な形式であるノーティス・プリーディングは入り口を広くとった上で争点を絞っていく争点収斂型であるとしたら，日本の要件事実論はいわば訴答の段階で主張・立証責任が分配された法律効果の発生について必要な最小限の事実を原告被告が積み上げていく争点早期形成型の訴訟手続であるといえる．以上のような要件事実が日本の民事手続で果たしている役割を前提にすれば，当事者にとっては，直接的には，何が要件事実か，要件事実の分配は何か（自分が主張立証責任を負う要件事実か否か）を知り，その事実を正確に表示するという知識を習得すると共にその事実の証拠を集めるというインセンティブが強く働くことになる．また，裁判官が争点を整理したり判決書を書いたりする際に要件事実の振分けが問題になってくるので，この振分け（請求原因，抗弁，再抗弁，再々抗弁という構造，あるいは再々抗弁か抗弁，再抗弁を前提にしての予備的抗弁か）に関する知識を修得することは裁判官のみならず弁護士においても重要になってくる．

このように，要件事実が訴訟手続で果たす役割が大きくなれば大きくなるほど，上で述べたような要件事実をめぐる知識の習得・活用にかかる手続コストは膨んでいく可能性がある．ただし2で述べられたように手続コストの分析は複雑であって要件事実論が手続コスト全体を増大させるかは微妙である．要件事実の知識の習得・活用にかかる手続コストの増大の程度は知識の伝達の仕方が洗練度に応じてそう大きなものにならないかもしれないし，要件事実論を用いることで争点が早期に形成されて証拠開示手続や争点の整理にかかるコストを減少させる[15]．他方，過誤コストについては，要件事実論という枠組で実施される争点早期形成型の日本の民事訴訟手続は，証明度の原則として高度の蓋然性を要求することと相俟って，過誤コストが増加する可能性が高いと思われる．なぜなら，要件事実論は，少なくとも必要最小限の事実について触れなければ主張自体失当とされるため，要件事実論という枠組みに従った事実の摘示を要求するが，主張が過剰に要求されることで主張責任が重くなり，根拠ある訴訟が却下されたりそもそも訴訟が提起されたりしないような場合が増える可能性があるからである．高い証明の要求は，訴訟遂行のみならず訴訟提起の段階でも当事者に躊躇させる強い要因となるだろう．以上をふまえれば，日本の

---

[15] 要件事実論の手続コストに関する要素の指摘は本書のベースとなったシンポジウムにおける伊藤滋夫教授の指摘により示唆を受けた．

民事訴訟手続では，先に「濫訴とノーティス・プリーディングの経済学的関連性」で言及した，訴え提起の段階で却下されてしまう偽陽性の可能性が無視できないことになろう．

8.4　おわりに

本章でおこなった経済学的分析は非常に限られたものであるが，少なくとも要件事実論を中核とする争点早期形成型の民事訴訟手続においては訴え提起の段階で根拠ある訴訟が却下されてしまう偽陽性の一定の可能性が示唆されたものと考える．

最後に偽陽性の可能性の評価という問題について触れておきたい．本章は過誤コストや手続コストを関わる誤りについて価値序列をつけないという前提で展開してきた．しかし，実は誤りには価値序列があるという見方ができる．たとえば刑事訴訟において，真犯人である被告人を無罪にする訴訟手続と無実の被告人を有罪にする訴訟手続は，両方とも過誤コストを生じさせるものであるが，後者つまり無実の被告人を有罪にする訴訟手続を回避するという理由から，アメリカ法においても証明度には証拠の優越ではなく合理的な疑いを超える程度の証明が要求される（浅香 2008: 137-138）．

根拠のある訴訟を門前払いする，あるいは訴訟提起を躊躇させる過誤コストいわば門前払いされるコストにつき高く見積もるか低く見積もるかは，どのような思想に基づいて訴訟制度という国家の制度配置の望ましさに判断するかに依拠する[16]．

訴訟法は，国家のおこなう訴訟制度の制度設計をおこなう法であるから，上から下へと方向付けられた権威的な命令という側面いわば法の垂直的次元で把握されがちである．垂直的次元で捉えれば訴訟指揮にあたる裁判官の視点が中心となるから，争点や証拠が氾濫するカオス的な状況が継続するよりも，訴訟の早い段階で争点を形成していく方が望ましいともいえよう．しかし，他方で，民事訴訟の当事者は訴訟を使って自らの権利の実現をはかろうとしているのだから，そうした当事者たちにとって，訴訟手続とは，権利実現に向けての活動

---

[16] 門前払いコストという表現やその含意については，シンポジウムの橋本コメントに基づく．

に際して利用できるツールという見方もできる．このように，紛争当事者が相互に影響しあう主体的な活動に着目した法の見方は，法を水平的な次元から捉えているのであり少なくとも自由を中核的な価値として捉えるクラシカルリベラルやリバタリアニズムと親和性のある考え方である[17]．門前払いされることはまさに活動の入り口が閉じられることであり門前払いはできる限り回避する方式の方が望ましいから，門前払いコストに価値の比重が置かれるべきことになろう．また，争点の早期形成を望む当事者もいれば徐々に争点収斂していくことを望む当事者もいる．このように紛争当事者のタイプも多様であることを勘案すれば，門前払いコストの低下のためには，より多くの選択肢の提供という制度設計もありうる．すなわち複数のタイプの訴訟手続の選択肢が提供されるという選択肢も紛争当事者の自律的な判断を尊重するという視点を徹底すれば，ありえない選択肢ではないのである．

【文献】

Barnett, R., 1998, *The Structure of Liberty: Justice and the Rule of Law,* Oxford: Oxford University Press. (＝2000, 嶋津格・森村進監訳『自由の構造：正義・法の支配』木鐸社.)
Bone, R. G., 2003, *Civil Procedure: The Economics of Civil Procedure,* New York: Foundation Press. (＝2004, 細野敦訳『民事訴訟法の法と経済学』木鐸社.)
Dworkin, R., 1985, "Principle, Policy, Procedure," in R. Dworkin, *A Matter of Principle,* Cambridge, Mass.: Harvard University Press.
Kaplow, L., 1994, "The Value of Accuracy in Adjudication: An Economic Analysis," *Journal of Legal Studies* 23: 307-401.
Lee, T. R., 1997, "Pleading and Proof: The Economics of Legal Burdens," *Brigham Young University Law Review* ［巻数］: 1-34.
Marcus, R. L., 1986, "The Revival of Fact Pleading under the Federal Rules of Civil Procedure," *Columbia Law Review* 86: 433-494.
Miller, G. P., 1994, "Introduction: Economic Analysis of Civil Procedure," *Journal of Legal Studies* 23: 303-306.
浅香吉幹, 2008, 『アメリカ民事手続法（第2版）』弘文堂.
太田勝造, 1992, 「訴訟費用制度の理論」『自由と正義』43 (9): 5-14.
──, 1993, 「裁判所手数料と弁護士費用について」『法政論集』147: 652-700.
加藤新太郎, 2002, 「確信と証明度」福永有利他編『民事訴訟法の史的見解』有斐閣.

---

[17] 法の垂直的次元と水平的次元については，山田（2008b: 221）を参照．

金子宏直，1998,『民事訴訟費用の負担原則』勁草書房.
小林秀之，1996,『アメリカ民事訴訟法』弘文堂.
司法研修所編，1986,『増補　民事訴訟における要件事実　第一巻』法曹会.
──編，2007,『改訂　問題研究　要件事実―言い分方式による設例15題―』法曹会.
萩原金実，2002,『訴訟における主張・証明の法理―スウェーデン法と日本法を中心にして―』信山社.
松本博之，1996『証明責任の分配：分配法理の基礎的研究』信山社.
松岡久和，2005,「物権的請求権」大塚直・後藤巻則・山野目章夫編『要件事実論と民法学との対話』商事法務: 186-206.
山田八千子，2008a,「要件事実と法哲学」『法学セミナー』53（3）: 25-29.
──，2008b,『自由の契約法理論』弘文堂.
──，2009,「リバタリアニズム ADR」『リバタリアニズムの多面体』勁草書房: 1-21.
──，2010,「法哲学視点からの要件事実論」『要件事実論と基礎法学』日本評論社: 185-210.

第4部
コメント

コメント　法と経済の情報的基礎

須賀晃一

　お二人の論文（第1章・第2章）を読ませていただき，私には，さまざまな道徳原理の情報的基礎に関する問題から両者が共通の議論をしているように見えるので，そのあたりを中心にしてコメントができればと思います．

　そこで，まず最初に，両論文の議論の中で最も重要な部分として，＜法と経済学＞において経済学の立場から法に対する評価がなされる時に，基本的な価値基準としてパレート効率性を使っていると前提しています．そこで，パレート効率性とはどのような概念かということですが，通常，社会状態の比較に人々の効用を用いる厚生主義の一種で，個人間比較不可能な効用概念に基づいて，社会状態を評価する道徳原理であるといわれています．社会状態を比較する際，誰の効用も減少させることなく，ある誰か効用を増大させることができるなら，その方が社会的に望ましい．もはやそのような改善の余地が残されていないとき，「パレート効率性が達成されている」といいます．この基準に照らしてみれば，全員の効用が一緒に増大する場合には社会的に望ましい状態になりますが，それ以外の場合には判断をさし控えるということが従います．

　パレート効率性の概念を，情報的基礎によって道徳原理を分類する「道徳原理の樹」と呼ばれる分類図を用いて位置づけておきたいと思います．制度または政策，あるいは法の善し悪しを，その帰結に従って道徳的に判断するかどうかを出発点にして，宇佐美さんは帰結によって評価する場合に「帰結主義」，帰結にまったく頼らない場合を「反帰結主義」，それに対して帰結も考慮するし他のものも考慮するという時に「非帰結主義」という名前を使おうとしています（第1章）．普通，経済学の中では，おそらく「非帰結主義」という言葉で反帰結主義まで含めて議論されています．次に，帰結主義の中で，その帰結に含まれる要素のうち何を使うかということから二つに分かれ，効用を使うのが厚生主義，効用以外のものを考慮するというのを非厚生主義，効用は一切使わ

ないというのが反厚生主義ということになります．それから，効用という概念が個人間比較可能であるか不可能なのかという観点で分かれてきて，それがさらに基数的なのか序数的なのかで分類されます．このように道徳原理の樹を描くと，道徳原理の依って立つ情報的基礎が一体どうなっているのかが分かります．この樹の中でパレート効率性は，個人間比較不可能で序数的な効用概念に基づく道徳原理であり，帰結主義的厚生主義の一種だということです．

ところで，宇佐美さんはその後，厚生ではなくてもう少し広く「利益」という概念を使ったらどうかと提案します．そして，利益を心理的利益，物質的利益，物質的・社会的利益の三つに分類して，厚生主義に基づく情報的基礎を若干変えることによって，もう少し豊かな議論ができるだろうし，もともと法に含まれていた利益説みたいなものを適切に扱うことができて，その下で効率性の適切な位置づけができるのではないかと議論を展開されています．すなわち，心理的利益に基づくのが厚生主義で，その利益を序数的な概念として捉える場合に得られるのがパレート効率性だということになります．なるほど利益に基づく分類は分かりやすいのですが，その対極にある非利益に基づく分類がどうなるのかは興味深い問題ですので，さらなる展開を期待したいと思います．

さて，情報的基礎によって何が変わるかというと，原理が変わるわけですね．原理が変わるとは，ある情報的基礎を使い別のものは使わないということです．別の情報に関していろんな差があったとしても，それについては一切目を向けないということになります．二つの対象が特定の観点や，排除されている情報の下でいかに違っていたとしても，今注目している情報的基礎において同じであればそれは同じだというふうに評価することになります．これは中立性の要請であり，経済学の中ではよくその要請を使いますし，さまざまな正義原理もこの要請を満たすべきだという見方が一般にもされていると思います．

次に，どのような情報を使うべきかという問題を考えます．ある種類の情報を使うとパレート効率性，別の種類の情報を使うと別の原理という具合に，異なる情報を使えば異なる道徳原理にたどり着きます．どの情報を使いどのような原理を導くかを決めるためにいろんな要素を考慮しないといけないので，使える情報をどこまで広げていくかが，原理そのものの問題となって出てくるだろうと思われます．使う情報の範囲を広げれば広げるほど，例えば効用情報と権利情報を同時に使えば，そこには必然的にジレンマが発生するという議論が展開されることになります．アマルティア・センのリベラルパラドックスなど

はその典型例です．その場合に一体どのような調整原理が必要になるんだろうか，あるいはいくつかの情報を同時に用い，しかも矛盾なく判断できるように裁定の原理を導入するとすれば，一体どの程度の情報の多元性を許すことができるのかということが，問題になってくるわけです．例えば，効用情報と権利情報を同時に用いてそれぞれパレート効率性と権利基底的正義原理にたどり着き，2つの原理を同時に満たしえない矛盾する状況に思い至った時，どのように情報の使用を制約しておくか，あるいは矛盾の解消のために裁定の原理をあらかじめ定めておくかという問題が生じるでしょう．

そこで，以上のような道徳原理の情報的基礎に基づいて，お二人の議論を私なりに解釈し直してみます．宇佐美さんは，効率性を定義的概念だといいます．効率性の概念では普通，効用に基づいて定義しますけれど，生産の効率性ということを考えれば分かるように物質を情報的基礎とする効率性の定義もあるわけです．まったく同じように，効率性の発想をいろんなところで使うことができるのではないか．ジョン・ロールズの正義論では，誰の自由も減らさずに誰かの自由をより大きくすることができるのであれば，その方が社会的に望ましいという発想があるように思えます．最初のコメントは，このように効率性概念をさまざまな情報的基礎の下に定義すると，いろんな道徳原理をこれまでとは異なる観点で解釈することが可能ではなかろうかということです．それからもう1つ，正義は解釈的概念だとおっしゃったんですが，実は正義という言葉が広く使われすぎているから生じる問題だと思います．1つ1つの正義原理を考えてみると，効率性と同じように定義的概念であって，むしろ問題なのはその原理が一体どのような細かな構成要素ないし情報的基礎をもっているかということです．この点を考えれば，情報的基礎に関する先ほどの議論の中に納まっているわけで，もう少し詳細に両者の対立の可能性とか，裁定の可能性というものが議論できるのではないかと思います．

情報的基礎を非効用情報とすると，これはもう厚生主義ではない．財を基準にすることもできますし，所得や富を基準にすることもできる．財を使う場合，平等という正義原理から導かれた財の平等配分は非効率になるケースもあります．ところが，同じことを，効用情報を使って正義原理を定義している立場に立って考えると，効用の平等配分になる．このケースでは効率性は正義原理を構成する要素になるので，効率と正義が矛盾することはないでしょう．したがって，一体どこまでの情報的基礎をもつかということが1つ考えるべきポイント

になるといえます．では，情報的基礎を同じにすれば問題はなくなるのかというと，そうではない．手続きの衡平性という概念を考えると，これは効率性と矛盾してしまう可能性があります．効用を情報的基礎にしたから問題が解決するわけではなくて，原理間の問題は再度考えなければならない．この点がお二人のおっしゃった価値一元論と価値多元論の話につながってくると思います．

　それでは，価値多元論に基づきながらも，対立を解消するために，一体われわれにとってどんなことが可能になるのか．具体的に，宇佐美さんの例ですと，丸天井モデル，あるいはドーム型のモデルを使うことで解決の可能性を考えてみようという提案がなされます．つまり，ある価値の概念観が別の価値の概念観と整合し強化するようなモデルで，そこでは各価値の概念観が多方面に整合・強化しあうような各価値の解釈が探求されるとされています．この提案に従ってどのような作業をすべきかは明らかではありませんが，社会的選択理論のような領域の中で行われている議論は参考になるだろうと思います．そこでは，それぞれの正義原理の構成要素――公理と呼びます――を明確化することで特徴づけを与えたり，どのような条件の下で，いくつかの公理の間に矛盾が生じるか，あるいは矛盾が解消されるかといった問題が考えられています．例えば，厚生主義的レキシミン原理は，個人間の効用水準比較可能性の下で，独立性と匿名性，強パレート原理，ハモンド衡平性――これらの中身は説明しませんが――によって特徴づけられます．ここに効率性（強パレート原理）が入っているということから分かりますように，効率性は正義原理の構成要素ですから，両者は矛盾しません．このような接近方法が丸天井モデルとどのような関係にあるかは分かりませんが，吟味しておく価値はあると思います．原理が相互に支えあうことができる状況とは，原理間の矛盾が現れない状況でしょう．もともと原理間に矛盾がないのか，ある制約条件の下で矛盾が生じないようになっているかのいずれかでしょう．

　まったく同じ議論を，長谷川さんの「法観念の相剋」（第2章）においてもやっていかなければならないでしょう．長谷川さんが検討した規範主義的法概念と道具的法概念の特徴づけとその比較検討では，両者はまったく対立するようなものとして並列的に扱われており，はたして2つの概念間の対立をうまく調整する可能性があるのだろうかという疑問が湧いてきます．長谷川さんがこれまで規範的法概念の特徴として挙げられてきたものや，道具的法概念として挙げられてきたものの中に見られる性質を，先ほどのような道徳原理・正義原理の

情報的基礎という観点から検討し直してもいいのではないかと思います．つまり，「人間観が違うからどうしようもない」というのではなくて，人間観をひとまず置いておいて，原理のもっている情報的基礎に基づいて要素をもう少し細かくばらしていくことによって，どの部分が違っていて，どの部分に裁定の余地があるのかというようなことを考えてみることができるのではないか．それが，厚生経済学や社会的選択理論の中で採られている方法ですが，そういった方法が利用できるのではないかというのが，ここでのコメントです．

ただし，社会的選択理論，厚生経済学はすべて厚生主義の立場から構成されていますので，厚生主義に基づいて展開された議論をまったく違った情報的基礎の下でやり直すという作業が必要になります．それが最初に指摘した点であり，効用を使うパレート効率性の発想を転換して，効用を権利に置き換えて同じように議論できるはずです．また，自由に置き換えても同じ議論ができるでしょう．このような観点から再検討することで，お二人が指摘した原理間の対立は，かなりの程度解消可能ではないかと思います．あるいは，少なくとも対立解消の条件を探ることはできるのではないでしょうか．

最後に，別の可能性にも触れておきます．情報的基礎に基づいて道徳原理を分類した道徳原理の樹の中に，規範主義や道具主義の立場に立つ法観念が想定する人間観を組み込むことで，より広い観点から法の比較を行うという可能性です．人間観がいきなり独立の情報的基礎になるとはいえませんが，人間観と情報的基礎の結びつきが新たな情報的基礎を構成すると考えることは可能でしょう．このような研究の方向も開かれているのではないでしょうか．

以上でコメントを終わらせていただきます．

コメント　規範理論の核心部へ迫れ

橋本努

　最初に那須先生（第7章）へ．まず，センの問題提起をどう受け止めるかですが，センにとって「ある平等の追求は，必ず別の平等の犠牲の上に成り立っている」という認識がありますね．けれどもリバタリアンだったら，まずこの認識に納得しないんですよね．リバタリアンのいう平等が本当の平等なんであって，他の平等主義が言っていることは平等ではないのです．ところがセンは，さまざまな平等の要求を全部，ここに書いてあるような従属変数みたいにして，ある種のガバメンタリティ（統治性）の視点からバランスよく追求しよう，という話になっている．思想家からすれば，あるいは規範理論家からすれば，すごく行政的に見えるんですね．行政的な思考は，それぞれの平等の価値を深く追求しないで，実行可能性ばかりを考える．私は常にひっかかっています．

　戻りますけれども，7.1節で那須先生は，①平準化の要求，②シビル・ミニマムの要求，③流動性の要求，という3つのバランスを考えているようですね．実はこれに入っていないものが，センのいう「ケイパビリティ（潜在能力）」です．この概念にはちょっと面白い一面があると思います．たんなるベーシックなケイパビリティを目標にして平等政策を実施しても，実際にはその水準を超えて，よりすぐれたケイパビリティを実現できてしまうことがある．

　例えば，図書館だとか，コンサート・ホールだとか，美術館だとか，そういった施設へアクセスする機会を，政府がベーシックなレベルで提供していくと，それは実際には当初の目標を超えて，ある種の卓越主義を可能にしますね．ベーシックな本だけを揃えた図書館とか，ベーシックな音楽しか演奏しないホールだとか，そういう利用の制限はなかなかできないので，ある人は，図書館やコンサート・ホールを利用して，卓越主義的な美徳を身につける可能性があります．平等主義者は，ベーシックなケイパビリティの要求だけに実現目標を絞り込むことが難しい，卓越主義への扉を開くわけです．

平等主義者は,「すっぱい葡萄」の喩えを用いて, 人々の適応選好形成を批判します. 人々は劣った選好しか形成していない可能性があるので, その選好を変化させて, もっと優れた選好をもつことができるように, そういう機会を万人に提供すべきだ, という議論です. すると平等主義者は, 各人の選好(嗜好)が, ベーシックな水準を超えて, さまざまな機会のなかで陶冶されることを望んでもいるわけです. 実際, ラディカルな平等主義者は, かなり高級な嗜好までも選択肢として各自に再配分すべきだと要求しています. これはすでに, 資源の基礎的な水準を提供するとか, 資源の平均的な利用可能性を提供する, といった目標を超えて, ある種のマルクス的な, 能力の全面開花の環境条件としての資源という理想にいたると思うんです.

　ベーシック・ケイパビリティを超えて, もっとディーセントな(真っ当な, 上品な)ケイパビリティ, さらにそれを超えて人間の能力の全面開花というところまで, 実は左派の主張が拡張されていく. そういう理論的示唆をどう考えるのかが問題です. さまざまな平等の理念をバランスよく追求しようというのではなく, 潜在能力の全面開花を徹底的に追求しようという, ラディカルな主張をどこまで認めるのか. あるいは意図せざる結果として招くのか.

　最後に, 最初のところに戻って話すと, 結局, 統治力の観点から平等の実現を考えるガバメンタリティの理論というのは, かなり粗雑にできていて, 理論についてはいろんな解釈ができるようにしておいて, 理論家は踏み込んだ議論をしない. 各国の行政エリートの人たちに, その理論を具体的な文脈で活かして欲しい, という助言に留まるんですね. それ以上に言うと批判されてしまうので, 上から押し付けることは抑制して, 読者が下から何か発言できるようにしておく. つまり, その理論を理解した人たちが, それぞれの現場で, 自分はこういうやり方がいいとか, こういう解釈がいいと考えて, 自主的に行動できるような理論構造にしておく. でもこれは規範理論として見れば, かなりいいかげんなところで終わっているわけで, 私は規範理論家として怠慢ではないかと思います. 決定的にまずいのは, 諸々の要求のバランスをもっぱら重視して, 現場で諸価値を争うための方法を出していかない点です. 本当は, 現場はもっと価値の拮抗状態にあって, さまざまな矛盾する要求があるはずなのに, それが争われずに行政的に処理されてしまうのではないか. センの場合もそうなんだけれど,「なぜ平等なのか」というのではなくて「何の平等か」と言ったとたんに, 理由を争うような価値のボキャブラリーは議論する必要がないんだと

いうような方向に向かってしまうと思うんですね．そこに納得するかどうかという問題です．

山田報告（第8章）へのコメントに移ります．山田先生の著作『自由の契約法理論』（弘文堂）はとてもエキサイティングで，この本には3つの大きな主張があります．1つはリバタリアンとして自律の価値を重んじる，もう1つは契約の自己責任を重んじる，最後に根源的な規約主義という，ラディカルなコンヴェンショナリズムを適確に意義づける，というものです．そこでもしご著書での主張につなげるなら，どんな含意を引き出すことができるでしょう．

可能性として3つあると思います．1つは，ノーティス・プリーディングですが，ノーティスなのか厳密なのかを選択できるシステムを構築することができれば，これはリバタリアンな自律の理想に適合すると思うんです．選択肢がそれだけ増えるからです．そういうシステムを提案するようなかたちの規範理論が可能になるのではないか．もう1つは，リバタリアンな契約の理念に照らして，法の水平的な次元と垂直的な次元に分けて言うと，水平的な次元というのがまさにリバタリアンな個人の活動を促進する，あるいはそういった権能を付与していく機能をもっている，と考えられます．そこで考慮すべきは，強制の過誤コストだけじゃなくて，門前払いのコストではないか．相手が間違っているのに裁判を起こすコストが高すぎるとか，そういった裁判で間違われるコストよりも，門前払いになるコストの方が，実は水平的な活動の規準からいうと，重要なコスト・ベネフィットの計算に入ってくるんじゃないか．

もう1つ，これはちょっと細かい話ですが，コスト・ベネフィット計算でプラスかマイナスかという問題は，実は原告も被告も両方プラスのベネフィットになる可能性があって，というのもこれは事前の主観的な期待値の問題ですからね．そうすると結局，相手の期待値よりも自分の期待値が高くないと，訴訟は起こせないので，たんにプラスの期待値の状態だから訴訟するとは言えないんじゃないか．私のこの疑問は，誤りかどうかというのをお聞きしたいと思います．

次に，根源的な規約主義の観点から何が言えるのかです．2005年の松岡論文が3.1節にちょっと紹介されていて，研修所の見解を批判しているようなのですが，もう少し内容面を知りたいです．研修所的な発想というのは，原則と例外というパラダイムを垂直的な形で権威的に叩き込むわけですよね．そうすると，これに対して反論する松岡論文の立場は，水平的な，つまり多様な解釈

を同等なものとして認めるということなのか．ご報告では，山田先生も松岡論文に沿って研修所を批判しているようにも見えるんですが，結論としてはそんな強い主張になっていない．原則／例外を厳密にシステマティックに教えることを批判したいのかどうか．したいとすれば，どういう批判なのかということをお伺いしたいです．

　嶋津先生（第3章）へのコメントに移ります．迷信を信じることが進化につながる，という話をされましたが，進化の考え方をめぐってポパーとベルグソンの違いがありますね．迷信によってある種の密教教団を作って共同体を進化させようというのがベルグソン的な発想で，これに対してポパーはむしろ，批判的な淘汰によって進化を導くと考える．なんでこのルールに従うのかではなくて，なんで別のルールに従わないのか，そこに反省的な理由を示して淘汰するわけですね．あっちよりこっちがいいという形で．ところがベルグソンの場合，他でありうる可能性については不可視化するので，迷信を信じて淘汰されてしまったら，それでおしまいです．迷信を信じても，進化しない場合があります．また，淘汰について反省しない，選択（セレクション）のない進化というのは，少し難しいようにみえます．いずれにせよ，どっちの方が，ルールの進化と言うときに嶋津先生が採りたい立場なのか．ポパリアンとベルグソニアンというのはぜんぜん違うと思うのです．もし綜合するなら，これはどういうふうに綜合されるのかという問題です．

　ちなみにノージックは，この話を「決定の価値」という形で，『ネイチャー・オブ・ラショナリティー』（未訳）でしていますね．たんに迷信を信じるというのではなくて，ある決断をするときに，プロテスタントだったらこれを選ぶという決断のなかに，その瞬間に価値を追加するわけです．そういったノージック的な発想というのは，取引コストを下げるという発想ではなくて，価値へのコミットメントによって不可視化するという発想なんですけれども．

　この話は次のカントに関係してきます．嶋津先生がここで，普通の凡人がカント的だというのは，私はちょっと違和感があります．むしろ普通の人は，カントを読んでそれを理解したらカント的になるけれども，別の機会にヒュームを読んでそれを理解したら，ヒューム的になるのであって，思想的にはオポチュニストだと思うんですよね．だから，むしろ「囚人のジレンマ」状況では，結構悩むんじゃないかと思いますけれども．

　嶋津先生は「カント的進化ナショナリスト」とでも呼ぶべき立場を取ってい

のかもしれません．ただ多くの迷信はカント的な普遍倫理ではなく，対内倫理と対外倫理の二重構造をもっているのではないでしょうか．

　次に，嶋津先生が出しているウェーバー解釈は，大塚＝ウェーバー解釈と言われているものですね．この解釈は，プロテスタントの信仰を資本主義の駆動因とみなして，それを積極的に評価するという立場に立ちます．そこで問題ですが，プロテスタントの倫理（すなわち勤勉に働くというエートス）がもはや調達できなくなったときに，資本主義はいかにして発展するのでしょうか．これがウェーバーの根本的な問題提起で，いま資本主義の駆動因というのは，どのようにして調達できるのか．たんなる迷信というだけでは，資本主義社会の文明を進化させる駆動因としては抽象的にすぎます．「カント的進化ナショナリスト」という倫理が可能であるとして，そのような信念は，本当に資本主義を駆動するのでしょうか．だとすれば，それはどんなものでしょうか．

コメント　福祉の立法

瀧川裕英

　まず，吉原論文（第5章）について．内容的には，新厚生経済学が依拠する基本原理と，それを乗り越えようとするセンの潜在能力理論とについて明確な見通しを与えてくれる論稿で，非常に勉強になりました．社会的厚生云々のところでちょっと気に掛かるところがあったのですが，それは時間の制約もあって飛ばしまして，吉原論文の核心部分に入っていきたいと思います．

　基本的な構図としては，パレート原理に基本的には依拠する新厚生経済学と，もう少し客観的なセンのアプローチを対比して，そこからが非常に面白いところなのですが，そのいずれかを取るわけではなくて，多元的で折衷主義的な規範理論が必要だといわれています．ですが，そうすると，やはり問題が出てきてきます．どういう点でどのように折衷主義なのか．問題は折衷主義の内実です．ここに論点は2つあります．第1に，「いかに（how）折衷するのか」．厚生主義的な理論と非厚生主義的な理論という相容れない理論をいかに折衷するのか．第2に，「何を（what）折衷するのか」．この2点について，もう少し敷衍します．

　1つめの「いかに折衷するのか」について，吉原論文では，〈厚生主義と非厚生主義の適応領域は問題領域ごとに確定される〉というテーゼが提出されています．例えば，ベーシック・ニーズについては非厚生主義的な，もっというと「機能と潜在能力」理論でいき，それを超える領域では厚生主義で判断するというようにいうわけです．この点で，後でコメントする常木論文とは対照的です．常木論文は厚生主義がベースになっていて，厚生が根源的な価値であり，基本的な観点だといわれるのですが，それに対して吉原論文は厚生主義をベースとしないわけです．

　このように問題領域ごとに確定されるというわけですが，すると問題は，どのような基準で問題領域を確定するのか，ということになります．例えばベー

シック・ニーズに関わる経済政策については潜在能力アプローチでいくのだといわれるわけですけれども，しかし考えてみると，ベーシック・ニーズに関わる経済政策というのは単に福祉政策にとどまるわけではなくて，税制とか，教育とか，公共事業とか，相当広い射程をもつことになるのではないでしょうか．そうすると，問題領域ごとに確定してベーシック・ニーズに関わる部分については非厚生主義だといったとしても，結局，ほとんどの政策について潜在能力アプローチで判断すべきだということになるのではないだろうか．これが1つめの疑問です．

　もう1つの「何を折衷するのか」について，「機能と潜在能力」理論以外の非厚生主義のアプローチが，吉原理論の全体構想の中で一体どのような位置を占めているのだろうか，というのが疑問でした．非厚生主義的理論の中には，潜在能力以外の情報ベースがあります．そうしたものがこの多元主義的な理論の中でいかなる位置を占めるのかという疑問をもっていたのですけれども，新しいバージョンで追加された部分がまさにそれに答えています．この追加された部分，第5節に当たる箇所では，「労働搾取」という潜在能力理論以外の非厚生主義的な概念の利用可能性について検討されています．具体的にいうと，競争均衡配分に関して，厚生主義的な指標と労働搾取という指標，この2つの福祉指標で評価することが可能だし意義があるとされていて，そうすれば厚生主義の一面性が明らかになるといわれるわけです．

　こうした主張は，それ自体としては納得できることなのですが，しかし先ほどの領域区分論の発想とは異なり，同一の事態を多元主義的指標で評価できるということが，政策論としてどういうインプリケーションを持つことになるかが気になります．特に，この論文は「政策の基礎理論」ということを謳われているわけですから．つまり，価値的に相互に矛盾する評価が，別の指標を使うと下されるわけです．とすると，その場合に当該政策を実施するべきなのか，すべきでないのか，どのような判断が下されるのか．結局，評価間の優先順位づけのようなものが，やはり必要になってくるのではないだろうか．逆にいうと，吉原論文では厚生主義の一面性が，労働搾取という指標を導入することで明らかになるといわれているのですが，逆にいえば労働搾取なんていう指標も，厚生主義の目からみると一面的なものに過ぎない，こういう言い方もできるわけです．そうするとやはり，ある政策を評価する場合にいかなる指標を用いるべきかという問題に対する応答が，どうしても必要になってくるのではないで

しょうか．

　この点に関連して，ちょっと気になるのが，「複数の提案間においていずれを選ぶかは，究極的には当該社会の構成員である市民によって決定されるべき事項」だといういい方です．これには少々違和感を感じます．今まで理論的な話をして，理論的にどちらが正しいのかを論じていたのに，それをすべて政治の話に投げ返してしまっているような印象があります．理論家としては，市民がどういおうとこれが正しいというべきじゃないのかなあと思いました．これが，吉原論文に対する質問ないしコメントです．

　今話した厚生主義と非厚生主義の領域確定の問題は，常木論文（第4章）にも関わってきます．常木論文は，日本の民法学を代表する平井宜雄と内田貴の2人を俎上に載せ，特に平井宜雄の法政策学を批判的に検討しながら，法解釈学とは区別された意味での法政策分析を擁護しようというプロジェクトを持っています．印象としては，ベンサムがコモン・ローを批判したのが思い出されるような内容です．

　常木論文は，2つの面白いテーゼを提出しています．1つめが，「法解釈論と立法論の切断テーゼ」と呼べるものです．常木論文の言葉を借りれば，「解釈論の延長上に当然に法政策論が生成する」（本書75頁）というわけではない．別の言葉でいうと，「法律家による判例・学説の成熟のみが法政策的正当化や新規の立法提言のため十分条件とされてはならない」（本書75頁）．要するに，法解釈論と立法論というのは切断されているというテーゼを，常木論文は擁護しているわけです．

　このテーゼはそれ自体として妥当だと私は思いますが，しかしごく当たり前のことのようにも思えます．例えばどういうことかというと，先日倒れた麻生内閣の下での第171国会で85の法律案が通っているわけですが，その中でも有名な新聞に載ったような法律だと，例えば臓器移植法の改正法や消費者庁の設置法は，法解釈論が成熟して初めて立法されたというような話には全然なってないわけです．これは，私が関心を持っている刑事立法，例えば裁判員制度とか被害者参加とかについても同じです．とすると，この法解釈論と立法論の切断テーゼというのは，一体何を仮想敵にしているのだろうか．

　もしかしたら，常木論文は，私法，特に民法の領域に限定して，こういうテーゼを提出しているのかもしれない．つまり，民法の領域では連続性テーゼが提唱されやすいことを前提とした上での批判なのかもしれません．内容を熟知し

ているわけではありませんが，現在作業が進行している債権法の大改正は，法解釈論が成熟してそれをリステートメントするような形で立法しようとしている側面があります．したがって，常木論文の批判が当たるような場面がないわけではないでしょう．しかし一般的なテーゼとしてこういったものを提示することに一体どれくらい意味があるのかというのが，1つめの疑問です．

　もう1つの興味深いテーゼが2層テーゼです．つまり平井宜雄がいう法＝正義思考様式と目的＝手段思考様式というのが，ヘアのいう直観レベルと批判レベルに対応しているんだというテーゼです（本書76頁）．ここにも，2つぐらい疑問がありました．

　1つめは，法＝正義思考様式というのが直観レベルに対応しているのだろうかという疑問です．ヘアの考えでは，直観レベルの思考法というのは，「解決不可能な義務の葛藤が存在する」というのを認めるわけです（ヘア『道徳的に考えること』第2章）．しかし，法＝正義思考様式というのは，紛争を解決不可能なものとは捉えず，あくまでもそういう葛藤状況に解決を与えようとしているわけです．もっというと，当事者が直観レベルで思考した結果生じた紛争を，批判レベルで何とか解決・調整しようとしているのが法＝正義思考様式だといえるわけで，裁判官はそういった思考を取っているのだろうと思います．とすると，法＝正義思考様式はそれ自体，批判レベルの思考様式だといえるのではないか．これが1つめの疑問です．

　もう1つは，もっと根本的な問題ですが，なぜ目的＝手段思考様式がより高次の批判レベルの思考様式だといえるのかという疑問です．つまり，複数の正義構想が対立する時に，それに解決を与えるのが目的＝手段思考様式，もっというと功利主義だとなぜいえるのか．功利主義者ならそういいたくなる気持ちも分かるのですが，そんなことが一般的にいえるのかというのが，私の疑問です．（最終稿では，功利主義は特権的な倫理的価値を持たないとして価値の多元性を承認するといわれるが，そうであるならば，2層テーゼは放棄されたことになってしまうだろう．）

　多分，このような主張をされる背景には，常木先生の10年来のモチーフ，つまり正義の概念は非常に曖昧であり，そのようなものは学問的な分析の対象たりえないという発想，正義の概念はあまりにも曖昧なので，結局は感情論とかイデオロギーに堕してしまうという発想があると思います（常木『費用便益分析の基礎』東京大学出版会）．しかし，その正義を超える視点が功利主義だということは，単に想定するだけではだめで，正当化する必要があるのではないかと

いうのが，私の疑問です．

　結局，常木論文は，法政策分析においては，厚生主義的でパレート包摂的な社会的厚生関数の最大化という発想が使われるべきだということを，一般的な形で提示しているわけです．これに対して，すぐ後でコメントする後藤論文では公的扶助についてそのような考え方を採用していないわけですけれども，常木先生は公的扶助に関する法政策分析においても，そのような厚生主義的な社会的厚生関数の最大化のような基準で判断するべきだといわれるのか，いわれないのか．こういうことをお尋ねしたい．つまり，こういった思考様式はいかなる領域にもすべて当てはまるものなのか，一定の領域に限定されるものとしてとらえるべきなのかということを，お尋ねしたいと思います．以上が常木論文へのコメントです．

　最後になりましたが，後藤論文（第6章）は，公的扶助制度，より正確には日本の生活保護制度を「福祉的自由への権利」として捉えることで正当化しようという試みだと，簡単にいうことができるでしょう．読ませていただくといろいろ面白い指摘があるんですけれど，ここでは2つだけに論点を絞りたいと思います．

　1つめは，まさに福祉的自由への権利と生活保護制度の関係です．後藤論文では，生活保護制度の背景的理念というのは福祉的自由への権利を保護することにあると解釈されるのだといわれます（本書115頁）．しかし，そのような解釈というのは，私は専門家ではありませんが，社会保障法の分野では全く一般的ではないと理解しているわけです．そうすると，なぜそのような解釈が妥当だといえるのかという点について論証する必要があるだろう．

　もう少し具体的に語ると，現在生活扶助基準の改定をする場合には，水準均衡方式というのが採られているわけです．つまり，一般国民の消費水準との比較で生活保護において保障すべき最低の生活水準というのを決めているわけです．逆のいい方をすると，後藤論文は潜在能力方式，つまり潜在能力アプローチによって最低水準を確定する方式を提唱されるわけですけれど，実際にはそのようなやり方では決めていないわけです．とすると，後藤論文にとって必要なのは，現行で行われている水準均衡方式のような生活保護基準の設定よりも，なぜ潜在能力アプローチのほうが優れているといえるのか．特に後藤論文が冒頭で問題化される「妥当性」の点でも「実効性」の点でも優れているといえるのか．この点について議論する必要があるのではないか．これが1つめの質問

です．

2つめは，就労インセンティブです．生活保護制度を批判する「就労インセンティブ論」に対して，後藤論文は，就労インセンティブよりも公正な分配の方が重要だとはいいません．そうではなくて，就労インセンティブそれ自体を読み替えることで「就労インセンティブ論」に応答しようというのが，後藤論文の面白い点です．しかも，就労インセンティブとして通常の金銭的な動機づけだけではなく，それに加えていわゆる内発的動機，つまり仕事にはやりがいがあるだろうという議論を追加するにとどまらず，さらに公正な経済的報酬というものを求める動機づけを人はもっているんだと，こういういい方をする．こうした三段構えの動機づけ構造を提示するわけです．これ自体，非常に面白い議論だと思うんですけれども，しかし，仮説として提示する以上，どのようにして論証していくのかというのがお伺いしたい点です．

例えば，内発的動機づけ論については，心理学の領域でいろいろな実験等もしながら，人間は金銭的に動機づけられるだけではないんだという議論を延々と展開してきたわけです．しかし，それに加えて，一種の正義感覚のようなもの，公正な経済的報酬を求める動機づけを人はもっているんだということを，理論として想定するのではなくて，仮説として提示して論証するという作業を，一体どのように試みられようとしているのか，というのが，私がお伺いしたい点です．拙いコメントですが，以上で終わらせていただきます．

人名索引

ア行
アーネソン、リチャード　147-149
アクィナス、トーマス　32, 36
浅香吉幹　176
阿部泰隆　66-67
アリストテレス　11, 32, 134
イェーリング、ルドルフ・フォン　8, 16
井上達夫　32
岩田正美　95
ヴァン・パリース、フィリップ　147
ウェーバー、マックス　52, 195
ヴェネツィアニ、ロベルト　102
ウォルツァー、マイケル　30
宇佐美誠　185-188
内田貴　ii, 67, 73-74, 76, 80-82, 199
ウルピアヌス　11
オーカン、アーサー　26-27, 30
オースティン、ジョン　15
大塚久雄　195
オッカム、ウィリアム　34

カ行
カラブレイジ、グィド　36, 69-70
カント、イマヌエル　15, 31, 33-34, 50-51, 55, 194
キャプロー、ルイス　3, 65, 78, 81
ケルゼン、ハンス　11, 29
コーエン、ジェラルド　147-148
コース、ロナルド　45, 56-59
コールスガード、クリスティン　36
後藤玲子　95, 100-101, 201-202

サ行
サヴィニー、フリードリッヒ・カール・フォン　15
サンスティン、キャス　54-55
嶋津格　194-195
シャヴェル、スティーヴン　3, 65, 78, 81
シュー、ヨンシェン　101
鈴村興太郎　7, 101
スティグラー、ジョージ　45
スミス、アダム　56-60, 78
セルズニック、フィリップ　34
セン、アマルティア　7, 67, 95-97, 100, 124, 132, 141-142, 149, 186, 191-192, 197
ソクラテス　54

タ行
タウンゼント、ピーター　95
田中成明　32, 38
常木淳　87, 199-201
ドゥオーキン、ロナルド　4, 6-7, 13-14, 23-24, 26-27, 32, 37, 40, 146-147, 155, 163
得津晶　71, 77

ナ行
中里実　67
那須耕介　191
ネーゲル、トーマス　28-29
ノージック、ロバート　145, 194
ノネ、フィリップ　34

ハ行
ハート、H・L・A　11, 24, 80-81
バーネット、ランディ　173
ハーバーマス、ユルゲン　38
バーリン、アイザイア　13-14, 28, 143
ハイエク、フリードリヒ　39, 46-48

長谷川晃　188
パタネイク，プラサンタ　101
八田達夫　92
パレート　197, 201
ピグー，アーサー　90-91
ヒックス，ジョン　91
ヒューム，デイヴィド　31, 48, 194
平井宜雄　ii, 66-67, 69-74, 76-77, 80, 82, 199-200
フラー，ロン　38
フリードマン，ミルトン　122-123
ヘア，リチャード　76-82, 200
ヘック，フィリップ　8-9
ベルグソン，アンリ＝ルイ　194
ペレルマン，カイム　11
ベンサム，ジェレミー　8, 16, 65, 199
ボウン，ロバート　162, 165
ポズナー，リチャード　7, 36
ホッブス，トーマス　34

ポパー，カール　194

マ行

マコーミック，ニール　16
マルクス，カール　60, 104-105
宮澤俊昭　74
ムア，ジョージ・エドワード　5

ヤ行

山田八千子　193-194
吉原直毅　100-101, 105, 197-199

ラ行

ラウントリー，シーボーム　95
ラズ，ジョゼフ　16
ローマー，ジョン　105, 147-148
ロールズ，ジョン　6, 9, 40, 111, 130, 134, 146-147, 156, 187
ロック，ジョン　24, 32, 36

執筆者略歴（執筆順，＊は編著者）

宇佐美　誠（うさみ　まこと）＊　はしがき・第1章
東京工業大学大学院社会理工学研究科教授．法哲学専攻．『公共的決定としての法：法実践の解釈の試み』（木鐸社，1993年），『社会科学の理論とモデル4　決定』（東京大学出版会，2000年），『公共哲学20　世代間関係から考える公共性』（鈴村興太郎・金泰昌との共編著，東京大学出版会，2006年）ほか．

長谷川　晃（はせがわ　こう）　第2章
北海道大学大学院法学研究科教授．法哲学専攻．『権利・価値・共同体』（弘文堂，1991年），『解釈と法思考』（日本評論社，1996年），『公正の法哲学』（信山社，2001年），「法と市場の間」厚谷襄児先生古稀記念論集『競争法の現代的諸相（上）』（有斐閣，2005年）ほか．

嶋津　格（しまづ　いたる）　第3章
千葉大学大学院専門法務研究科教授．法哲学専攻．『自生的秩序』（木鐸社，1985年）; "The Individual and Collective Decisions: Concept of Law and Social Change," *Law and Justice in a Global Society, IVR 2005, Granada,* anales de la catedra francisco suarez no.39, 2005;『問としての＜正しさ＞』（NTT出版，2010年予定）ほか．

常木　淳（つねき　あつし）　第4章
大阪大学社会経済研究所教授．法の経済分析，公共経済学専攻．『費用便益分析の基礎』（東京大学出版会，2000年），『公共経済学』（第2版，新世社，2002年），『法理学と経済学』（勁草書房，2008年）ほか．

吉原直毅（よしはら　なおき）　第5章
一橋大学経済研究所教授．理論経済学，厚生経済学，数理的マルクス経済学専攻．『労働搾取の厚生理論序説』（岩波書店，2008年）; *Rational Choice and Social Welfare: Theory and Applications,* Springer, 2009 (coeditor with P. Pattanaik, K. Tadenuma, and Y. Xu) ほか．

後藤玲子（ごとう　れいこ）　第6章
立命館大学大学院先端総合学術研究科教授．経済哲学専攻．『正義の経済哲学：ロールズとセン』（東洋経済新報社，2002年），『福祉と正義』（アマルティア・センとの共著，東京大学出版会，2008年）; *Against Injustice: The New Economics of Amartya Sen,* Cambridge University Press, 2009 (coeditor with Paul Dumouchel) ほか．

那須耕介（なす　こうすけ）　第7章
摂南大学法学部准教授．法哲学専攻．「法の支配を支えるもの」『摂南法学』25号（2001年），「遵法責務論再考（一）」『摂南法学』33号（2003年），「政治的思考という祖型」足立幸男編『政策学的思考とは何か』（勁草書房，2005年），「教育をめぐる自由と平等」井上達夫編『現代法哲学講義』（信山社，2009年）ほか．

山田八千子（やまだ　やちこ）　第8章
中央大学法科大学院教授．法哲学，民法学専攻．『ロールズ：『正義論』とその批判者たち』（C・クカサス＆P・ペティット，嶋津格との共訳書，勁草書房，1996年），『自由の契約法理論』（弘文堂，2008年），「市場社会と法」井上達夫編『現代法哲学講義』（信山社，2009年），「法哲学的視点からの要件事実論」伊藤滋夫編『要件事実と基礎法学』（日本評論社，2010年）ほか．

須賀晃一（すが　こういち）　コメント
早稲田大学政治経済学術院教授．公共経済学専攻．『世代間衡平性の論理と倫理』（共著，東洋経済新報社，2006年），『公共経済学』（緒方隆・三浦功との共編著，勁草書房，2006年），「市場が生み出す公共性：フェアな競争の場としての市場」齋藤純一編『公共性の政治理論』（ナカニシヤ出版，2010年）ほか．

橋本　努（はしもと　つとむ）　コメント
北海道大学大学院経済学研究科准教授．社会哲学専攻．『自由の論法』（創文社，1994年），『社会科学の人間学』（勁草書房，1999年），『帝国の条件』（弘文堂，2007年），『自由に生きるとはどういうことか』（筑摩書房，2007年），『経済倫理＝あなたは，なに主義？』（講談社，2008年）ほか．

瀧川裕英（たきかわ　ひろひで）　コメント
大阪市立大学大学院法学研究科教授．法哲学専攻．『責任の意味と制度』（勁草書房，2003年）; "Can We Justify the Welfare State in an Age of Globalization?: Toward Complex Borders," *Archiv für Rechts- und Sozialphilosophie*, 92, 2006;「偶然人：不確実性から偶然性へ」『法律時報』2008年1月号（2008年）ほか．

法学と経済学のあいだ　規範と制度を考える

2010年11月25日　第1版第1刷発行

編著者　宇佐美　誠

発行者　井　村　寿　人

発行所　株式会社　勁　草　書　房

112-0005 東京都文京区水道2-1-1　振替 00150-2-175253
（編集）電話 03-3815-5277／FAX 03-3814-6968
（営業）電話 03-3814-6861／FAX 03-3814-6854
日本フィニッシュ・青木製本

©USAMI Makoto　2010

ISBN978-4-326-40262-5　Printed in Japan

JCOPY ＜(社)出版者著作権管理機構　委託出版物＞
本書の無断複写は著作権法上での例外を除き禁じられています。
複写される場合は、そのつど事前に、(社)出版者著作権管理機構
（電話 03-3513-6969、FAX 03-3513-6979、e-mail: info@jcopy.or.jp）
の許諾を得てください。

＊落丁本・乱丁本はお取替いたします。

http://www.keisoshobo.co.jp

数理社会学会監修・土場学ほか編集
社会を〈モデル〉でみる
数理社会学への招待

A5判 2,940円
60165-5

三隅一人編著
社会学の古典理論
数理で蘇る巨匠たち

A5判 3,150円
60167-1

―― 数理社会学シリーズ（全5巻）――

数土直紀・今田高俊編著
1　**数理社会学入門**

小林盾・海野道郎編著
2　**数理社会学の理論と方法**

佐藤嘉倫・平松闊編著
3　**ネットワーク・ダイナミクス**
　　社会ネットワークと合理的選択

土場学・盛山和夫編著
4　**正 義 の 論 理**
　　公共的価値の規範的社会理論

三隅一人・髙坂健次編著
5　**シンボリック・デバイス**
　　意味世界へのフォーマル・アプローチ

勁草書房刊

＊表示価格は2010年11月現在，消費税は含まれています．